Bernd Hamm

Die Organisation der städtischen Umwelt

Reihe Soziologie in der Schweiz 6
Collection Sociologie en Suisse

Schweizerische Gesellschaft für Soziologie
Société Suisse de Sociologie

Dank ihrer kulturellen Heterogenität konvergieren in der Schweiz die
verschiedensten kulturell geprägten theoretischen und methodologischen Ansätze. Daraus ergibt sich eine besonders fruchtbare
Möglichkeit der Auseinandersetzung zwischen in verschiedenen
Landesteilen tätigen Soziologen. Die Schweizerische Gesellschaft für
Soziologie sieht es als ihre Aufgabe an, diese Möglichkeit zu födern
und deren Ergebnisse einem weiteren in- und ausländischen Publikum
durch die Herausgabe der Reihe «Soziologie in der Schweiz» –
«Sociologie en Suisse» zugänglich zu machen.

Die Publikationskommission: R. Campiche
P. Heintz
Chr. Lalive d'Epinay

Bernd Hamm

Die Organisation der städtischen Umwelt

Ein Beitrag zur sozialökologischen Theorie der Stadt

Verlag Huber   Frauenfeld und Stuttgart

ISBN 3-7193-0548-1

© 1977 Verlag Huber, Frauenfeld
Druck: Graphische Anstalt Schüler AG, Biel
Printed in Switzerland

Inhalt

Verzeichnis der Graphiken	7
Verzeichnis der Tabellen	8
Verzeichnis der Abkürzungen	9
DANK	11
EINLEITUNG	13
1. PROBLEMEXPOSITION UND HYPOTHESEN	19
2. SOZIALOEKOLOGIE - EINE LITERATURUEBERSICHT	23
2.1. Die Ausgangssituation	24
2.2. Die klassische Chicago-Schule	3o
2.2.1. Die Struktur der Stadt	33
2.2.2. Sozialökologische Prozesse	4o
2.2.2.1. Spezialisierung	41
2.2.2.2. Segregation	47
2.2.2.3. Migration	56
2.2.2.4. Rekurrente Mobilität	63
2.2.2.5. Verkehrserschliessung und Stadt-Umland-Beziehungen	68
2.2.3. Zur Kritik der klassischen Position	72
2.3. Die neoklassische Position	76
2.4. Sozialraumanalyse	87
2.5. Die sozio-kulturelle Position	1oo
2.6. Vergleichende Untersuchungen	1o3
EXKURS: SOZIALOEKOLOGIE IM VERGLEICH MIT ANDEREN SOZIALMORPHOLOGISCHEN THEORIEANSAETZEN	1o9
Demographie	11o
Sozialgeographie	113
Soziographie	118
Städtestatistik	12o
Morphologie sociale	122

3. ZUR UEBERPRUEFUNG DER HYPOTHESEN 127

   3.1. Ein Dreistufenmodell sozialräumlicher
        Differenzierung 128

   3.2. Zur Analge der Untersuchung 131

   3.3. Sozialraumanalyse - Versuch einer
        Neuinterpretation 136

   3.4. Die ökologische Struktur der Stadt Bern 1970 147

       3.4.1. Zur Charakterisierung des Unter-
             suchungsobjektes 148

       3.4.2. Untersuchungshypothesen 164

       3.4.3. Sozialraumanalyse Bern 1970 168

       3.4.4. Spezialisierung 180

       3.4.5. Segregation 185

       3.4.6. Migration 190

       3.4.7. Rekurrente Mobilität 198

       3.4.8. Dichte 199

   3.5. Zur Ableitung von Stadtentwicklungsindikatoren 202

       3.5.1. Methodisches Vorgehen 207

       3.5.2. Anwendungsbereiche der Indikatoren 211

4. SOZIALOEKOLOGIE UND SIEDLUNGSSOZIOLOGIE 215

5. ZUSAMMENFASSUNG UND SCHLUSSFOLGERUNGEN 225

Anhang 1: Variablendefinitionen und Datenquellen 229

Anhang 2: Datenmatrix 235

Anhang 3: Korrelationsmatrix 245

Anhang 4: Faktorenanalyse 253

Literaturverzeichnis 261

Namensregister 277

Sachregister 281

Verzeichnis der Graphiken

Graphik 1: Entwicklung der prozentualen Verteilung der
            schweizerischen Wohnbevölkerung auf Gemeinde-
            grössenklassen 1850-1970   14

Graphik 2: Verteilung der schweizerischen Wohnbevölkerung
            auf die Gemeinden 1850-1960 (Konzentrationskurve) 14

Graphik 3: Wissenschaftshistorische Einflüsse auf die
            Sozialökologie   26

Graphik 4: Schematische Darstellung des Zonen-, des
            Sektoren- und des Multiple-nuclei-Modells   36

Graphik 5: Unterschiede zwischen ökologischer und geo-
            metrischer Distanz   37

Graphik 6: Chicago 1940, Migrantenzone   60

Graphik 7: Veränderungen in der Struktur einer grossen
            Stadt - Baltimore 1850-1936   70

Graphik 8: Die Konzeption von Soziologie nach Duncan und
            Schnore   84

Graphik 9: Der ökologische Komplex   86

Graphik 10: Die Stadt Bern und ihre statistischen Bezirke   133

Graphik 11: Ueberbautes Gebiet und Gemeindegrenzen, Bern 1970   134

Graphik 12: Dichtegradienten, Stadt Bern 1950, 1960 und 1970   145

Graphik 13: Entwicklung der Wohnbevölkerung Berns 1340-1970
            sowie der mittleren jährlichen Zuwachsraten
            1818-1970   150

Graphik 14: Die Entwicklung der Altstadt - Die Stadt-
            gründung   152

Graphik 15: Die Entwicklung der Altstadt - Die erste
            Erweiterung   152

Graphik 16: Die Entwicklung der Altstadt - Die zweite
            Erweiterung   153

Graphik 17: Die Entwicklung der Altstadt - Die dritte
            Erweiterung   153

Graphik 18: Die Stadterweiterung von 1850-1875   156

Graphik 19: Die Stadterweiterung von 1875-1900   157

Graphik 20: Die Stadterweiterung von 1900-1925   158

Graphik 21: Relative Verteilung der Bevölkerung auf die
            6 Stadtteile 1880-1970   160

Graphik 22: Zur Ueberprüfung der Homogenität der statis-
            tischen Bezirke Berns   162

Graphik 23: Sozialraumdiagramm Bern 1970   174

Graphik 24: Sozialraumdiagramm, Bern 1970 im Vergleich
            mit Los Angeles 1940   174

Graphik 25: Sozialraumanalyse Bern 1970 - Verteilung
des urbanization-Indikators   178

Graphik 26: Sozialraumanalyse Bern 1970 - Verteilung
des social rank-Indikators   178

Graphik 27: Bestimmung des dominanten Zentrums   181

Graphik 28: Der Bodenpreisgradient, Bern 1970   184

Graphik 29: Zusammenhänge zwischen Bodenpreis und
Spezialisierung   184

Graphik 30: Die Wandernden nach Altersgruppen, Bern 1970   194

Graphik 31: Verteilung der Migrationsrate   196

Graphik 32: Entwicklung der Zuwachsraten der Wohnbevölkerung der Stadt Bern und der "alten Agglomeration" Bern 1860-1960   197

Graphik 33: Flussdiagramm des methodischen Vorgehens bei der Ableitung von Stadtentwicklungsindikatoren   208

Verzeichnis der Tabellen

Tabelle 1: Hypothetische Stärke der Wanderungsströme zwischen den Zonen des städtischen Gebietes sowie der Einwanderung   57

Tabelle 2: Standardisierungsformeln für die Variablen der Sozialraumanalyse   88

Tabelle 3: Zusammenfassung von Studien, die das Shevky-Bell-Modell der Sozialraumanalyse verwendet haben   91

Tabelle 4: Zusammenfassung ausgewählter faktorialökologischer Studien in USA   96

Tabelle 5: Zusammenfassung ausgewählter faktorialökologischer Studien ausserhalb der USA   97

Tabelle 6: Produktmomentkorrelationen, multiple Korrelationen und Bestimmtheitsmasse mit social rank und urbanization   141

Tabelle 7: Vergleich Berns mit den anderen schweizerischen Grossstädten anhand einiger ausgewählter Merkmale der Volks- und Wohnungszählung 1970   149

Tabelle 8: Statistische Bezirke und Merkmale, die zur Ueberprüfung der Homogenität der statistischen Bezirke verwendet worden sind   161

Tabelle 9: Stadt Bern, Stadtteile und statistische Bezirke   163

Tabelle 10: Hypothetisches Faktormuster der SAA-Variablen für Bern 1970   164

Tabelle 11: Variablendefinitionen und Quellen für die Sozialraumanalyse Bern 1970	168
Tabelle 12: Faktormuster der SAA-Variablen für Bern 1970	169
Tabelle 13: Faktormuster der SAA-Variablen für Los Angeles 1940	169
Tabelle 14: Konstruktion der Indikatoren der Sozialraumanalyse Bern 1970	172
Tabelle 15: Sozialraumanalyse - Konversionsfaktoren Bern 1970 und Los Angeles 1940	173
Tabelle 16: Segregationsmatrix Bern 1970	187
Tabelle 17: Migrationsdaten nach statistischen Bezirken, Bern 1970	191
Tabelle 18: Korrelationsmatrix der Migrationsvariablen und urbanization	192
Tabelle 19: Regionale Herkunft der Migranten in %	193
Tabelle 20: Migranten nach Geschlecht und Erwerbszugehörigkeit, Bern 1970	195
Tabelle 21: Korrelationsmatrix der Dichtemerkmale, zusammen mit social rank, urbanization, Mietzins und Bodenpreis	200

Verzeichnis der Abkürzungen

AJS	American Journal of Sociology
An.Am.Acad.Pol.Soc.Sci.	Annals of the American Academy of Political and Social Sciences
ASR	American Sociological Review
Brit.J.Soc.	British Journal of Sociology
Int.J.Comp.Soc.	International Journal of Comparative Sociology
JAIP	Journal of the American Institute of Planners
J.Reg.Sci.	Journal of Regional Science
KZfSS	Kölner Zeitschrift für Soziologie und Sozialpsychologie
Pac.Soc.Rev.	Pacific Sociological Review
SAA	Social Area Analysis
Socio-Econ.Plan.Sci.	Socio-Economic Planning Sciences
Soc.Rev.	Sociological Review
Soc.Soc.Res.	Sociology and Social Research
Urb.Aff.Quat.	Urban Affairs Quaterly

Dank

Mein Interesse an Problemen der Siedlungssoziologie und speziell der Sozialökologie ist durch meinen Lehrer, Prof. Dr. P. Atteslander, angeregt und in seinen Lehrveranstaltungen an der Universität Bern vertieft worden. Dass es nicht in der theoretischen Rezeption verhaftet blieb, verdanke ich dem Berner Stadtplaner Hans Aregger, der mir während meines Studiums die Möglichkeit gab, an zahlreichen Projekten des Stadtplanungsamtes mitzuarbeiten, und der zusammen mit den Freunden und Kollegen an diesem Amt mein Verständnis für die Probleme der Planungspraxis weckte. Die Arbeit hat in vielfältiger Hinsicht gewonnen durch zahlreiche Diskussionen: In der Sektion Stadt- und Regionalsoziologie der Deutschen Gesellschaft für Soziologie und im Workshop für Siedlungs- und Planungssoziologie der Schweizerischen Gesellschaft für Soziologie hatte ich Gelegenheit, Teile daraus vorzutragen und der Kritik zu unterziehen, und viele Anregungen und Kommentare verdanke ich Prof. Paul Drewe, Prof. Jürgen Friedrichs, Prof. Peter Gleichmann, Dr. Albert Kaufmann, Dr. Jörg Oetterli und Prof. Bernhard Schäfers. Mit nützlichen Hinweisen haben mir u.a. geholfen Prof. Wendell Bell, Dr. Christian Engeli, Reg.Dir. a.D. Friedrich Hoffmann und Hauptreferent Ewald Müller. Herr R. Roth vom Eidgenössischen Statistischen Amt und Prof. O. Messmer vom Statistischen Amt der Stadt Bern haben mir unveröffentlichtes statistisches Material zur Verfügung gestellt, ohne das die empirische Studie nicht hätte durchgeführt werden können. Dr. E. Gächter und Bauplaner H. Graf haben das Konzept dieser Studie mit mir diskutiert, Thomas Zeh und Dr. Hans Ehrengruber bei den Berechnungen und Prof. Franz Streit beim methodischen Design mitgewirkt.

Ihnen allen möchte ich an dieser Stelle herzlich danken. Für den Gebrauch, den ich von ihrer Hilfe gemacht habe, bin indessen nur ich selbst verantwortlich.

Mein besonderer Dank gilt meiner Frau Ruth, die trotz ihrer eigenen grossen Belastung immer wieder die Geduld aufgebracht hat, einzelne Aspekte der Arbeit mit mir zu diskutieren, und der ich die nötige Ruhe und Konzentration dazu verdanke.

Gümligen, im November 1976   Bernd Hamm

Einleitung

Der Anteil der Weltbevölkerung, der in Städten lebt, nimmt mit fortschreitender Industrialisierung ständig zu (1). Diese globale Erscheinung ist indessen auch innerhalb von hochindustrialisierten Ländern zu beobachten; auch in der Schweiz wird die Stadt für immer mehr Menschen zur alltäglichen Umwelt. Graphik 1 zeigt die Verteilung der schweizerischen Wohnbevölkerung nach Gemeindegrössenklassen zwischen 1850 und 1970. In diesem Zeitraum hat der Anteil der Gesamtbevölkerung, der in Gemeinden mit weniger als 1'000 Einwohnern lebt, von 41 % auf 12 % abgenommen, während der Anteil in Gemeinden mit 10'000 und mehr Einwohnern von 6 % auf 46 % angestiegen ist. Wenn diese Entwicklung anhält, werden im Jahr 2000 etwa 53 von 100 der schweizerischen Wohnbevölkerung in Städten leben - unter ceteris paribus-Annahmen ist dieser Trend mit einem Korrelationskoeffizienten von $r = 0.994$ ausserordentlich stabil. Noch dramatischer zeigt sich dieser Konzentrationsvorgang in den Lorenzkurven der Graphik 2: In den 300 grössten der insgesamt rund 3000 Gemeinden der Schweiz (d.h. in 10 % aller Gemeinden) lebten 1850 noch weniger als 40 % der Gesamtbevölkerung, 1960 waren es bereits 63 % ! Dabei vermitteln diese Angaben noch nicht das wahre Bild, berücksichtigen sie doch nur die Gemeinden in ihren politischen Grenzen, nicht aber die Agglomerationen, die sich regelmässig um die grösseren Städte herum gebildet haben. Würde man sie einbeziehen, so wäre die Entwicklung noch prägnanter.

Das explosionsartige Anwachsen der grossen Agglomerationen hat seit der industriellen Revolution immer wieder zu ausserordentlich schwerwiegenden Problemen geführt. Waren es im 19. Jahrhundert vorab die miserablen hygienischen Verhältnisse: die völlig ungenügende Kanalisation und Kehrichtbeseitigung, die aus heutiger Sicht unvorstellbare Ueberbelegung der Wohnungen, die Luftverschmutzung vom individuellen Hausbrand her und die mangelhafte medizinische Versorgung (2), so ist heute mehr die wirtschaftliche und finanzpolitische Existenz der Städte be-

---

1 A. Kaufmann: Urbanisierung, in: Materialien zur Siedlungssoziologie, hrsg. von P. Atteslander und B. Hamm, Köln, Berlin 1974, S. 274 ff.

2 L. Benevolo: Die sozialen Ursprünge des modernen Städtebaus, Gütersloh 1971, S. 13 ff.

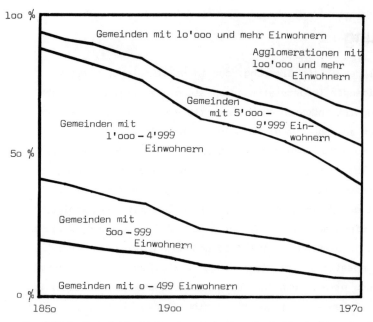

Graphik 1: Entwicklung der prozentualen Verteilung der schweizerischen Wohnbevölkerung nach Gemeindegrössenklassen 1850 - 1970

Quelle: Statistisches Jahrbuch der Schweiz

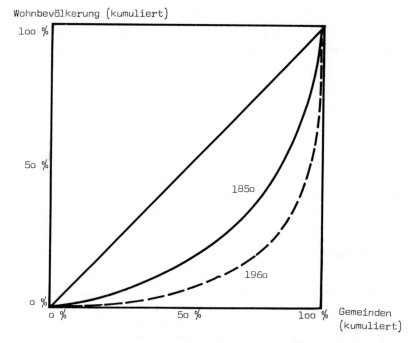

Graphik 2: Verteilung der schweizerischen Wohnbevölkerung auf die Gemeinden 1850 und 1960 (Konzentrationskurve)

droht. Die finanzpolitische Agonie der Stadt New York ist dafür
nur ein besonders krasses Beispiel. Die Verschiebung der städtischen Bevölkerungsstruktur durch selektive Wanderungsströme, die
hohen Infrastrukturbelastungen, die zunehmende Sanierungsanfälligkeit der Innenstädte und die drohende kommunalpolitische Aushöhlung
haben auch in schweizerischen Städten einen Umfang angenommen,
der immer häufiger als alarmierend begriffen wird (3).

Die drohende Unregierbarkeit unserer Städte hat zu einem enormen
Bedarf nach wissenschaftlich fundierten Informationen über die
Prozesse der Stadtentwicklung und nach quantitativen Daten über
ihre wichtigen Aspekte geführt. So sind denn in den letzten Jahren
auch zahlreiche Fachpublikationen und eine ganze Reihe neuer Spezialzeitschriften erschienen, deren Schwerpunkt deutlich auf der
quantifizierenden Behandlung von Problemen der Stadtentwicklung
liegt (4). Noch stärker schwillt die Flut der "grauen", d.h. der
nicht über den Buchhandel erreichbaren Fachliteratur an. Kommunalstatistische Aemter werden in Stadtforschungsstellen umgewandelt
oder durch solche ergänzt, Stadtplanungsämter richten eigene Forschungsstellen ein und engagieren immer öfter auch Sozialwissenschaftler, und wissenschaftliche Fachgesellschaften gründen oder
aktivieren Arbeitsgruppen für Stadt- und Regionalsoziologie (5).
Spezialisierte Forschungsinstitute und eigens Lehrstühle an Universitäten werden etabliert. Diese emsige Aktivität kann indessen
nicht darüber hinwegtäuschen, dass in den Sozialwissenschaften
bislang kein allgemein akzeptierter theoretischer Bezugsrahmen
für die Prozesse der Stadtentwicklung existiert. Das aber wäre
eine zentrale Voraussetzung für eine koordinierte und zielgerichtete Forschung und für einen maximalen Erkenntnisfortschritt.

---

3 Ein Katalog solcher Probleme wird dargelegt in: Basel 75 –
   Hauptziele eines Stadtkantons. Zielvorstellungen des Regierungsrates zu den wichtigsten grundlegenden Aspekten der baselstädtischen Entwicklung, Basel 1975, vor allem S. 6 ff.

4 Deutlich sichtbar wird diese Publikationsflut für den angelsächsischen Raum in der Zeitschrift Sage Urban Studies Abstracts,
   Beverly Hills und London, seit 1972. Für den deutschsprachigen
   Raum vgl. das Referateblatt zur Raumordnung, Bad Godesberg, seit
   1968

5 So die Sektion Stadt- und Regionalsoziologie innerhalb der
   Deutschen Gesellschaft für Soziologie, der Workshop für Siedlungs- und Planungssoziologie innerhalb der Schweizerischen
   Gesellschaft für Soziologie, und neuerdings auch eine entsprechende Sektion der Oesterreichischen Gesellschaft für
   Soziologie

Innerhalb der Siedlungssoziologie ist eine Forschungsrichtung besonders weit entwickelt, und meine Erfahrung als soziologischer Berater des Stadtplanungsamtes Bern lässt mich vermuten, dass von dort ein gewichtiger Beitrag zu einer Theorie der Stadtentwicklung zu erwarten ist: die amerikanische Sozialökologie. Bereits seit dem Ersten Weltkrieg wird vor allem an der Universität Chicago intensiv über Probleme der Stadtstruktur und ihrer Veränderung gearbeitet, und wir verfügen über eine grosse Zahl theoretischer und empirischer Materialien, die unsere Einsicht in diese Prozesse vertiefen können. Verschiedentlich ist versucht worden, die Sozialökologie auch im deutschen Sprachraum bekanntzumachen (6), aber erst in den letzten Jahren scheint sich hier eine Renaissance anzubahnen (7). Der Grund, aus dem man sich hier mit der Rezeption der Sozialökologie so schwertut, mag darin zu suchen sein, dass ihr Gegenstand über den Begriff des sozialen Handelns, durch den man bei uns seit __Max Weber__ den Gegenstand der Soziologie konstituiert, nicht fassbar ist (8). Die vorliegende Arbeit will daher versuchen, die umfangreiche Literatur dieser Disziplin aufzuarbeiten, sie in einen theoretischen Bezugsrahmen zu verdichten und einige theoretische und methodische Fragen diskutieren, die heute noch nicht gelöst sind. Sie möchte damit die kritische Diskussion des Ansatzes anregen und seine praktische Verwendung in der Stadtentwicklungsplanung fördern.

---

6   K.G. __Specht__: Mensch und räumliche Umwelt. Bemerkungen zur Geschichte, Abgrenzung und Fragestellung der Sozialökologie, Soziale Welt 4. Jg. (1953) S. 195-2o5. __W. Köllmann__: Soziologische Strukturen grosstädtischer Bevölkerung, Soziale Welt 7. Jg. (1956) S. 265-277. __R. König__: Soziale Morphologie, in: Soziologie, hrsg. von R. König, Frankfurt 1958. Und als einzige grössere empirische Arbeit: Daseinsformen der Grosstadt, hrsg. von __G. Ipsen__, Tübingen 1959

7   Eingeleitet wurde diese Renaissance zur gleichen Zeit durch zwei unabhängig voneinander entstandene Publikationen: Stadt- und Sozialstruktur, hrsg. von __U. Herlyn__, München 1974, und Materialien zur Siedlungssoziologie, a.a.O.

8   __B. Hamm__: Sozialökologie: Eine Theorie der Stadtentwicklung, Schweizerische Zeitschrift für Soziologie 2 (1976) 2, S. 72. Der Begriff des sozialen Handelns wird definiert bei __M. Weber__: Wirtschaft und Gesellschaft, Studienausgabe, 1. Halbband, Köln, Berlin 1964, S. 3: " 'Soziales' Handeln aber soll ein solches Handeln heissen, welches seinem von dem oder den Handelnden gemeinten Sinn nach auf das Verhalten anderer bezogen wird und daran in seinem Ablauf orientiert ist."

Sie verfolgt damit zwei Anliegen: 1. will sie eine Lücke im theoretischen Bezugsrahmen der Sozialökologie schliessen, und 2. will sie einen Beitrag leisten zur weiteren Diffusion sozialökologischen Denkens über den engen Kreis der Fachspezialisten hinaus. Daher bestimmt sich auch die Gliederung des Textes. Das erste Kapitel formuliert vier bislang offene Fragen, deren Beantwortung noch aussteht, und schlägt dazu weiterführende Hypothesen vor. Im zweiten Kapitel wird eine Literaturübersicht geboten, die sich im wesentlichen an der historischen Entwicklung des Ansatzes orientiert. Der daran anschliessende Exkurs unternimmt es, die Sozialökologie im weiteren Feld sozialmorphologischer Theorieansätze zu situieren. Kapitel drei ist der Ueberprüfung der Hypothesen gewidmet; dazu werden neben theoretischen Ueberlegungen empirische Daten aus einer Untersuchung der Stadt Bern herangezogen werden. Der letzte Abschnitt dort will am Beispiel der Ableitung von Indikatoren der Stadtentwicklung die praktisch-planerische Verwertbarkeit der Sozialökologie diskutieren. Im vierten Kapitel wird die Sozialökologie in den allgemeinen Rahmen der Siedlungssoziologie gestellt und ihr spezifischer Beitrag zu einer Theorie der Raum-Verhalten-Beziehungen herausgearbeitet. Das abschliessende fünfte Kapitel versucht endlich, einige Schlussfolgerungen für die weitere Theoriebildung, die Forschung und die praktische Verwendung der Sozialökologie zu ziehen.

1. Problemexposition und Hypothesen

Die folgende Darstellung der theoretischen Probleme, die im sozialökologischen Bezugsrahmen bisher nicht gelöst werden konnten, mag an dieser Stelle etwas verfrüht erscheinen. Tatsächlich kann ihr Stellenwert erst richtig eingeschätzt werden, wenn genügende Informationen über den Charakter und die historische Entwicklung des Ansatzes vorliegen. Die nächsten Seiten dienen in erster Linie dazu, die Transparenz der Arbeit zu erhöhen und den Leser zu sensibilisieren für die schwachen Stellen, die "weissen Flecke" auf der Landkarte der Sozialökologie. Die Begriffe, die an dieser Stelle auftreten werden, sollen im Verlauf der Literaturübersicht genau erklärt und definiert werden.

George A. Theodorson unterscheidet in seiner vorzüglich kommentierten Aufsatzsammlung (1) zwei Phasen: die klassische Sozialökologie (2) und die aktuelle Theoriebildung und Forschung. Nach seiner weitgehend akzeptierten Auffassung lassen sich im Bereich der aktuellen Diskussion drei Ansätze auseinanderhalten, nämlich der neoklassische, die Sozialraumanalyse (Social Area Analysis) und der soziokulturelle. Obwohl diese Unterscheidung bereits 1961 vorgeschlagen wurde, lässt sich nach ihr auch heute noch die sozialökologische Literatur kategorisieren. Offenbar lehnen die Neoklassiker die Sozialraumanalyse ab, wie umgekehrt die Sozialraumanalytiker die Beiträge der neoklassischen Theoriebildung ignorieren. Eine Sonderstellung nimmt hier der soziokulturelle Ansatz ein, der - wie Otis D. Duncan schreibt (3) - auf den Eindruck einiger "ill-informed critics" zurückgeht, die Sozialökologie konstruiere eine biologistische Theorie menschlichen Verhaltens und ignoriere dabei die Bedeutung von Kultur. Tatsächlich hat dieser Ansatz sich als eigene Position

---

1 Studies in Human Ecology, hrsg. von G.A. Theodorson, Evanston, New York 1961

2 Der Begriff "Human Ecology" wird in dieser Arbeit durchgehend übersetzt mit "Sozialökologie". Humanökologie bezeichnet ein sehr viel breiteres Wissenschaftsfeld, das durch "Human Ecology" nicht voll abgedeckt ist.

3 O.D. Duncan: Human Ecology and Population Studies, in: The Study of Population, hrsg. von P.M. Hauser und O.D. Duncan, Chicago, London 1959, S. 682

nie durchsetzen können. Es scheint daher richtig, wenn sich die
folgende Diskussion auf die Sozialraumanalyse und den neoklassischen Ansatz konzentriert.

Die Sozialraumanalyse geht, wie noch genauer zu zeigen sein wird (4),
von einer Theorie des sozialen Wandels aus und entwickelt daraus
ein Instrument zur Analyse sozialräumlicher Verteilungen. Sie setzt
sich dabei bewusst und betont von den Konzepten der klassischen
Sozialökologie ab (5). Damit ist sie indessen in erhebliche theoretische Schwierigkeiten geraten, weil es ihr nicht gelungen ist,
einen stringenten theoretischen Zusammenhang zwischen der Theorie
des "increasing societal scale" und ihren Strukturindikatoren herzustellen. Daraus folgt

<u>Hypothese 1</u>: <u>Die Bedeutung der Strukturindikatoren der Sozialraumanalyse lässt sich durch Konzepte der klassischen Sozialökologie sehr viel besser erklären als durch die Theorie des "increasing societal scale". Die Verwendung dieser Theorie hat keinen Erkenntnisgewinn gebracht.</u>

Das "Schisma" zwischen Sozialraumanalyse und neoklassischer Position ist bereits in der klassischen Schule der Sozialökologie
angelegt. Der Begriff "Human Ecology" impliziert, dass Gegenstand
dieser Disziplin die Beziehung des Menschen zu seiner Umwelt sei.
Diese Implikation ist in der klassischen Chicago-Schule niemals
auf befriedigende Weise theoretisch verarbeitet worden – das sollte
der neoklassischen Position vorbehalten bleiben. Statt dessen haben
sich die Klassiker vornehmlich beschäftigt mit dem Studium der
Verteilung soziologischer Variabler in städtischen Räumen. Diese
beiden Forschungsobjekte sind indessen nicht so unabhängig voneinander, wie die Trennung zwischen neoklassischer Position und
Sozialraumanalyse vermuten lässt. Das Schisma der Sozialökologie
hat die Zusammenhänge zwischen beiden Fragestellungen verdeckt
und verhindert, dass die Nahtstellen zwischen beiden Positionen
Gegenstand empirischer Untersuchungen werden konnten. Daher sagt

---

4   Vgl. dazu unten S. 87 dieser Arbeit
5   <u>E. Shevky</u> und <u>W. Bell</u>: Social Area Analysis, Stanford 1955, S. 1

Hypothese 2: Sozialraumanalyse und neoklassische Position lassen sich in einen gemeinsamen Bezugsrahmen integrieren, wenn die Unterschiede zwischen beiden Schulen als solche des Abstraktionsniveaus verstanden werden. Es gibt keine prinzipiellen Widersprüche zwischen beiden Ansätzen.

Diese Hypothese setzt natürlich voraus, dass für Hypothese 1 ausreichende Belege beigebracht werden können. Im Rahmen der vorliegenden Arbeit wird es darum gehen, in einem theoretischen Bezugsrahmen plausible Argumente für diese 2. Hypothese zu finden. Eine abschliessende empirische Prüfung müsste sich auf die Befunde umfangreicher und schwieriger Untersuchungen stützen können, die bisher nicht vorliegen und die im Rahmen dieser Arbeit auch nicht beigebracht werden können.

Sozialökologische Untersuchungen sind bisher vorwiegend in amerikanischen Millionenstädten durchgeführt worden. Man kann sich nun fragen, ob damit definitive Grenzen für die Aussagefähigkeit solcher Studien gesetzt sind: Gelten die gefundenen strukturellen Regelmässigkeiten nur für grosse Metropolen? Gelten sie nur im soziokulturellen Kontext der Vereinigten Staaten? Mit anderen Worten stellt sich die Frage nach der Generalisierbarkeit sozialökologischer Befunde und nach ihren Grenzen. Auf dem Abstraktionsniveau des neoklassischen Ansatzes (6) wird man die Generalisierbarkeit ohne weiteres akzeptieren - wie aber steht es damit im konkreten Fall der Stadt Bern? Welchen Wert hat die sozialökologische Theorie für das Verständnis einer Schweizer Stadt mit 160'000 Einwohnern? Eine Antwort auf diese Frage lässt sich vielleicht finden durch die Prüfung von

Hypothese 3: Die sozialräumliche Struktur der Stadt Bern entspricht im wesentlichen den Mustern, die aus dem theoretischen Bezugsrahmen der Sozialökologie vorhergesagt werden können.

---

6 Ich denke hier vor allem an zwei Arbeiten von O.D. Duncan: Human Ecology and Population Studies, a.a.O., und ders.: Social Organization and the Ecosystem, in: Handbook of Modern Sociology, hrsg. von R.E.L. Faris, Chicago etc. 1964, S. 36-82

Diese generelle Aussage wird später noch in eine Reihe konkreterer Einzelhypothesen aufgelöst werden, damit sie überprüfbar wird (7). Das ist an dieser Stelle, wo es um die allgemeinere Frage nach der Generalisierbarkeit sozialökologischer Theoreme geht, noch nicht angebracht.

Offen ist auch noch die letzte Frage, die hier diskutiert werden soll: Welchen Wert haben die theoretischen Einsichten der Sozialökologie für die stadtplanerische Praxis? Damit ist der Anschluss gefunden an den in der Einleitung festgestellten Bedarf an quantifizierenden Aussagen über Stadtstrukturen und ihre Veränderung. Nicht jede statistische Angabe ist für die Stadtplanung relevant und geeignet; dafür müssen vielmehr Stadtentwicklungsindikatoren – ich verwende diesen Begriff im bewussten Bezug auf die Sozialindikatoren-Bewegung – erarbeitet und ihre Anwendungsbereiche dargestellt werden. Solche Indikatoren haben gewissen Kriterien, die ebenfalls später noch umschrieben werden sollen, zu genügen, wenn sie als wissenschaftlich fundierte Instrumente der Planungspraxis angesprochen werden sollen.

Hypothese 4: _Der sozialökologische Bezugsrahmen liefert eine geeignete Basis für die Ableitung relevanter und praxisbezogener Stadtentwicklungsindikatoren._

Diese Frage ist umso interessanter, als mir bisher kein Fall bekanntgeworden ist, in dem der Bezugsrahmen der Sozialökologie systematisch und konsequent für Zwecke der Stadtplanung eingesetzt worden wäre.

---

7 Von einem streng methodologischen Gesichtspunkt aus handelt es sich bei den hier formulierten vier Aussagen nicht um Hypothesen, sondern um "orientierende Feststellungen" im Sinne von G.C. Homans: Was ist Sozialwissenschaft? Köln, Opladen 1969, S. 26, oder um "Orientierungshypothesen" nach K.D. Opp: Methodologie der Sozialwissenschaften, Reinbeck 1970, S. 206. Vgl. dazu auch H. Hartmann: Empirische Sozialforschung, Probleme und Entwicklungen, München 1970, S. 92 ff. Danach sollten Hypothesen zwei operational definierte Variable gegenüberstellen und die Beziehung zwischen ihnen nach den Sätzen des theoretischen Bezugsrahmens spezifizieren. Die Bezeichnung "Hypothese" für die genannten Aussagen ist indessen gewählt worden, um den vorläufigen Charakter dessen, was sie behaupten, zu unterstreichen.

2. Sozialökologie - eine Literaturübersicht

In diesem Kapitel sollen die Voraussetzungen für die Beantwortung der vier allgemeinen Hypothesen geschaffen werden. Um die Diffusion sozialökologischen Denkens zu fördern, ist es relativ breit und ausführlich gehalten. Der erste Abschnitt gibt Auskunft über die historische Situation, in der die Anfänge sozialökologischen Denkens zu situieren sind, und über die wichtigsten Quellen, auf die es sich abstützte. Er soll als grober Ueberblick über die anschliessende Darstellung verstanden werden und in die differentia specifica sozialökologischer Theoriebildung einführen. Daran schliesst sich ein Abschnitt an, der die Position der klassischen Chicago-Schule, ihre Konzepte und ihr methodisches Vorgehen herauszuarbeiten sucht. Dabei werden auch die Ansichten der Kritiker dieser Schule darzustellen sein. Im dritten Abschnitt soll die Entwicklung der neoklassischen Position bis zur Formulierung des ökologischen Komplexes und des Konzeptes der Subsistenzorganisation nachvollzogen werden. Die zeitlich in etwa parallel laufende Entwicklung der Sozialraumanalyse bis hin zur momentan im Vordergrund stehenden Faktorialökologie bildet den Gegenstand des vierten Abschnitts. Im Anschluss daran sollen auch die Argumente der sozio-kulturellen Schule dargelegt werden. Der sechste Abschnitt versucht, die Erfahrungen aus interkulturell vergleichenden Untersuchungen auszuwerten; wenn es dabei nur um einen groben Ueberblick gehen kann, so wegen des vielfältigen Materials, das vor allem in Sozialgeographie und Anthropologie zusammengetragen worden ist. Die Gliederung dieses Kapitels orientiert sich also weitgehend an jener des bereits zitierten Werkes von G.A. Theodorson. Der Inhalt geht aber weit über dessen Darstellung hinaus und bezieht vor allem auch die neueste Entwicklung mit ein. Die im letzten Kapitel formulierten Hypothesen stehen dabei zunächst im Hintergrund, damit eine einigermassen repräsentative und unvoreingenommene Schilderung des sozialökologischen Ansatzes gewährleistet ist.

2.1. Die Ausgangssituation

Die Anfänge der "Human Ecology" müssen vor einem wissenschaftshistorischen Hintergrund gesehen werden, der wesentlich geprägt war von der Entwicklung der modernen Biologie im Anschluss an Charles Darwin. Darwin hatte zuerst vom "web of life" gesprochen, der Interdependenzbeziehung, in der alles Lebendige zueinander steht. In diesem Gedanken kann der Ausgangspunkt der Oekologie - dieser Begriff wurde zuerst von dem deutschen Biologen Ernst Haeckel in Anlehnung an das griechische "oikos", d.h. Haushalt, eingeführt (1) - vermutet werden. Otis D. Duncan hat darauf aufmerksam gemacht, dass auch die Oekologie der Pflanzen und Tiere seit ihren Anfängen eine grundsätzlich soziologisch orientierte Disziplin war und sich zahlreicher soziologischer Begriffe bediente (2). Darwin's Konzepte des "Kampfes ums Dasein" und des "selektiven Ueberlebens" haben auch in die soziologische Theorie Eingang gefunden: Emile Durkheim's Theorie der Arbeitsteilung zeigt diesen Einfluss ebenso wie die theoretischen Arbeiten des Vaters der Sozialökologie, Robert E. Park.

Daneben darf eine zweite wichtige Quelle nicht unterschätzt werden: die Entwicklung der Statistik, die als "politische Arithmetik" aus den Bedürfnissen absolutistischer Staatsverwaltung heraus einsetzte (3). Hier liegen seit den dreissiger Jahren des vergangenen Jahrhunderts Untersuchungen vor, die den Anfängen der Sozialökologie in vielem so sehr gleichen, dass sie als deren unmittelbare Vorläufer bezeichnet worden sind (4).

Aber auch aus dem engeren Bereich der Sozialwissenschaften lassen sich Einflüsse auf Park's Denken nachweisen; ein kurzer Blick

---

1 E. Haeckel: Natürliche Schöpfungsgeschichte, Berlin 1868

2 O.D. Duncan: Humanökologie, in: Wörterbuch der Soziologie, hrsg. von W. Bernsdorff, Stuttgart, 2. Aufl. 1969, S. 427

3 Vgl. dazu vor allem E. Pfeil: Grosstadtforschung, Hannover, 2. Aufl. 1972, Teil 1

4 So von G.A. Theodorson: Studies in Human Ecology, a.a.O., S. 3

auf seine "intellektuelle Biographie" mag dies verdeutlichen.
Nach ersten Studien an der Universität von Minnesota kam Park
an die Universität von Michigan, wo er 1887 seinen ersten akademischen Grad erhielt. Unter dem Einfluss von John Dewey, der
dort an der philosophischen Fakultät lehrte, wuchs sein Interesse
für die Sozialwissenschaften. Nach elf Jahren journalistischer
Tätigkeit erhielt er seinen Master of Arts von der Harvard University, ging dann nach Berlin, um unter Georg Simmel seine Studien
fortzusetzen, später nach Strassburg und nach Heidelberg, wo er
1904 mit einer Dissertation über "Masse und Publikum" bei Willhelm
Windelband promovierte. Während seines Aufenthaltes in Europa
dürfte Park auch den Disput zwischen Simmel und Durkheim über
die Formale Soziologie verfolgt haben; man kann vermuten, dass
ihm auch Durkheim's kurzer Aufsatz zur "Morphologie sociale" (5)
bekannt gewesen ist. Als Assistent der Philosophie kam er zurück
nach Harvard. Nach neunjähriger Tätigkeit in verschiedenen privaten
Organisationen folgte 1914 ein Ruf als Dozent der Soziologie an
die Universität Chicago. Dort lehrte zu dieser Zeit noch Charles
H. Cooley, und zweifellos war Park mit dessen Konzepten der
"territorial demography" und der "Primär- und Sekundärgruppen"
vertraut. Aus seinen Schriften lässt sich weiter sehen, dass
ihm auch die Arbeiten des englischen Sozialwissenschaftlers
Charles Booth und dessen "social statistics" bekannt waren (6).
In Park's Werk verbindet sich also eine weitgespannte wissenschaftliche Tradition mit einer an journalistischem Engagement
zur sozialen Reform und an pragmatistischer Philosophie orientierten weltanschaulichen Haltung. Seine Herkunft aus dem puritanischen Milieu eines kleinen Dorfes im Mittelwesten machte ihn
misstrauisch gegen das Leben in der Grosstadt und mag den zuweilen moralischen Unterton seiner Arbeiten mit erklären. Sein
Kontakt zur europäischen Soziologie ist offenbar nicht abgerissen;
am wichtigsten für die Entwicklung der Sozialökologie mag gewesen sein, dass Durkheim's Schüler und der Vollender der Morphologie sociale, Maurice Halbwachs, 1930 für ein Jahr nach Chicago
kam und darüber auch berichtete (7).

---

5 L'année sociologique, 2. Jg. (1897/98) S. 520-521

6 Die biographischen Angaben wurden entnommen bei M.A. Alihan:
  Social Ecology, New York 1938, S. 3 ff.

7 Chicago, expérience ethnique, Annales d'histoire économique et
  sociale, 4. Jg. (1932) S. 11-49

Die folgende Skizze zeigt noch einmal die für die Entwicklung der Sozialökologie wichtigsten Einflussfaktoren, die im Denken von R.E. Park zusammenlaufen (8):

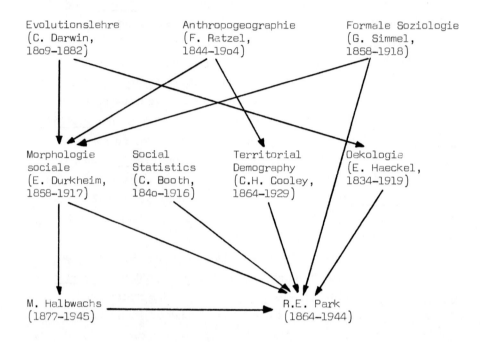

Graphik 3: Wissenschaftshistorische Einflüsse auf die Sozialökologie

Und schliesslich wird man auch die sozialgeschichtliche Situation Chicagos im Auge behalten müssen, wenn man verstehen will, warum sich die klassische "Human Ecology" so sehr auf das Studium von grosstädtischen Strukturen konzentriert hat – vom theoretischen Ausgangspunkt der Oekologie her war dieser Schwerpunkt ja keineswegs zwingend gegeben:

"Es mag zum Verständnis der Entwicklung der Stadtforschung nützlich sein, wenn ich Ihnen ein Bild der Situation vermittle, die in jenen Tagen existierte. Chicago war von mehreren Einwanderungswellen aus Europa überflutet worden. Die Zahl der Zuwanderer war zwischen 1890 und 1910 besonders gross. Der Erste Weltkrieg hatte zu einem Abflauen geführt, aber unmittelbar danach erwartete man, dass diese Flut erneut einsetzen werde – möglicherweise sogar noch stärker. Zur Zeit, als wir unsere Untersuchungen begannen, waren die verschiedenen ethnischen Nachbarschaften bereits wohl etabliert. Jede

---

5 Als Quellen dienten M.A. Alihan: Social Ecology, a.a.O.;
R. König: Soziale Morphologie, in: Soziologie, hrsg. von R. König, Frankfurt 1958, S. 257-268; E.W. Burgess und D.J. Bogue (Hrsg.): Contributions to Urban Sociology, Chicago 1964, Einleitung

ethnische Gruppe hatte ihre eigene Kirche, ihre Schule, ihre
Zeitungen, Restaurants, Geschäfte, Klubs, Politiker und Wohl-
fahrtseinrichtungen. Zu dieser Zeit hatte sich die öffentliche
Einstellung zu starken Vorurteilen und zur Diskriminierung der
Neuankömmlinge aus Ost- und Südeuropa verfestigt. Besonders
ausgeprägt waren die antijüdischen, antipolnischen, antiitalie-
nischen und antitschechischen Gefühle in bestimmten Nachbarschaften. Sogar Deutsche, Iren und Schweden wurden damals von den aus
England stammenden alten Familien als sozial minderwertig angesehen. Die Bodenbesitzer profitierten von der beengten Wohnsituation und dem Unwissen der Zuzügler und vermieteten schlechte
Wohnungen zu exorbitanten Preisen. Das öffentliche Vorurteil
führte zusammen mit dem Bedürfnis der Fremden nach Segregation
zu einer fortdauernden Wohnungsknappheit, obgleich in anderen
Teilen der Stadt viel gebaut wurde. Die Fruchtbarkeit war hoch,
die Familien gross und die Ueberbelegung enorm. Gesundsheits-,
Erziehungs- und andere öffentliche Dienste waren in den ethnischen
Nachbarschaften im Vergleich zu den Quartieren der Ober- und
Mittelschichten zweifellos deutlich schlechter. Die Kinder der
Immigranten standen zwischen zwei Kulturen, und fanden weder die
Loyalität zu ihren Eltern noch die zu Amerika, wenngleich sie
sich mit der Neuen Welt identifizierten. Sie bildeten Strassen-
banden, die in offener Herausforderung zu den Ansprüchen ihrer
Eltern und zu den sozialen Regeln der ganzen Gemeinde agierten.
Die Stadtverwaltung wurde allgemein als korrupt angesehen, und
Politiker missbrauchten die ethnischen Nachbarschaften für ihren
eigenen Vorteil. Viele Familien waren entsetzlich arm. Weil die
Sterberaten hoch waren und der Tod des Ernährers in seinen besten
Jahren nicht selten, war es nicht ungewöhnlich, dass Wittwen
hart zu kämpfen hatten, um ihre Kinderschar durchzubringen." (9)

Der erwarteten neuen Ansturm wollten die Behörden nicht gänzlich
unvorbereitet gegenüberstehen. Deshalb verlangte man nach wissenschaftlichen Untersuchungen, die während des Krieges im Rahmen
der Arbeitsbeschaffungsmassnahmen auch massiv unterstützt wurden.
Am Anfang stand dabei in der Regel die kartographische Auf-
nahme verschiedenster sozialer Phänomene - sie führte dann zur
Entdeckung struktureller Regelmässigkeiten und, in Anlehnung an
den Begriff des "Habitat" in der biologischen Oekologie, zu
den Konzepten der "moral region" oder der "natural area" als
den Strukturelementen der sozialräumlichen Organisation.

<u>Park</u> sah sich selbst zweifellos nicht als Theoretiker - sein
Interesse war auf soziale Reform ausgerichtet. Dies entsprach

---

9 E.W. <u>Burgess</u> und D.J. <u>Bogue</u>: Research in Urban Society: A
   Long View, in: Contributions to Urban Sociology, a.a.O., S. 4 f.
   (Uebersetzung B.H.)

seiner Herkunft, seinem journalistischen Engagement, das ihn
bis zu seinem Tod begleiten sollte, und den prägenden Einflüssen
in seiner Ausbildung. Er hat sogar einmal ausdrücklich darauf
verzichtet, unter dem Begriff "Human Ecology" eine soziologische Theorie zu entwickeln (lo). Die theoretische Durchdringung
der empirischen Befunde überliess er seinen Mitarbeitern, vorab
Roderick D. McKenzie, und wir kennen von ihm nur einen einzigen
Artikel, in dem er die theoretischen Vorstellungen der Sozialökologie umreisst (11); er wurde erst acht Jahre vor seinem Tod
publiziert. Dies und die häufige Verwendung von Begriffen, die
der biologischen Oekologie entlehnt waren, mag dazu geführt
haben, dass man die Sozialökologie häufig als sozialdarwinis-
tischen Ansatz kritisierte. In der umfangreichen "Introduction
to the Science of Sociology", die Park zusammen mit Burgess
1921 herausgab – im Vorwort zur dritten Auflage bezeichnet M.
Janowitz dieses Buch als die "green bible" der Soziologie in
Chicago – findet sich kein Kapitel über "Human Ecology", wohl
aber ein umfangreicher Abschnitt über "Competition" mit Text-
auszügen aus Werken von Darwin, des Pflanzenökologen F.E. Clements,
des Oekonomen Adam Smith, von Georg Simmel und vom Oekonomen
Frédéric Bastiat (12). Allgemein hat man den Eindruck, dass Park
nicht eben theoriefeindlich, aber doch nicht in erster Linie an
Theoriebildung interessiert gewesen ist. So sind denn auch die wichtigsten theoretischen Anstösse nicht von dem ausgegangen, der als
erster die Konturen der Sozialökologie vorzeichnete, sondern von
McKenzie und von Burgess. Das hindert indessen nicht, dass seine
zahlreichen Aufsätze eine Fundgrube anregender und fruchtbarer
Ideen darstellen (13).

Die klassische Chicago-Schule hat uns eine grosse Zahl vorwiegend deskriptiver Untersuchungen hinterlassen – daher mag die
heute noch bisweilen vertretene Ansicht rühren, Sozialökologie

---

lo Vgl. seine Besprechung des Buches von M.A. Alihan: Social
   Ecology, in: Annals, Bd. 2o2 (1939) S. 264-265
11 R.E. Park: Human Ecology, AJS 42. Jg. (1936) S. 1-15
12 Verwendet wurde hier die dritte Auflage, Chicago 1969
13 Vgl. vor allem die Sammlung Human Communities, New York
   1952, die posthum erschien

sei nichts anderes als eine Methode zur Darstellung sozialräumlicher Verteilungen. Sie hat aber keine geschlossene systematische Theorie entwickelt. In erster Linie befasste und befasst sie sich mit den unbewussten, nicht willentlich gesteuerten Erscheinungen sozialer Organisation – hier liegt ein entscheidender Unterschied zu Konzeptionen, die vom Begriff des sozialen Handelns her konstruiert sind. Und sie geht diese Phänomene von ihrem beobachtbaren "materiellen Substrat" (14) her an. Von dieser "Aussenseite" sozialer Phänomene her wird – ganz analog zur Argumentation der Morphologie sociale – die soziale Wirklichkeit erschlossen. Sozialökologie ist also nicht Soziologie schlechthin, sondern eine Perspektive unter anderen innerhalb der Soziologie, aus der heraus die Formen sozialer Organisation analysiert werden können. Sie ist, wie noch zu zeigen sein wird, von ihrem Ansatz her auch nicht festzulegen auf Siedlungssoziologie, schon gar nicht auf die Soziologie der Grosstadt, auch wenn sie in diesen Forschungsfeldern die wichtigsten Beiträge geliefert hat. Sie deckt das Feld der Siedlungssoziologie nicht ab, geht aber andererseits weit über die Grenzen dieses Bereiches hinaus.

---

14 Der Begriff des "Materiellen Substrats" stammt aus der französischen Morphologie sociale, vgl. unten S. 117
Auf die analoge Argumentation beider Schulen weist hin
L.F. Schnore: Social Morphology and Human Ecology, AJS 63. Jg. (1958) S. 620-634

2.2. Die klassische Chicago-Schule

Park war davon ausgegangen – hier ist der Einfluss Darwin's unverkennbar – dass der Wettbewerb einer der fundamentalen Beziehungstypen zwischen Menschen sei, der Wettbewerb um die materiellen Resourcen des Ueberlebens und um den Lebensraum. Konkurrenz kann aber nicht total sein, ohne die darin Engagierten in ihrer Existenz zu bedrohen. Dies wird verhindert durch Spezialisierung und Kooperation, durch Arbeitsteilung im weitesten Sinn. Park sprach auch von "competitive cooperation", einem Beziehungssystem, in dem Wettbewerb und Kooperation sich auf spezifische Weise ergänzen. In Anlehnung an die Biologie nannte er dies eine symbiotische Beziehung. Der Wettbewerb um knappe materielle Resourcen ist das strukturbildende Prinzip auf der biotischen, "vorsozialen" Ebene. Er existiert unabhängig von kulturellen Einflüssen als Mechanismus, durch den Menschen sich an ihre Umwelt anpassen. So resultiert die sozialräumliche Gliederung einer Stadt aus der Konkurrenz um Standorte und stellt damit einen Reflex der biotischen Struktur der Gesellschaft dar. Sozialökologie beschäftigt sich ausschliesslich mit dieser biotischen Ebene, mit "community".

Dem gegenüber steht "society" als Resultante der durch Kommunikation und Konsens bestimmten kulturellen Ebene. Sie wird als Superstruktur begriffen, die auf der biotischen Struktur aufbaut. Während sich in der Konkurrenzbeziehung unbewusst die Auseinandersetzung um begrenzt vorhandene Resourcen, also der Kampf ums Dasein abspielt, lässt sich die kulturelle Ebene begreifen als ein System von Mechanismen, vermittels derer diesem Kampf seine existenzgefährdende Wirkung genommen wird. Zu diesen Mechanismen gehören Werte und Normen, soziale Kontrolle und Sozialisation, Institutionen und Rangordnungen. Sie werden indessen erst wirksam innerhalb der biotisch vorbestimmten räumlichen Struktur (15).

---

15 Diese Darstellung fasst die Argumentation Park's zusammen, vgl. Human Ecology, a.a.O.

In zahlreichen Beiträgen hat Park immer wieder versucht, das Verhältnis zwischen biotischer und kultureller Ebene schärfer herauszuarbeiten (16). Er war an ihm interessiert als Soziologe, nicht als Sozialökologe, den nur die Prozesse der "vorsozialen" Strukturbildung interessierten. Das mag mit daraus zu verstehen sein, dass Soziologie in Chicago in drei verschiedenen Abteilungen betrieben wurde, deren eine sich mit den Schwerpunkten Demographie, Sozialökologie und mit den sozialen Konsequenzen technologischen Wandels, deren zweite sich in erster Linie mit den Erscheinungsformen sozialer Organisation und deren dritte sich mit Sozialpsychologie und Verhaltenstheorie befasste - damit mag die Beschränkung auf die biotische Ebene auch einen institutionelle begründeten Hintergrund haben. Es wurde indessen keineswegs behauptet - wie später die Anhänger der sozio-kulturellen Schule unterstellten - es gebe keine Beziehung zwischen diesen verschiedenen Schwerpunkten und ihren Gegenständen.

Während Park's Auffassung von einer biologischen "Basis" und einem kulturellen "Ueberbau", der freilich durch diese nicht völlig determiniert wird, bestimmt ist, wird die Anpassung an die Umwelt nach der Ansicht von Roderick D. McKenzie durch eine Reihe "ökologischer Faktoren" vermittelt, darunter auch durch Kultur (17). Die räumlichen Verteilungen sind zwar eine Konsequenz des Wettbewerbs um Resourcen und die daraus folgende Selektion, aber diese Verteilungen verändern sich beständig mit dem Wandel geographischer, ökonomischer, kultureller, technologischer, politischer und administrativer Verhältnisse. Als intervenierende Variable beeinflussen diese ökologischen Faktoren die Konkurrenzbeziehung; sie erhöhen die räumliche Mobilität und führen so zu den typischen ökologischen Prozessen, die man in Chicago beobachtet hatte: Segregation, Invasion, Sukzession, Spezialisierung, Zentralisation und Konzentration.

---

16 Vor allem ist hier hinzuweisen auf: Symbiosis and Socialization: A Frame of Reference for the Study of Society, AJS 45. Jg. (1939) S. 1-25, und auf: The Urban Community as a Spatial Pattern and a Moral Order, Publications of the American Sociological Association, 2o. Jg. (1925) S. 1-14, dt. in Materialien zur Siedlungssoziologie, a.a.O., S. 9o-1oo

17 In etwas anderer Form werden wir diese ökologischen Faktoren wieder antreffen bei der Diskussion des "ökologischen Komplexes", vgl. unten S. 73 ff.

Menschliche Gruppen unterscheiden sich von Pflanzen- und Tiergemeinschaften eben dadurch, dass sie die Macht haben, ein Habitat auszuwählen und dessen Eigenschaften zu kontrollieren und zu verändern. Bei einem gegebenen Stand der natürlichen Resourcen und der Technologie kann eine Gemeinde so lange wachsen, bis ein Gleichgewicht mit der ökonomischen Basis erreicht ist. Bei dieser Grösse bleibt sie stabil, bis eine Veränderung der ökologischen Faktoren neue Anpassungsvorgänge erzwingt. Die Anpassung der Menschen an ihre Umwelt vollzieht sich als unaufhörlicher Prozess individueller Migration. Das Auftreten innovativer Elemente - im Verkehr etwa oder in der Produktion - kann Migrationsprozesse auslösen, durch die sich die ganze Struktur einer Gemeinde ändert. Das Wachstum einer Gemeinde geht im allgemeinen einher mit zunehmender Differenzierung und Spezialisierung. Gleichzeitig findet aus dem Wettbewerb um vorteilhafte Wohnstandorte Segregation statt. Bereits bei einer Grösse von 10'000 bis 12'000 Einwohnern beobachtet McKenzie eine klar differenzierte ökologische Struktur. Das Wachstum verläuft, ähnlich wie bei Pflanzenformationen, in Sequenzen von Invasion und Sukzession. Invasion beginnt an den Punkten mit der grössten Labilität, d.h. mit den höchsten Migrationsraten. Daraus erklären sich die citynahen "zones of transition". Der Kulminationspunkt in diesem Prozess ist erreicht, wenn der dominante Typ der ökologischen Organisation weiteren Umwälzungen standzuhalten vermag (18).

Stärker noch als bei Park finden sich also bei McKenzie jene Analogien zur Biologie, und es ist nur konsequent, wenn später Amos H. Hawley diese Bezüge noch weitergehend in die sozialökologische Theorie einbauen will. Schon bei McKenzie wird der Wettbewerb nicht mehr ausschliesslich als unbewusst und unkontrolliert ablaufender Kampf ums Dasein, sondern mehr in seinem ökonomischen und soziologischen Gehalt verstanden.

---

18 R.D. McKenzie: The Ecological Approach to the Study of the Human Community, AJS, 30. Jg. (1924) S. 287-301; ders.: The Scope of Human Ecology, Publications of the American Sociological Association, 20. Jg. (1926) S. 141-154, dt. in: Materialien zur Siedlungssoziologie, a.a.O., S. 101-112

2.2.1. Die Struktur der Stadt

Die meisten Diskussionen wurden freilich nicht durch solche Versuche einer theoretischen Grundlegung der Sozialökologie ausgelöst, sondern durch eine modellhafte Darstellung städtischen Wachstums und städtischer Differenzierung, die <u>Ernest W. Burgess</u> 1923 vor der American Sociological Association vortrug (19). <u>Burgess</u> hatte eine stetige Variation der Merkmale ökologischer Einheiten - der "natural areas" - mit der Distanz vom Geschäftszentrum entdeckt und baute darauf seine berühmte <u>Theorie der konzentrischen Zonen</u> auf. Danach besteht in jeder Stadt eine Tendenz, sich radial vom Zentrum her gesehen auszudehnen. Die meisten Standortvorteile bietet das Geschäftszentrum selbst (central bussiness district, abgek. CBD, Zone 1), und hier ist der Wettbewerb um Boden am intensivsten. So setzen sich zunehmend Nutzungen durch, die die hohen Bodenpreise erwirtschaften können: grosse Kaufhäuser, hochspezialisierte Geschäfte, Banken und Hotels sowie Verwaltungsgebäude als die Zentren der politischen und wirtschaftlichen Macht. Hier liegt der überwiegende Teil der Arbeitsplätze des tertiären Wirtschaftssektors und der Verwaltung, der Anteil der ständigen Wohnbevölkerung ist gering und nimmt weiter ab, und hier laufen die wichtigsten Verkehrsstränge zusammen. Tagsüber dicht bevölkert, ist der CBD nachts, wenn kulturelle und Vergnügungsbetriebe geschlossen haben, nahezu verlassen. Mit dem Wachstum der städtischen Bevölkerung wird der Wettbewerb um Standorte im CBD intensiver. Daher rührt die Tendenz, den CBD auszudehnen bis in die anschliessende Wohnzone hinein. In dieser Uebergangszone (zone of transition, Zone 2) trifft man in einem inneren Ring Geschäfte und Betriebe, die bereits aus dem CBD verdrängt worden sind. Im äusseren Ring liegen die Slums und Sanierungsgebiete. Sie entstehen, weil die Hausbesitzer in Erwartung zukünftiger Nutzungsänderungen und höherer Grundrenten Unterhaltsinvestitionen unterlassen, sondern billige Wohnungen für kurze Zeit an Personen vermieten, die gerade erst in die

---

19 publiziert als: The Growth of the City: Introduction to a Research Project, in: The City, hrsg. von R.E. Park, R. D. McKenzie und E.W. Burgess, Chicago 1925; Zur Ergänzung: ders.: Urban Areas, in: Chicago: An Experiment in Social Science Research, hrsg. von T.V. Smith und L.D. White, hier zitiert nach J.A. Quinn: Human Ecology, Englewood Cliffs 1950, repr. Hamden 1971, S. 118 f.

Stadt eingewandert sind. Hier liegen die Slums und Ghettos, die Viertel der Diskriminierten, der Kommunen, der Künstler, der Kleinhaushalte und desintegrierten Familien, der Armut, des Lasters, der Kriminalität, der körperlichen und geistigen Krankheiten. Die Uebergangszone ist das Gebiet mit den höchsten Migrationsraten, der Verhaltensunsicherheit, der Anpassung und der Fluktuation. Die Invasion des CBD in diese Uebergangszone zwingt die dort Lebenden, in die anschliessende Zone der Arbeiterwohnquartiere (zone of workingmen's homes, Zone 3) auszuweichen, in die sich dann der gleiche Prozess fortsetzt. Diese Zone 3 ist das traditionelle Wohngebiet der Facharbeiter. In Chicago wird sie charakterisiert durch die zweigeschossigen Miethäuser (in Europa entspricht dem die Zone der citynahen Mietskasernen der Gründerzeit). Hier leben auch die Zuwanderer, die bereits weitgehend assimiliert sind, Ausländer, die sozial so weit aufgestiegen sind, dass sie die Uebergangszone hinter sich lassen konnten. Die Väter arbeiten in der Industrie, die Kinder meist in den Dienstleistungsbetrieben des CBD. Die Wohnbevölkerung ist hier deutlich weniger mobil als in der Zone 2. Noch stabiler ist die Bevölkerung in der anschliessenden Zone 4 (zone of better residences), in der die Einfamilienhäuser und teuren Appartments der Mittel- und Oberschicht sich befinden. Hier dominiert die egalitäre Familie, man wählt unabhängig und delegiert auch Frauen in die Legislativbehörden, Bücher und Zeitungen sind selbstverständlich. Jenseits der Stadtgrenzen, in den suburbanen Agglomerationsgemeinden, liegt die Pendlerzone 5 (commuter's zone). Dort findet man die typischen Schlafgemeinden mit matrizentrierten Familien, die Mehrheit der Männer arbeitet in der Kernstadt, meist als Beamte und Angestellte im CBD, und sind den Mittelschichten zuzurechnen. Sie haben früher in der Kernstadt gewohnt und sind mit dem beruflichen Aufstieg und der Familiengründung in die suburbane Zone abgewandert.

Die Stadt, das wird in dieser Schilderung deutlich, dehnt sich von innen gegen die Peripherie hin aus, ohne dabei ihre konzentrische Struktur zu verlieren (2o). Der Motor dieser Ent-

---

2o Es gab bereits früher Ansätze zu konzentrischen Strukturmodellen, etwa bei H. von Thünen: Der Isolierte Staat (1863) oder zu Beginn unseres Jahrhundert in der deutschen Städtestatistik. Vgl. O. Boustedt: The Delimitation of Urban Areas, in: Urban Research Methods, hrsg. von J.P. Gibbs, Princeton etc. 1961, S. 41 ff.

wicklung ist in der Konkurrenz um die zentralen Standorte, räumlich im CBD zu suchen - deswegen wird dem CBD auch die Eigenschaft der "Dominanz" zugeschrieben (21). Weder Chicago noch irgendeine andere Stadt entsprach dem natürlich vollkommen, das war auch Burgess klar; er verstand seinen Entwurf als Idealtyp, als Modell, mit dem sich freilich für Chicago relativ gut arbeiten liess.

Gegen das Modell der konzentrischen Zonen sind zwei andere Konzeptionen vorgebracht worden: die Sektorentheorie (22) und die Multiple Nuclei-Theorie (23). Die Sektorentheorie behauptet - und belegt dies an einer ganzen Reihe von Fällen auch empirisch - dass Städte nicht konzentrisch, sondern nach Sektoren strukturiert seien (vgl. Graphik 4). Dabei könne weder allgemein gesagt werden, welche sozialen Gruppen welche Sektoren bewohnen, noch wie breit und wie gewichtig die einzelnen Sektoren seien. Wenn man Stadtpläne betrachtet, erscheint dies wegen der im allgemeinen radialen Verkehrserschliessung zunächst auch richtig. James A. Quinn hat indessen darauf aufmerksam gemacht, dass im Modell der konzentrischen Zonen die Distanz vom CBD nicht als Luftliniendistanz missverstanden werden dürfe. Es handle sich dabei vielmehr um ein Zeit-Kosten-Mass der Erreichbarkeit. Tatsächlich ist ja die Luftliniendistanz nur ausnahmsweise verhaltensrelevant. Wenn zwei Orte A und B geometrisch näher beieinander liegen als A und C, so können sie doch schwerer erreichbar sein, z.B. wenn ein Fluss sie trennt (24, vgl. auch Graphik 5). Das hat zur Folge, dass bei radialer Verkehrserschliessung eine in geometrischen Kategorien gesehen sektorielle Stadtstruktur in Zeit-Kosten-Begriffen durchaus konzentrisch sein kann. Quinn meint denn auch, dass Versuche, die Ringtheorie zu falsifizieren (25), von diesem methodologischen Fehler belastet und daher nicht haltbar seien.

---

21 Vgl. dazu weiter unten S.43

22 H. Hoyt: The Structure and Growth of Residential Neighborhoods in American Cities, Washington 1939

23 C.D. Harris und E.L. Ullman: The Nature of Cities, Annals Bd. 242 (1945) S. 7-17, abgedruckt in (19)

24 J.A. Quinn: The Burgess' Zonal Hypothesis and Its Critics, ASR, 5. Jg. (1940) S. 210-218. Auch McKenzie hat darauf verschiedentlich hingewiesen: The Scope of Human Ecology, a.a.O.; Spatial Distance, Soc. Soc. Res. 13. Jg. (1929)

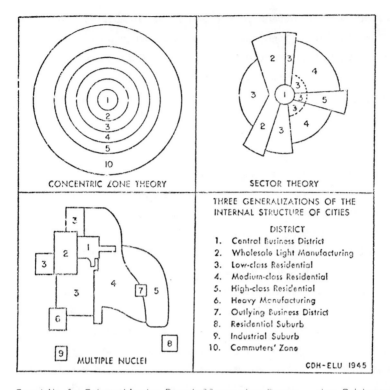

Graphik 4: Schematische Darstellung des Zonen-, des Sektoren- und des Multiple Nuclei-Modells. Quelle: C.D. Harris und E.L. Ullman, a.a.O., S. 13

Es muss allerdings erstaunen, dass dieser wichtige Unterschied in der Konzeption von Distanz in keiner der mir bekannten Studien, auch nicht in den neueren der Faktorialökologie, beachtet worden ist. Hier liegt eine wesentliche Schwäche bei der empirischen Prüfung dieser Strukturmodelle. Ueberhaupt ist die Bedeutung der ökologischen Distanz meist gar nicht erkannt worden: Es handelt sich dabei ja nicht nur um eine verhaltensrelevante Variable – etwa für die Untersuchung von Pendlerströmen – sondern um ein Indiz für die ökologische Position eines städtischen Gebietes und ist in der klassischen Sozialökologie auch so verstanden worden.

---

25 z.B. M.R. Davie: The Pattern of Urban Growth, in: Studies in the Science of Society, hrsg. von G.P. Murdock, New Haven 1938, S. 133-161, repr. in: Studies in Human Ecology, a.a.O., S. 77-91. Quinn's Argument richtet sich ebenso gegen Hoyt's Sektorenmodell

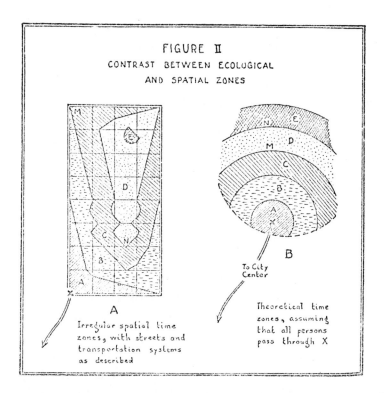

Graphik 5: Unterschiede zwischen ökologischer und geometrischer Distanz. Quelle: J.A. Quinn: The Burgess' Hypothesis and Its Critics, a.a.O., S. 214

Auch das zweite Konzept, das im Gegensatz zur Zonentheorie vorgeschlagen worden war: das bereits erwähnte Multiple Nuclei-Modell, zeigt eine entscheidende Schwäche. Burgess hatte die Zonentheorie ausdrücklich als Idealtyp verstanden, und nicht behauptet, es könne ausserhalb des einen CBD nicht auch andere Gebiete mit Zentrumsfunktionen geben. Im Gegenteil hat er deutlich darauf hingewiesen, dass mit der Ausdehnung der Stadt über periphere Randgemeinden hinaus ein Dezentralisationsprozess verbunden sei und Subzentren entstünden (26). Zudem sind auch im klassischen Modell Zentren unterschiedlicher Nutzung denkbar - etwa ein industrielles Zentrum neben dem kommerziellen des CBD. Das Harris-Ullman-Modell widerspricht also der Zonentheorie ebensowenig wie das Sektorenmodell von Hoyt, jedenfalls solange nicht, als befriedigende empirische Prüfungen noch ausstehen.

---

26 E.W. Burgess: The Growth od the City, a.a.O., S. 4o

Nach den Strukturmodellen stand vor allem ein weiterer Begriff
im Zentrum der Diskussion: die "natural area". Darunter verstand man in der klassischen Sozialökologie relativ kleine
Subgebiete einer Stadt mit homogener Bevölkerung, die nicht
bewusst als solche geplant worden waren (daher das unglücklich gewählte Prädikat "natural", in dem gleichzeitig wieder
der Einfluss der biologischen Oekologie sichtbar wird). Burgess
und seine Schüler hatten im Chicago der zwanziger Jahre 75 solcher
natural areas ausgemacht und abgegrenzt; ihre mittlere Bevölkerung lag bei ca. 5'000 Einwohnern (27). Begrenzt wurden sie
durch natürliche - topographische Niveauunterschiede, Flussläufe etc. - oder künstliche Hindernisse - etwa Durchfahrtsstrassen, Bahnlinien, Parkanlagen etc. - die sich sozial als
Kommunikationsschranken und wahrnehmbare Symbole auswirkten.
Schon Park hatte diesen Begriff verwendet, und zwar synonym
mit "moral region". Er war der Auffassung, dass sich in diesen
Gebieten von der Homogenität der Bevölkerung her auch relativ
homogene Verhaltensmuster, Normen und Werte durchsetzen müssten
- ein Beispiel für die Verknüpfung zwischen biotischer und kultureller Strukturebene (28). Die "natural area" entsteht im
Zusammenhang mit den ökologischen Prozessen, die durch das Zusammenwirken der ökologischen Faktoren ausgelöst und in Gang
gehalten werden (29). Louis Wirth (3o) und Harvey Zorbaugh (31)
untersuchten die Sozialstrukturen solcher Gebiete empirisch
und legten ihre Befunde in lebendigen Schilderungen der Quartiermilieux nieder. Sie lieferten die klassische Formulierung
dieses Konzeptes, das dann im Verlauf der Kritik der vierziger
Jahre weitgehend aufgegeben wurde und erst jetzt, im Zusammenhang mit den Arbeiten der Sozialraumanalyse, wieder neue Aufmerksamkeit gewinnt. Die "natural area" wurde übrigens zu einer

---

27 Census Data of the City of Chicago, 192o, hrsg. von E.W.
Burgess und C. Newcomb, Chicago 1931, hier zitiert nach A.
Hunter: Symbolic Communities, Chicago 1974, S. 9 - dieser
Band war der erste in der Reihe der Local Community Fact
Books, in denen jeweils die Zensusdaten für die "natural
areas" publiziert wurden

28 R.E. Park: Symbiosis and Socialization, a.a.O.

29 Vgl. oben S. 31

3o L. Wirth: The Ghetto, Chicago 1928

31 H. Zorbaugh: The Gold Coast and the Slum, Chicago 1929

Art "self-fullfilling prophecy", als Clarence A. Perry sie
normativ uminterprstierte und zum Konzept der Nachbarschaftseinheit für die Stadtplanung machte. Die Nachbarschaftseinheiten wurden häufig mit Hecken, manchmal sogar mit Mauern gegen
aussen abgeschlossen und hatten vor allem die Funktion, Angehörige inferiorer Statusgruppen vom Zuzug und vom Gebrauch der
Quartierausrüstung fernzuhalten. So wurden sie denn auch von
Immobilienmaklern propagiert (32).

Während das Modell der konzentrischen Zonen für das Organisa-
tionsprinzip städtischer Räume stand, betrachtete die klassische Sozialökologie die "natural area" als das Strukturelement.
Als solches besetzte sie jeweils eine spezifische ökologische
Position im Verhältnis zu den vom CBD ausgehenden Entwicklungs-
schüben und werde von ihnen unterschiedlich stark betroffen.
Es handelt sich dabei also nicht um ein deskriptives, sondern
um ein funktionales Konzept im theoretischen Bezugsrahmen der
Sozialökologie. Gleichzeitig aber liegt in diesem Begriff auch
der Verknüpfungspunkt zwischen "community" und "society" –
die Verbindungsstelle also zur kulturellen Strukturebene.

---

32 Vgl. dazu B. Hamm: Betrifft: Nachbarschaft, Düsseldorf
   1973, S. 26 f.

2.2.2. Sozialökologische Prozesse

Dem sozialökologischen Theorieansatz ist verschiedentlich entgegengehalten worden, er biete nicht mehr als eine ahistorische, statische Beschreibung städtischer Sozialstrukturen. Dem muss entschieden widersprochen werden, auch wenn zugegebenermassen die klassische Schule der strukturellen Betrachtung grössere Aufmerksamkeit geschenkt hat als der Prozessanalyse. Struktur und Prozess sind aber nur analytisch unterscheidbare Kategorien; in der sozialen Realität handelt es sich um eng verflochtene Interdependenzen, die kaum voneinander zu trennen sind. Die Struktur städtischer Gebiete, wie sie mit dem Modell der konzentrischen Zonen idealtypisch beschrieben wird, ist das Resultat ökologischer Prozesse in einer bestimmten, durch die ökologischen Faktoren charakterisierbaren historischen Situation, und sie beeinflusst in der Folge ihrerseits den weiteren Verlauf, die Stärke und die Richtung des Wandels der ökologischen Struktur. Amos H. Hawley hat zwei Auffassungen von sozialem Wandel unterschieden: die eine nimmt an, Veränderungen vollzögen sich kontinuierlich in infinitesimal kleinen Schritten; die andere geht aus von einer Konzeption des diskontinuierlich in diskreten Phasen ablaufenden Wandels. Für die Behandlung sozialökologischer Probleme ist seiner Auffassung nach die zweite Ansicht eher adäquat, und zwar einmal, weil soziales Verhalten eine Tendenz zeige, sich in habitualisierten Formen zu verfestigen und zu ritualisieren, zum anderen, weil derart fixierte Verhaltensmuster und Beziehungssysteme sich in physischen Anlagen - Bauten, Verkehrswegen etc. - objektivierten und in dieser Form bestätigend, begrenzend und beharrend auf Verhalten zurückwirkten. Aus beiden Elementen zusammen entstünden Widerstände gegen Veränderungen. So können Verhaltensmuster auch dann noch perpetuiert werden, wenn die kausalen Bezüge, unter denen sie sich als sinnvolle Reaktionen entwickelt haben, längst nicht mehr gegeben sind. Dieser Auffassung diskontinuierlich ablaufender Prozesse entspricht in der Sozialökologie der Begriff der Sukzession (33).

---

33 A.H. Hawley: Human Ecology, New York 1950, S. 319 ff.

Alle Veränderungen sozialräumlicher Strukturen lassen sich begreifen als Standortwechsel von Nutzungen und/oder Bevölkerungsteilen. Wandel bedeutet immer auch Bewegung, die über Kategorien von Raum und Zeit erfasst und beschrieben werden kann (34). Freilich ist, darauf wird verschiedentlich hingewiesen (35), die Begriffsbildung im Zusammenhang mit ökologischen Prozessen nicht eben klar. Dazu soll hier ein Vorschlag angeboten werden, der darüber hinaus versucht, die biologistischen Implikationen der klassischen Terminologie zu vermeiden, ohne sie freilich ganz aufzugeben. Die funktionelle Differenzierung städtischer Gebiete, also das tendenzielle Ueberwiegen bestimmter Nutzungen vor anderen, wird hier als Spezialisierung bezeichnet (36). Die sozialräumliche Differenzierung bestimmter Bevölkerungsgruppen wird davon deutlich unterschieden und unter das Konzept der Segregation gefasst. Diese Unterscheidung drängt sich auf, weil, wie wir sehen werden, beiden Phänomenen verschiedene Ursachen zu Grunde liegen. Veränderungen in der Verteilung von Bevölkerungsgruppen entstehen durch Bevölkerungsbewegungen, und zwar vor allem durch Migration. Dagegen verweist der Begriff der rekurrenten Mobilität (37) auf zeitlich begrenzte, meist periodisch sich wiederholende Bewegungen im Raum – etwa die Pendelwanderung. Mit Hilfe dieser Begriffe soll die Analyse sozialökologischer Prozesse terminologisch vereinfacht und vereinheitlicht und die Darstellung bisheriger Befunde leichter verständlich werden.

2.2.2.1 Spezialisierung

Die sozialökologische Theorie ist von der empirischen Beobachtung ausgegangen, dass sich mit dem Wachstum der Städte

---

34 ebda., S. 324

35 Vor allem bei M.A. Alihan: Social Ecology, a.a.O., S. 136 ff.

36 Zu den Begriffen Spezialisierung und Segregation vgl. die Umschreibung bei R.D. McKenzie: The Scope of Human Ecology, in: Materialien zur Siedlungssoziologie, a.a.O., S. 106 und 110

37 Die Unterscheidung zwischen Migration und rekurrenter Mobilität wurde übernommen von A.H. Hawley: Human Ecology, a.a.O., S. 327. Aehnlich die Unterscheidung zwischen Mobilität und Fluktuation bei McKenzie, a.a.O., S. 103

auch die funktionale Differenzierung verstärkt ausprägt. Geschäftszentrum und Wohngebiete, Industriezonen und Vergnügungsviertel sind die augenfälligen Ergebnisse dieses Prozesses. Als illustratives Beispiel für den Spezialisierungsprozess mag McKenzie's Vorstellung von der Ausbildung des Geschäftszentrums dienen: Mit der Einführung der Eisenbahn und später anderer moderner Transportmittel beginnt ein Prozess der sozialräumlichen Reorganisation, der bestimmt wird durch die zentrale Lage des Bahnhofes. Dieser Verkehrsmittelpunkt gewinnt gegenüber allen anderen Gebieten an Bedeutung. Axiale Transportwege werden eingerichtet, auf denen sich der Zubringerverkehr vom und zum Bahnhof abwickeln kann, und zwar bis weit ins Umland der Städte hinaus. Die Verflechtung von Stadt und Land vollzieht sich somit über das "Relais" Bahnhof, und sie hat in diesem Quartier einen intensiven Publikumsverkehr zur Folge. Damit steigen die Grundrentenerwartungen und die Bodenpreise, weil maximale Erreichbarkeit für zahlreiche Nutzungen eine zentrale Standortqualität darstellt. Die Grundrente kann aber nur erwirtschaftet werden durch Nutzungen, die einen entsprechenden Ueberschuss abwerfen. Daher verdrängen Kaufhäuser, Banken und Hotels mit der Zeit immer grössere Teile der unproduktiven Wohnnutzung, die hier ihren traditionellen Standort hatte, in die angrenzenden Gebiete (38). Mit weitergehendem Wachstum werden die Kerngebiete des CBD nur noch für ausserordentlich finanzkräftige Nutzungen tragbar; die Verdrängung der letzten Wohnungen, des Kleingewerbes und von kleineren Geschäften des Einzelhandels - die "Selbstzerstörung grosstädtischer Mannigfaltigkeit" (39) - ist als Prozess der Citybildung bestens bekannt.

---

38 R.D. McKenzie: The Concept of Dominance and World Organization, AJS, 33. Jg. (1927) Nr. 1. Diese Schilderung dürfte auch für europäische Städte gelten. Vor der Industrialisierung lagen die Verkehrsmittelpunkte hier bei den Stadttoren, die administrativen und kulturellen Zentren bei Burg und Kirche. Diese Struktur hat sich mit der Einführung neuer Verkehrsträger völlig gewandelt. Vgl. B. Hamm: Verkehrserschliessung und Strukturwandel von Siedlungen, in: Soziologische Aspekte in der Verkehrsplanung, Zürich 1976

39 J. Jacobs: Tod und Leben grosser amerikanischer Städte, Gütersloh 1963, S. 139 ff.

Die sozialräumliche Reorganisation wird also bestimmt durch die Entwicklung des Zentrums, durch jene Eigenschaft, die die klassischen Sozialökologen in Anlehnung an die biologische Oekologie als "Dominanz" bezeichnet haben. Bei der Einführung dieses Begriffes hat man sich denn auch meist auf C.M. Child's einflussreiches Buch "Physiological Foundations of Behavior" (4o) berufen. Aber bereits McKenzie stellte unmissverständlich fest - und dies wäre generell auf den Vorwurf des Sozialdarwinismus zu erwidern - dass es nicht darum gehen könne, die biologische Analogie zu strapazieren; nichtsdestoweniger könne es sinnvoll sein, sich durch gewisse strukturelle Aehnlichkeiten anregen zu lassen. Er sieht seine Darstellung des Dominanzprinzips eher als spekulativen Anfang denn bereits als Forschungsresultat (41).

Allgemein bedeutet Dominanz die Eigenschaft einer Einheit innerhalb eines Systems, die Funktionen anderer Einheiten zu integrieren und die Bedingungen ihrer Entwicklung zu kontrollieren. Die dominante Einheit setzt und reguliert die Voraussetzungen, unter denen sich die subordinierten Einheiten entfalten und verändern können (42). In der sozialökologischen Perspektive kommt dem Begriff damit dieselbe Bedeutung zu wie dem Konzept der Macht bei der soziologischen Analyse von Institutionen. Das lässt sich leicht verstehen, wenn man bedenkt, dass sich im CBD ja ökonomisch potente Standortnachfrager vor weniger potenten durchsetzen und diese damit auf weniger günstige Standorte abdrängen. Zwischen differenzierten Einheiten, so schreibt Hawley, entsteht eine Hierarchie von Machtbeziehungen. Ungleichheit sei eine unvermeidliche Folge von funktionaler Differenzierung. Gewisse Funktionen besetzen innerhalb arbeitsteiliger Organisationen strategische Positionen und wirken damit direkt auf eine grössere Zahl anderer Funktionen ein. Die Koordination spezialisierter Funktionen

---

4o New York 1924

41 R.D. McKenzie: The Concept of Dominance, a.a.O., S. 28 (Fussnote)

42 J.A. Quinn: Human Ecology, a.a.O., S. 27o

könne nur über eine zentralisierte Kontrollinstanz gesichert werden. In Subsistenzorganisationen (43) bedeute dies vor allem, dass die dominante Einheit die Kontrolle ausübt über die Subsistenzmittel, die durch die Organisation fliessen. Dominanz sei immer eine Frage des Grades; der Einfluss, den eine Einheit auf eine andere ausüben kann, hängt davon ab, in welchem Mass sie die Bedingungen reguliert, unter denen die andere ihre Funktionen erfüllt (44).

R.E. Park hat gezeigt, auf welche Weise mit dem Begriff der Dominanz in verschiedenen Wissenschaften gearbeitet wurde (45). In den Sozialwissenschaften sieht er vier Bereiche, in denen er sich sinnvoll verwenden lasse: den ökologischen, den ökonomischen, den politischen und den kulturellen. Am häufigsten verwendet wurde das Konzept bisher zur Analyse grossräumiger Subsistenzorganisationen in technologisch, industriell und wirtschaftlich hochentwickelten Gesellschaften (46). Auf diese Voraussetzungen hat auch McKenzie ausdrücklich hingewiesen und dabei besonderes Gewicht auf den Entwicklungsstand der Transport- und Kommunikationssysteme gelegt (47). Es zeigt sich, dass auch im Konzept der Dominanz ein äusserst interessanter Verknüpfungspunkt für die systematische Verbindung zwischen allgemeinsoziologischer und sozialökologischer Theorie gesehen werden kann. Leider haben die neueren an der Sozialraumanalyse orientierten Arbeiten davon keinen Gebrauch gemacht - der Erklärungsgehalt ihrer Untersuchungen hätte erheblich gesteigert werden können.

Die sozialräumliche Struktur einer Metropolitanregion wird bestimmt durch die Dominanz der Metropole, die eines städtischen Gebietes durch die Dominanz des Geschäftszentrums.

---

43 Dieser Begriff aus der neoklassischen Theorie wird später noch ausführlich erläutert, vgl. S. 79

44 A.H. Hawley: Human Ecology, a.a.O., S. 221

45 Dominance - The Concept, Its Origins and Natural History, in: Readings in Human Ecology, hrsg. von R.D. McKenzie, Ann Arbor 1934, S. 381-385, abgedruckt in (86)

46 D.J. Bogue: The Structure of the Metropolitan Community, in: Studies in Human Ecology, hrsg. von G.A. Theodorson, a.a.O., S. 524 ff.

47 R.D. McKenzie: The Concept of Dominance, a.a.O., S. 29 f.

Aeusserlich sichtbar und identifizierbar ist das dominante Zentrum durch seine grössere Aktivität, grössere Mobilität, höhere Bodenpreise und einen hohen Anteil an tertiären Arbeitsplätzen. Subordinierte Quartiere liegen zu ihm in typischen – ökologischen – Positionen, ebenso wie zueinander. Im Burgess'-Modell der konzentrischen Zonen liegt das dominante Geschäftszentrum im Mittelpunkt (48).

Die Vorgänge im dominanten Zentrum sind also entscheidend für den Wandel sozialräumlicher Strukturen. Es muss klar gesehen werden, dass Dominanz nicht, wie biologistisch orientierte Interpreten unterstellen, eine naturgesetzlich wirkende unpersönliche Kraft, sondern den morphologischen Aspekt von Macht meint. Ihre Träger liessen sich in einer Analyse von Entscheidungsprozessen und sozialen Positionen durchaus namhaft machen. Die strukturbildenden Prozesse, also die in Schüben sich vollziehende sozialräumliche Umverteilung innerhalb städtischer Gebiete, ist für europäische Verhältnisse kaum erforscht. Ihre Kenntnis wäre freilich für die Stadtentwicklungsplanung von grosser Bedeutung.

Spezialisierung meint die räumliche Verteilung und Zuordnung von Nutzungen. Die Kategorisierung solcher Nutzungen wird indessen durch das konkrete Erkenntnisziel einer Studie bestimmt. Wenn es um Fragen der räumlichen Verflechtung des Produktions-, Distributions- und Konsumtionsbereiches geht, wird man andere Variable auswählen müssen als bei der Untersuchung der Wohnungsnachfrage oder von Infrastrukturdisparitäten. Das dominante Zentrum kennt man bei schon mässiger Vertrautheit mit einer Stadt "einfach"; auch seine empirische Bestimmung stellt im allgemeinen keine besonderen Probleme.

Eine Vielzahl von alltäglichen und unabgesprochenen Entscheiden individueller oder kollektiver, öffentlicher oder privater Entscheidungsträger führt zur Spezialisierung städtischer Gebiete. Jeder dieser Entscheidungsträger verfolgt andere Ziele, setzt für die Standortbeurteilung andere Kriterien und hat einen spe-

---

48 J.A. Quinn: Human Ecology, a.a.O., S. 27o

zifischen Entscheidungsspielraum. Ein Industriebetrieb wird
sich an betriebswirtschaftlichen Theorien des optimalen Standortes orientieren, wobei faktisch die Art der Verkehrserschliessung und die Bodenpreise hervorragende Entscheidparameter darstellen (49). Für Dienstleistungsbetriebe ist der wichtigste
Standortvorteil und die Quelle einer Differentialrente (5o)
in einem intensiven Publikumsverkehr, d.h. in der maximalen
Erschliessungsqualität zu sehen. Ihr faktischer Entscheidungsspielraum wird begrenzt durch die Grundrente, die sie erwirtschaften können im Verhältnis zu anderen, um denselben Standort konkurrierende Nutzungen. Erreichbarkeit spielt auch eine
zentrale Rolle für alle Repräsentationsbauten, ebenso wie für
die Verwaltung und die öffentlichen Dienste. Ihr wichtigstes
Mittel für die Standortwahl ist die Zonenplanung; der Bodenpreis wird dabei nur indirekt wirksam durch die entstehenden
Entschädigungsansprüche aus formeller oder materieller Enteignung (51). Auch für die Anbieter von Wohnnutzung spielt die erzielbare Grundrente eine wichtige Rolle - nicht in jedem Fall
übrigens die aktuell erzielbare, sondern, wie am Beispiel der
Uebergangszone schon gezeigt worden ist, unter Umständen die
spekulativ erwartete künftige Verzinsung. Daraus entstehen
bereits gewisse Einflüsse auf die soziale Segregation, weil
bei gegebener Ausnützung die Wohnungsgrössen die Höhe der Grundrente mit bestimmen.

Es sei der Systematik halber hier festgehalten, dass diese Darstellung über den Kenntnisstand der klassischen Sozialökologie
hinausgeht. Dort war die sozialräumliche Differenzierung pauschal auf den Bodenpreis zurückgeführt worden. Für die Spezialisierung liegt darin ein richtiger Kern, der hier auch aufgenommen worden ist, nicht aber für die Segregation, wie sich im
folgenden Abschnitt zeigen wird.

---

49 Standortentscheidung und Wohnortwahl, hrsg. von der Gesellschaft für regionale Strukturentwicklung, Bonn 1974, S. 23 ff.

5o Vgl. dazu H. Brede et al.: Oekonomische und politische Determinanten der Wohnungsversorgung, Frankfurt 1975, S. 4o

51 Eine Umschreibung dieser Tatbestände findet sich z.B. im Baugesetz des Kantons Bern vom 7. Juni 197o, Art. 96-1o2

2.2.2.2 Segregation

Während im Prozess der Spezialisierung sich über den Bodenpreismechanismus herausbildet, an welchen Orten und in welcher Ausnützung Wohnnutzung zu finden sein wird, interessiert unter dem Begriff der Segregation, welche sozialen Gruppen diese Wohnnutzung in Anspruch nehmen. Gefragt wird hier mit anderen Worten nach der relativen Konzentration bestimmter Bevölkerungsgruppen mit gemeinsamen Merkmalen in städtischen Subräumen. Bereits aus der Darstellung des Modells der konzentrischen Zonen ist klar geworden, welch bedeutender Stellenwert dem Konzept der Segregation in der klassischen Theorie zukommt. So erstaunt es auch nicht, dass seit dem Entstehen der Chicago-Schule sich eine umfangreiche Literatur angesammelt hat, die sich mit diesem Phänomen auseinandersetzt. Dabei ist im allgemeinen der dynamische Aspekt gegenüber dem strukturellen vernachlässigt worden (52). Weiter hat die klassische Sozialökologie ihre Studien vor allem auf die Segregation rassischer und nationaler Minderheiten konzentriert (53), und erst in neuerer Zeit ist auch die differentielle Verteilung verschiedener Berufsgruppen eingehender untersucht worden (54). Hier können freilich die zahlreichen empirischen Arbeiten nicht alle referiert werden (55) - es geht mehr um eine zusammenfassende Uebersicht.

Mehr noch als bei der Spezialisierung ist bei der Segregation der undifferenzierte Verweis auf den Einfluss der Bodenpreise problematisch. Tatsächlich ist Segregation das Resultat der kombinierten Wirkung verschiedener Selektionsmechanismen (56). <u>Ulfert Herlyn</u> hält die Kriterien der Wohnstandortwahl gar für so komplex, dass man dafür vorerst kaum eine Hypothese anbieten könne. Er unterscheidet grob zwischen Segregation als dem Ergebnis objektiver gesellschaftlicher Rahmenbedingungen, und Segregation als dem "Derivat sozial vermittelter Bedürfnisse", darunter etwa der Belastung am Arbeitsplatz, der Verhaltens-

---

52 <u>J.A. Quinn</u>: Human Ecology, a.a.O., S 353

53 <u>P. Drewe et al.</u>: Segregatie in Rotterdam, Rotterdam 1972, S. 22. Als Beispiel sei erwähnt <u>E.W. Burgess</u>: Residential Segregation in American Cities, Annals of the American Academy of Political and Social Sciences, Bd. 14o (1928) S. 1o5-115

54 Zuerst <u>O.D. Duncan und B. Duncan</u>: Residential Distribution and Occupational Stratification, AJS, 6o. Jg. (1955) S. 493-5o3

sicherheit, der Einheitlichkeit der Lebensstile, der Adresse als Statussymbol (57). Bereits M.A. Alihan hatte kritisiert, dass die klassischen Sozialökologen den Unterschied zwischen "motivierenden Faktoren" und extern auferlegten Bedingungen nicht gesehen hätten. Diese Konfusion sei teilweise eine Folge jener deterministischen Konzeption, die die Willensfaktoren einfach den externen Bedingungen unterordnet (58). Die richtige Antwort darauf hat wohl A.H. Hawley gegeben: Die Miete, die sich über das Einkommen auswirkt, ist einer der wichtigsten Faktoren für die Verteilung und Segregation der Haushalte. Einkommen wirkt sich jedoch nicht nur als die Fähigkeit, einen bestimmten Mietpreis zu zahlen, aus, sondern auch als Index für andere Merkmale des Haushalts, die sich u.a. als Standortbedürfnisse kennzeichnen lassen. Familien derselben Einkommensklasse haben tendenziell ähnliche Bedürfnisse bezüglich der Verkehrseinrichtungen, dem Zugang zu Schulen, der Wohnungsgrösse etc. Daher rühre die Attraktivität, die Haushalte mit gemeinsamen Merkmalen aufeinander ausüben. Motive - also Herlyn's "Derivate sozial vermittelter Bedürfnisse"- seien nicht mit externen Bedingungen zu verwechseln, die den Entscheidungsspielraum bei der Wohnstandortwahl begrenzen. Unabhängig von den Motiven bedeutet jede Standortwahl zunächst einmal Kosten, die bezahlt werden müssen. Erst wenn ein Haushalt für diese Kosten aufkommen kann, werden weitere Selektionskriterien wirksam. Die Wahl eines Wohnstandortes wird also primär nach dem Verhältnis zwischen Miete und Einkommen getroffen, wobei der Einfluss der Miete bei steigendem Einkommen abnimmt (59).

---

55 Dies ist teilweise geschehen bei U. Herlyn: Soziale Segregation, in: Die Stadt in der Bundesrepublik Deutschland, hrsg. von W. Pehnt, Stuttgart 1974, S. 89-106, sowie in den Beiträgen im Sammelband Stadt- und Sozialstruktur, hrsg. von U. Herlyn, München 1974

56 R.D. McKenzie: The Scope of Human Ecology, dt. in Materialien zur Siedlungssoziologie, a.a.O., S. 110

57 U. Herlyn et al.: Ausmass, Entstehung, Auswirkungen und Abbau lokaler Disparitäten hinsichtlich infrastruktureller Versorgungsniveaus und Bevölkerungszusammensetzung (Vorstudie), Göttingen 1974, S. 51

58 M.A. Alihan: Social Ecology, a.a.O., S. 163

59 A.H. Hawley: Human Ecology, a.a.O., S. 282 ff.

In einem weiteren Vorgriff über die Einsichten der klassischen Sozialökologie hinaus soll nun die Frage nach der Beziehung zwischen Bodenpreis, Grundrente und Mietzins diskutiert werden. Der naive Beobachter würde hier etwa die folgenden Zusammenhänge vermuten: Hohe Bodenpreise führen zu hohen Grundrenten, und die können nur durch hohe Mietzinse erbracht werden. Tatsächlich sind die Verhältnisse indessen nicht so einfach. Einmal ist ökonomisch gesehen der Preis städtischen Bodens nicht ein Preis für ein Stück Land, sondern die Gegenleistung für die zu erwartende Grundrente. Der Bodenpreis ist folglich "kapitalisierte und antizipierte Grundrente" (6o). Die Unterschiede in den Bodenpreisen ergeben sich daraus, dass "sich auf – nach ihrer Qualität und Lage sich unterscheidenden – Grundstücken mit gleichem Kapitalaufwand verschieden hohe Erträge erwirtschaften lassen" (61)."Die verschiedenen Kapitale, die ein Grundstück nutzen wollen, stehen miteinander in Konkurrenz, und ob ein industrielles Kapital, ein Handelskapital oder ein Wohnungsbaukapital ein Grundstück kauft oder pachtet, wird in der Regel dadurch entschieden, welches Kapital die höchste Rendite erzielen und damit auch den höchsten Preis für den Boden bieten kann. Nur wenn die Grundrente, die durch Wohnungsvermietung realisiert wird, mindestens so hoch ist wie die Differentialrente bei industrieller oder anderer Nutzung, kann sie mit diesen konkurrieren" (62) – dies ein Hinweis auf den ökonomischen Hintergrund des Spezialisierungsprozesses. Die Höhe des Mietpreises ergibt sich aus der unterschiedlichen Nachfrage nach Wohnungen auf verschiedenen Grundstücken. Sie ist im wesentlichen begrenzt durch die Zahlungsfähigkeit der Nachfragenden, also durch das Verhältnis zwischen Miete und Einkommen. Der Grundrentenanteil am Mietzins ist indessen relativ niedrig, im sozialen Wohnungsbau in Hessen 1963-1972 z.B. macht er weniger als 1o % aus. "Demnach sind im Massenwohnungsbau durchaus hohe Grundrenten zu erzielen, allerdings nicht durch eine Erhöhung der Miete, sondern durch eine dichte Ueberbauung der Grundstücke. (...) Der ausschlaggebende Einfluss der Grundrente auf die Wohnungsversorgung liegt weniger in der Wirkung auf die Miethöhe als vielmehr im Allokationseffekt" (63).

6o H. Brede et al.: Oekonomische und politische Determinanten der Wohnungsversorgung, a.a.O., S. 4o

61 ebda.

62 ebda., S. 41

63 ebda., S. 43 ff.

Nach Brede et al. wird die Höhe des Mietpreises in erster Linie
bestimmt durch die Baukosten - sie sind ihrerseits abhängig von
der Zusammensetzung des Produktionskapitals und von der Produktivität - und in zweiter Linie vom Finanzierungssystem am Kapitalmarkt. Die Grundrente kommt erst an dritter Stelle der Bestimmungsfaktoren (64). Daraus erklären sich auch die schwachen
und teilweise negativen Korrelationen, die D.W.G. Timms zwischen
Bodenpreis und Mietzins festgestellt hat (65). Er verweist auch
darauf, dass eine Theorie der residentiellen Differenzierung
nicht mehr ausgehen könne von einem Modell atomistischer Konkurrenz um Wohnstandorte; vielmehr seien die zahlreichen öffentlichen Interventionen zur Marktregulierung (etwa die Subventionierung des Wohnungsbaus durch Kapital- und Erschliessungsbeihilfen oder der Einfluss auf die Hypothekarzinsen, B.H.) angemessen zu berücksichtigen.

Grundrente und Miete, das kann man daraus schliessen, beeinflussen
relativ unabhängig voneinander und für verschiedene Gruppen von
Nachfragern in ganz unterschiedlichem Ausmass die Standortentscheidung. Sozialräumliche Differenzierung muss dann als mehrstufiger Prozess analysiert werden, wobei primär die Spezialisierung städtischer Suburäume nach Nutzungen, sekundär und darauf
aufbauend die soziale Segregation nach Mietpreisen erfolgt. Soziokulturelle Barrieren und Selektionsmechanismen bestimmen dann die
definitive Verteilung der Bevölkerung über das städtische Gebiet.

Diese Konzeption, die die Vorstellungen der klassischen Schule
revidiert und präzisiert, ist auch konsistent mit den Befunden
empirischer Studien. So zeigt Jiri Musil, dass mit der staatlichen Kontrolle des Wohnungsmarktes und der betrieblichen
Standortentscheidungen die Segregation in Prag deutlich zurückgegangen und die Uebergangszone praktisch verschwunden ist (66).
Konsistent damit ist auch die Verallgemeinerung, die Richard
Gisser aus mehreren amerikanischen und europäischen Untersuchungen

---

64 ebda., S. 49 ff.

65 D.W.G. Timms: The Urban Mosaic, Cambridge 1971, S. 89

66 J. Musil: Die Entwicklung der ökologischen Struktur Prags,
in: Stadt- und Sozialstruktur, hrsg. von U. Herlyn, a.a.O.,
S. 133 ff.

zur Segregation ableitet: danach zeigt die Segregation der Berufsgruppen im allgemeinen ein U-förmiges Muster, d.h. dass sowohl die unteren Berufsgruppen (Arbeiter und Hilfsarbeiter) als auch die oberen Berufsgruppen (Direktoren, leitende Angestellte, Angehörige freier Berufe) deutlich stärker segregiert leben als Angestellte, Beamte und kleine Selbständige. Als wichtiger Selektionsfaktor hat sich danach der Bildungsstand erwiesen (67) – ein Hinweis auf die Bedeutung, die den sozialen Barrieren und der symbolischen Identifikation zuzumessen ist.

Segregation ist ein Prozess, der in verschiedenen, voneinander unterscheidbaren Phasen abläuft. Dafür hat die klassische Sozialökologie die Begriffe <u>Invasion</u> und <u>Sukzession</u> aus der biologischen Oekologie übernommen. <u>Alihan</u> hat gezeigt, dass dabei erhebliche Interpretationsunterschiede aufgetreten sind (68): <u>McKenzie</u> unterscheidet beide Begriffe und weist ihnen einen ähnlichen Stellenwert zu, aber seine Umschreibungen lassen die jeweiligen Spezifika nicht eindeutig erkennen (69). Klarer ist hier <u>Burgess</u>: für ihn ist Sukzession der Oberbegriff, unter den dann die Invasion der neuen Bevölkerungsgruppe, die Reaktion der bisher Ansässigen, der massenhafte Nachzug der neuen Gruppe (Influx) und schliesslich die völlige Verdrängung der bisherigen durch die neue Gruppe, deren Konsolidierung und die Entwicklung der für sie typischen Quartierausrüstung, subsummiert werden (70). <u>J.A. Quinn</u> hat vorgeschlagen, den Begriff der Invasion für den räumlichen Aspekt dieses Prozesses, den der Sukzession aber für seinen zeitlichen Ablauf zu reservieren. Es lassen sich nach ihm jedoch nur wenige empirische Studien finden, die mit diesen Konzepten gearbeitet und ihre Brauchbarkeit nachgewiesen hätten. Ausserdem sei das vorliegende Material nicht generalisierbar, die empirische Basis dafür sei zu schwach (71). Diesen engen Definitionen steht die Ausweitung des Sukzessionsbegriffes bei <u>R.E. Park</u> gegenüber, der darunter "jede geregelte und irreversible Reihe von Ereignissen, sofern sie mit weniger sichtbaren und fundamentaleren

---

67 <u>R. Gisser</u>: Oekologische Segregation der Berufsschichten in Grosstädten, in: Stadt- und Sozialstruktur, a.a.O., S. 107 ff.
68 Social Ecology, a.a.O., S. 172
69 The Scope of Human Ecology, dt. in: Materialien zur Siedlungssoziologie, a.a.O., S. 110
70 Residential Segregation in American Cities, a.a.O.
71 Human Ecology, a.a.O., S. 362

Wandlungen zu tun haben und dafür als Indikatoren dienen können" (72)
versteht – hier also wird Sukzession, und das lässt sich auch an den
Beispielen sehen, die Park dafür gibt, zu einem allgemeinen Konzept des sozialen Wandels und historischer Veränderung. In dieser
Abstraktion verliert der Begriff jedoch seinen Wert als analytisches Instrument zur Untersuchung ökologischer Stadtstrukturen
(73).

Offenbar ist die empirische Beobachtung von Invasion und Sukzession an bestimmte Voraussetzungen gebunden; vor allem müssen
relativ homogene Quartierstrukturen vorliegen, sonst liesse sich
die eindringende von der ansässigen Bevölkerungsgruppe nicht
unterscheiden. Weiter beobachtet man Segregationsphänomene offenbar erst von einer bestimmten, in der Literatur aber nicht näher
präzisierten Gemeindegrösse an (74). Dazu können solche Vorgänge nur auf Grund von Daten nachgewiesen werden, die räumlich und zeitlich genügend differenziert und auf genau definierte
soziale Gruppen bezogen sind.

Weil Sukzessionsfolgen bisher nicht systematisch untersucht
worden sind – als Ausnahme kann hier der Zyklus gelten, den
A. Hunter in einer Längsschnittuntersuchung der "natural areas"
von Chicago festgestellt hat (75) – lassen sich über die Ursachen, die diese Prozesse auslösen, vorerst nur Vermutungen
anstellen. McKenzie erwähnt als mögliche auslösende Momente
etwa: Aenderungen im Transport- und Erschliessungssystem; Abbruch oder Umnutzung bestehender Gebäude; den Neubau wichtiger
Gebäude und Anlagen mit anziehender oder abstossender Wirkung
für bestimmte Bevölkerungsgruppen; die Einführung neuer Indus-

---

72 R.E. Park: Succession, an Ecological Concept, ASR 1. Jg. (1936)
S. 171-179

73 J.A. Quinn: Human Ecology, a.a.O., S. 362

74 A.H. Hawley: Human Ecology, a.a.O., S. 4o2

75 A. Hunter: Symbolic Communities, Chicago 1974, S. 5o ff.
Hunter macht freilich, und dies scheint mir eine entscheidende
Schwäche seiner Arbeit zu sein, keinerlei Angaben darüber, wie
dieser Zyklus erklärt werden könnte. Der ganze Text zeugt von
einer relativ wenig fundierten Kenntnis der klassischen Theorie.

trien; den Wandel der ökonomischen Grundlagen, insbesondere, soweit er sich auf die Einkommensverteilung und damit auf die Wahl der Wohnstandorte auswirkt; die Verkaufsstrategien der Immobilienmakler, durch die neue Standorte plötzlich für bestimmte Gruppen "in Mode kommen" können; allgemein: "Der Bevölkerungstypus wandelt sich gewöhnlich mit der Veränderung der ökonomischen Basis" (76). Der unmittelbar wichtigste Auslöser liegt im Wachstum eines städtischen Gebietes und dem damit zusammenhängenden Spezialisierungsprozess – von Sukzession kann man daher auch im Bezug auf ihn sprechen.

Zu recht hat Hawley betont, dass der empirische Gehalt des Sukzessionsbegriffes noch keineswegs erwiesen sei. Es gibt, so schreibt er, noch keine Kriterien für die Bestimmung der Sukzessionsfolgen, und noch kein Mittel, Zahl und zeitlichen Ablauf solcher Sequenzen klarzulegen. Bisher sei der Begriff nämlich nicht im Sinn einer Hypothese, sondern vielmehr im Sinn einer ex post facto-Interpretation historischer Daten verwendet worden (77). Hunter's Studie hebt diesen Mangel zwar nicht auf, aber sie versucht zu ersten Mal, über längere Zeit hinweg Wandlungen der sozialräumlichen Struktur zu verfolgen und bringt damit eine bessere empirische Grundlage (78).

Grob vereinfacht, beginnt eine Sukzessionsfolge in dem Sinn, in dem Burgess diesen Begriff verwendet hat und wie er mir am klarsten erscheint, damit, dass in ein relativ homogenes Wohngebiet zunächst einige Angehörige anderer, in der Regel tieferer, Statusgruppen eindringen. Die ansässige Bevölkerung wird dieser Invasion eine mehr oder weniger deutliche Reaktion entgegensetzen, sie wird zu verstehen geben, dass die Eindringlinge nicht erwünscht sind, vielleicht mit sozialem Boykott oder gar mit physischer Gewaltanwendung drohen. Ziehen weitere Angehörige der fremden Gruppe nach, so kommt bald

---

76 R.D. McKenzie: The Scope of Human Ecology, dt. in Materialien zur Siedlungssoziologie, a.a.O., S. 111

77 A.H. Hawley: Human Ecology, a.a.O., S. 322

78 A. Hunter: Symbolic Communities, a.a.O. Empirische Untersuchungen zur besseren Durchdringung der Sukzession unternimmt gegenwärtig Prof. J. Friedrichs mit seinen Mitarbeitern an der Universität Hamburg; vgl. etwa J. Hoffmeyer-Zlotnik: Der Prozess der Sukzession, Diss. Hamburg 1976

einmal der Punkt, an dem weiterer Widerstand als zwecklos angesehen wird. Von diesem "tipping point" an ziehen die bisherigen Bewohner des Quartiers in Scharen aus und überlassen das Viertel der neu eindringenden Gruppe (Influx) (79). Der Höhepunkt ist erreicht, wenn die neue Bevölkerung die Mehrheit des Viertels stellt und die für sie typischen Quartiereinrichtungen nachzieht (Klimax). Daran schliesst sich eine mehr oder weniger lange Periode der Stabilität an.

Dieses Muster ist vor allem im Zusammenhang mit der Invasion rassischer oder nationaler Minderheitengruppen in Quartiere mit höherem Status beschrieben worden. Die klassische Schule nahm an, dass es in erster Linie mit dem Wachstum der Städte und der Ausdehnung der konzentrischen Struktur auftrete. Heute, da durch verschärfte Einwanderungsbestimmungen die Immigration in die Vereinigten Staaten sehr viel geringer ist als etwa vor dem Ersten Weltkrieg, dürfte sich der Vorgang seltener beobachten lassen. Die Wanderung der Neger aus den Südstaaten in die nordamerikanischen Grosstädte könnte zu solchen Effekten führen. Aus der bereits zitierten Studie von A. Hunter lässt sich jedenfalls schliessen, dass viele "natural areas" eine hohe Stabilität aufweisen und Sukzession jedenfalls nicht als ein massenhaft auftretendes Phänomen anzusprechen ist. Für europäische Städte liegen meines Wissens bisher noch keine Informationen über vergleichbare Vorgänge vor.

Es ist bereits gesagt worden, dass sich die Chicago-Schule vorwiegend mit der Segregation rassischer und nationaler Minderheiten, neuerdings auch mit Berufsgruppen beschäftigt hat. Nun sind aber Rasse, Nationalität, Einkommen und Bildungsstand nicht die einzigen Merkmale, nach denen sich Segregation untersuchen lässt. S.A. Queen hat festgestellt, dass auch dann, wenn diese Variablen konstant gehalten werden, Segregationserscheinungen nachweisbar sind, etwa nach der Migrationsbereitschaft oder der sozialen Mobilität (80). Auch andere liessen

---

79 Vgl. z.B. T.C. Schelling: Dynamic Models of Segregation, Journal of Mathematical Sociology, 1. Jg. (1971) S. 143-186

80 Segregation of Population Types in the Kansas City Area, in: The Urban Community, hrsg. von E.W. Burgess, Chicago 1926, S. 251 ff.

sich hier noch anfügen, der Zivilstand etwa, die Kinderzahl, die Erwerbsquote, die Zahl der "Grünen Wittwen" in der Pendlerzone, die zumindest tagsüber segregiert leben. Jedenfalls lässt sich nicht a priori festlegen, welche sozialen Gruppen am stärksten räumlich isoliert leben und für wen dies die grössten Auswirkungen hat. Gerade für die Analyse europäischer Städte dürfte es sinnvoll sein, mit Hilfe von Dissimilaritätsindices die relative räumliche Trennung verschiedener Gruppen voneinander zu untersuchen.

Am Rande sei hier noch erwähnt, dass die Segregationsproblematik auch in die Planungsliteratur Eingang gefunden hat. Die Frage, ob sozialer Homogenität oder sozialer Heterogenität der Vorzug zu geben sei, ist nach wie vor umstritten. Auch im Rahmen der Soziologie der Nachbarschaft hat man sich damit beschäftigt (81). Die Diskussion ist freilich noch immer ideologisch belastet, und solange nicht empirisch geklärt ist, wie Segregation von den Betroffenen erfahren wird und wie sie sich auf sie auswirkt, ist wohl auch keine Klärung zu erwarten.

---

81 B. Hamm: Betrifft: Nachbarschaft, a.a.O., S. 85, S. 109

2.2.2.3 Migration

Die Konzentration immer grösserer Teile der Bevölkerung an immer weniger Standorten, die mit den Lorenzkurven in der Einleitung deutlich gemacht worden ist, lässt sich aus der natürlichen Bevölkerungsbewegung, aus dem Verhältnis also zwischen Geburten- und Sterbeziffern, nicht erklären. Ebensowenig kann die Verteilung der Bevölkerung in und die Umverteilung über städtische Gebiete auf die natürliche Bevölkerungsbewegung zurückgeführt werden. Entscheidend für beide Phänomene ist die geographische Mobilität, und zwar in ihrer Form als Migration (82). Damit vor allem hängt der Strukturwandel städtischer Gebiete zusammen: die Spezialisierung mit der Zuwanderung in den städtischen Raum, die Segregation mit der Binnenmigration innerhalb desselben. In der morphologischen Betrachtungsweise, die der Sozialökologie eigen ist, interessieren hier primär Richtung, Stärke, Ziel und Selektivität von Migrationsströmen.

Ausgehend vom Modell der konzentrischen Zonen soll nun versucht werden, eine genauere Vorstellung von diesen Wanderungsprozessen zu gewinnen und sie auf ihre Konsistenz mit den vorliegenden empirischen Untersuchungen zu prüfen.

Ganz allgemein kommt man aus dem Modell zu folgendem Muster: Die Zuwanderer aus ländlichen Gebieten und aus dem Ausland finden ihren ersten Wohnsitz in der Uebergangszone 2 - die Zone 1, das Geschäftszentrum, enthält im Modell keine permanenten Wohnsitze mehr, sondern nur noch Uebernachtungsmöglichkeiten in Hotels und Pensionen; sie spielt für die Migration also keine Rolle und kann daher vernachlässigt werden. Durch Wohnraumverdrängung einerseits, sozialen Aufstieg und Familiengründung andererseits bestimmt, verlassen die Bewohner der Zone 2 meist bereits nach relativ kurzer Zeit die ungenügenden Wohnungen der Uebergangszone und wandern zum grösseren Teil in die Zone der Arbeiterquartiere, zum kleineren Teil in die Pendlerzone 5. Sie werden ersetzt durch neue Zuwanderer von aussen, zu einem geringeren Anteil wohl auch durch die heranwachsenden Kinder der in den übrigen Zonen lebenden

---

82 Die Unterscheidung zwischen Migration und rekurrenter Mobilität ist bereits früher eingeführt worden; vgl. S. 41

Familien. Die Zone 3 ist bereits stabiler als die Uebergangszone, ihre Migrationsrate ist also geringer. Familien, die aus ihr ausziehen, werden zum überwiegenden Teil in der Pendlerzone eine neue Wohnung beziehen. Am stabilsten ist die Bevölkerung in der Zone 4, und zwar vor allem deswegen, weil dort das Wohnungseigentum relativ häufig und der Wohnwert hoch ist. Abwanderung aus dem städtischen Gebiet erfolgt hauptsächlich in die umliegenden Landgemeinden, d.h. durch räumliche Ausdehnung der Pendlerzone. Das Wachstum städtischer Gebiete vollzieht sich damit als Zuzug in die Uebergangszone und sukzessive Binnenmigration in Richtung auf die städtische Peripherie.

Diese gröbste Darstellung des Umschichtungsprozesses ist nun weiter zu differenzieren. Diesem Zweck dient die Tabelle 1,

Herkunfts-gebiet**	Zielgebiet						Emigration
	Land	Zone I*	Zone II	Zone III	Zone IV	Zone V	
Land		.	5	2	1	1	9
Zone I*	.	.	.	.	.	.	.
Zone II	1	.		5	1	3	10
Zone III	1	.	2		2	4	9
Zone IV	1	.	1	1		2	5
Zone V	1	.	2	1	2		6
Immigration	4	.	10	9	6	10	
Emigration	9	.	10	9	5	6	
Migrationssaldo	-5	.	0	0	+1	+4	
Migrationsrate	13	.	20	18	11	16	

Tabelle 1 : Hypothetische Stärke der Wanderungsströme zwischen den Zonen des städtischen Gebietes sowie der Einwanderung

Skala (ordinal): 1 = sehr schwach, 2 = schwach, 3 = mittel, 4 = stark, 5 = sehr stark

* Eine Eintragung bei der Zone I ist aus logischen Gründen nicht sinnvoll, da diese Zone im Modell keine permanenten Wohnungen mehr enthält (.)

** Nicht berücksichtigt wurde hier die Interurbane Migration, deren Umfang so gering sein dürfte, dass er die Gesamtbeurteilung nicht beeinflusst

die in einer Ordinalskala die hypothetische Stärke der Migrationsströme zwischen den verschiedenen Zonen darstellt. Aus dieser Tabelle lassen sich auch die wahrscheinliche Bedeutung von Immigration und Emigration, die Höhe des Migrationssaldos und der allgemeinen Migrationsrate für die einzelnen Zonen abschätzen. Um Missverständnisse zu vermeiden, sei ausdrücklich betont, dass es sich dabei nicht um einen empirischen Befund, sondern um eine Hypothese handelt, die in Anlehnung an das Modell der konzentrischen Zonen formuliert worden ist. Sie kann nicht mehr geben als einen groben Hinweis auf die relative Position jeder Zone auf einer Ordinalskala. Aus den beiden letzten Zeilen ist zu folgern, dass zwischen Migrationssaldo und Migrationsrate einerseits sowie der ökologischen Distanz vom CBD andererseits eine deutlich positive resp. negative Korrelation bestehen dürfte.

Aussagekräftiger werden diese Hinweise auf die hypothetische Stärke und Richtung der Wanderungsströme indessen, wenn man die differentielle Migration, d.h. die Selektivität nach soziologischen Merkmalen, mit in die Betrachtung einbezieht. Gewisse Hinweise dazu finden sich ebenfalls im Burgess'schen Modell; sie sollen durch Informationen aus empirischen Arbeiten ergänzt und präzisiert werden (83).

Ronald Freedman hat die Einwanderung nach Chicago in den Jahren 1935 bis 1940 untersucht, dabei aber nur gewisse Aspekte der Bevölkerungsumverteilung analysiert. Im Vordergrund steht die Land-Stadt-Migration, wobei die Herkunftsgebiete der Migranten noch weiter differenziert werden nach "rural farm"- und "rural non-farm"-Gebieten. Dazu hat er die Stadt-Stadt-Migration einbezogen und die suburbane Migration untersucht. Die spezifischen Merkmale der Migrantengruppen sind im Vergleich mit den Nichtmigranten herausgearbeitet worden. Die

---

83 Verwendet wurden die Untersuchungen von R. Freedman: Cityward Migration, Urban Ecology, and Social Theory, in: Contributions to Urban Sociology, hrsg. von E.W. Burgess und D.J. Bogue, a.a.O., S. 178 ff.; P.H. Rossi: Why Families Move, hier referiert nach G. Albrecht: Soziologie der geographischen Mobilität, Stuttgart 1972, S. 75 ff.; A. Kaufmann: Wohnungsmobilität in den sechs österreichischen Grosstadtregionen, verschiedene Teilberichte; Institut für empirische Sozialforschung: Zuwanderer nach Wien, Wien 1970

Immigranten aus ländlichen Gebieten unterscheiden sich von den Nichtmigranten durch eine hohe Geschlechtsproportion, also einen Frauenüberschuss. Vornehmlich wandern junge Erwachsene in die Stadt, wobei die aus landwirtschaftlichen Gemeinden Stammenden einen geringeren Bildungsstand, einen tiefen sozio-ökonomischen Status und eine untere Stellung auf der Berufsskala aufweisen, mehrheitlich also der Unterschicht zuzurechnen sind. Sie wandern in der Regel als Einzelpersonen oder kinderlose Ehepaare. Die aus ländlichen, aber nicht landwirtschaftlich bestimmten Gemeinden Emigrierenden haben durchschnittlich eine bessere Schulbildung und stehen etwas höher auf der Berufsskala - beides dürfte auf die besseren Bildungs- und Arbeitsmöglichkeiten in Kleinstädten zurückzuführen sein. Der sozio-ökonomische Status unterscheidet sich nicht signifikant von dem der Nichtmigranten, und es wandern Einzelpersonen ebenso wie kinderlose Ehepaare und vollständige Familien. Dagegen gehören die Stadt-Stadt-Migranten zu den Gruppen mit hohem sozio-ökonomischem Status und verfügen über eine überdurchschnittlich gute Ausbildung. Hier wandern vor allem vollständige Familien, und man darf wohl annehmen, dass das bevorzugte Zielgebiet dieser Gruppe in der Zone 4 zu finden ist. Die suburbanen Migranten unterscheiden sich von den Nichtmigranten durch eine im Mittel höhere Geschlechtsproportion und einen höheren mittleren Bildungsstand, nicht aber durch die berufliche Stellung.

Freedman fügt bei, dass sich die Migrantenzone in Chicago, die Zone also mit den höchsten Migrationsraten, nicht durch einen Gradienten (84) bestimmen lasse. Er ist dabei offensichtlich nicht von dem Konzept der ökologischen Distanz, sondern von einem geometrischen Mass ausgegangen. Da die Migrantenzone sich nach seiner Feststellung deutlich in die Richtung der wichtigsten Schnellverkehrslinien ausdehnt, wird man diesen Befund unter einem Zeit-Kosten-Mass wohl anders interpretieren müssen (vgl. die folgende Graphik 6).

---

84 Als Gradient wird eine Funktion der Distanz vom CBD bezeichnet. Der Begriff verweist darauf, dass in jüngeren Studien nicht mehr von dem relativ starren Schema der 5 Zonen, sondern von einer stetigen Variation der Merkmale ausgegangen wird. Im allgemeinen hat der Gradient die Form einer Exponentialfunktion. Hier wird auf Grundlage der 5 Zonen diskutiert, weil dies anschaulicher dargestellt werden kann.

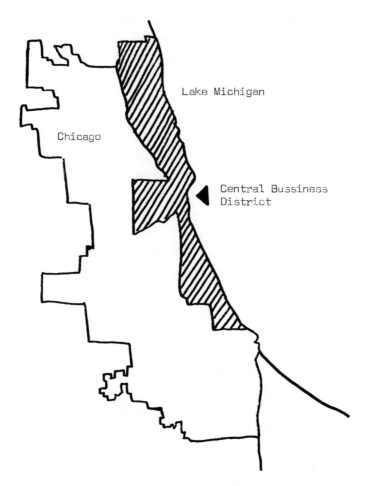

Graphik 6: Chicago 1940, Migrantenzone (schraffiert), nach
R. Freedman: Cityward Migration, Urban Ecology, and Social
Theory, a.a.O., S. 189

Diese Befunde widersprechen also den Erwartungen, die aus dem
Modell der konzentrischen Zonen abgeleitet worden sind, nicht.
Als im wesentlichen konsistent damit sind auch die Einsichten
von P.H. Rossi zu betrachten, nämlich 1. dass in den mobilen
Vierteln die befragten Familien häufiger Mobilitätswünsche
äussern als in den stabilen; 2. dass Mobilitätswünsche häufiger
in Gebieten mit niedrigem sozio-ökonomischen Status geäussert
werden; 3. dass das Verhältnis von Wohnungsgrösse zu Familien-
grösse ein wichtiger Entscheidungsparameter für die Migration
ist, und 4. dass unvollständige Familien und Einzelpersonen

in geringerem Mass Mobilitätswünsche zeigen als vollständige
Familien - dies bedarf offensichtlich einer genaueren Interpretation. Da auch hier die Gruppe der jungen Erwachsenen sich
als überdurchschnittlich mobil erwies, kann darin ein Hinweis
auf den Zeitpunkt der Migration gesehen werden: dann nämlich
taucht der Wunsch zum Wohnungswechsel auf, wenn die Haushaltsgrösse zunimmt, d.h. wenn Kinder geboren werden, jedenfalls
bei Mietern: " Je häufiger die Beschwerden über die Enge der
Wohnung, desto häufiger die Neigung zum Umzug; je grösser die
Familien resp. die Haushalte, desto wahrscheinlicher sind Klagen
über die Grösse der Wohnung. Für die Eigentümer aber ergab sich,
dass sich bei gleicher Unzufriedenheit mit der Wohnungsgrösse
keine grössere Umzugsneigung einstellte" (85). "Die Wanderung
muss also in sehr engem Zusammenhang mit dem 'Lebenszyklus der
Familie' gesehen werden" (86).

A. Kaufmann erklärt in seiner Untersuchung der demographischen
Struktur der Wohnungswechsler in den österreichischen Grossstadtregionen die Unterschiede in der Geschlechtsproportion
aus der Arbeitsplatzsituation der städtischen Gebiete. Für
die Altersstruktur sind seine Befunde mit den bereits zitierten von Freedman und Rossi konsistent; für die suburbanen
Wanderer stellt er einen überdurchschnittlichen Anteil an
Kindern unter 15 Jahren sowie einen unterdurchschnittlichen
Anteil der 2o - 3ojährigen fest. Dies bestätigt, dass vorwiegend vollständige Familien in den suburbanen Raum abwandern. Zudem ziehen die 3o - 4ojährigen weitaus häufiger als
andere Altersgruppen in neuerrichtete Wohnungen ein, und zwar
im allgemeinen offenbar erst einige Jahre nach der Eheschliessung (87).

---

85 P.H. Rossi: Why Families Move, zitiert nach G. Albrecht:
    Soziologie der geographischen Mobilität, a.a.O., S. 86

86 ebda., S. 82. Diese Befunde werden auch gestützt durch
    eine Literaturübersicht von J. Abu-Lughod und M.M. Foley:
    The Consumer Votes by Moving, in: Neighborhood, City,
    and Metropolis, hrsg. von R. Guttman und D. Popenoe,
    New York 1970, S. 46o ff.

87 IS (= Institut für Stadtforschung)-Forschungsberichte
    8/1974, Wien 1974

Freedman hatte die Herkunftsgebiete der Land-Stadt-Migranten unterschieden nach "rural farm" und "rural non-farm"; eine ähnliche Unterscheidung drängte sich auch auf bei der Untersuchung der Zuwanderer nach Wien (88). Dort wird denn auch auf die Theorie der zweistufigen Wanderung vom Land zur Grosstadt verwiesen: Danach sind die Direktwanderer in der Minderzahl, meist vollziehe sich der Prozess in mehreren Etappen vom Dorf in die Kleinstadt, und erst von dort in die Grosstadt. Interessant ist dort der Befund, dass rund 2o % der Migranten nach der Zuwanderung nach Wien ihren Beruf wechselten, eine Erscheinung, die bei Frauen weitaus häufiger auftrat als bei Männern. Festgestellt wurde für die Zuwanderer auch eine ausserordentlich hohe Intergenerationenmobilität und ein deutliches Ansteigen des Besitzes an dauerhaften Konsumgütern gegenüber dem früheren Wohnort. Die bei weitem überwiegende Mehrheit der befragten Migranten war der Meinung, man habe sich mit dem Wohnungswechsel hinsichtlich Einkommen, Arbeitssituation, Arbeitsweg und Verhältnis zu Kollegen verbessert, aber auch hinsichtlich der Möglichkeiten zur Freizeitgestaltung, der Weiterbildungs- und Aufstiegschancen, der Bildungsmöglichkeiten für die Kinder etc. Wie immer bei Befragungen ist hier natürlich Vorsicht am Platz: In solchen Aussagen dürfte sich auch ein Bedürfnis nach Dissonanzminderung, d.h. nach Rechtfertigung des Entscheides zum Umzug in die Grosstadt, ausdrücken. Dies wäre wohl auch B. Schäfers entgegenzuhalten, wenn er die positive Einschätzung der neuen Wohnsituation, die suburbane Wanderer geäussert haben, zum Nennwert nimmt (89). Der Suburbanisierungsprozess hat seinen Ursprung in erster Linie in der Verdrängung von Wohnraum in der Kernstadt, stellt also objektiv eine Zwangssituation dar, der viele Familien gar nicht ausweichen können. Die kognitive Dissonanz wird dann reduziert, indem man die Vorteile des Wohnens "im Grünen" besonders herausstreicht.

Im ganzen gesehen lässt sich mit diesen Befunden offenbar die Vermutung unterstützen, dass der Prozess der Migration in

---

88 Institut für empirische Sozialforschung: Zuwanderer nach Wien, Wien 197o

89 B. Schäfers: Sozialstrukturen und Sozialverhalten in suburbanen Räumen, Manuskript 1974

städtischen Gebieten in etwa nach den Vorstellungen verläuft,
die explizit oder implizit im Modell der konzentrischen Zonen
enthalten sind.

Obwohl wir uns hier mit Städten beschäftigen, sei am Schluss
noch darauf verwiesen, dass Immigration in die Stadt ja immer
auch Emigration aus dem Herkunftsgebiet bedeutet - das Wachstum
der Bevölkerung in städtischen Gebieten also in der Regel ein-
hergeht mit der Entleerung ländlicher, und die suburbane Wanderung mit der Abnahme der Bevölkerung in den Kernstädten. Wegen
der differentiellen Migration führt dies aber in beiden Fällen
nicht nur zu quantitativen, sondern auch zu qualitativen Veränderungen im Aufbau der Bevölkerung, die dann selbst wieder
neue Migrationsprozesse auslösen können. Hier liegen gewichtige
Probleme der Stadtentwicklungs-, aber auch der regionalen
Strukturpolitik, die ohne genauere Kenntnis des Wanderungs-
verhaltens nicht angegangen werden können. Die intensivere
Erforschung der Migrationsvorgänge, auch über ihren sozialökologischen Aspekt hinaus, stellt damit eine der Voraussetzungen für die Formulierung einer solchen Politik dar.

2.2.2.4 Rekurrente Mobilität

In allen Teilen städtischer Gebiete besteht eine augenfällige
Diskrepanz zwischen Tagesbevölkerung und Wohnbevölkerung. Dies
rührt offenbar her von rekurrenter Mobilität, also von Bewegungen, durch die nicht, wie bei der Migration, der Wohnsitz
verlegt wird, sondern die immer wieder von der Wohnung ausgehen und zu ihr zurückführen. Eine typische und wohl die
wichtigste Form rekurrenter Mobilität ist das Pendeln zwischen
Wohn- und Arbeitsplatz. Offenbar lassen sich diese ephemeren
Wanderungen verstehen als eine Folge der Spezialisierung
städtischer Subräume. Obwohl der damit zusammenhängende Fragen-
kreis bisher kaum systematisch bearbeitet worden ist, lässt sich
seine soziologische Bedeutung doch leicht einsehen: Für das
Beziehungsgefüge, in dem sich alltägliches soziales Verhalten
lokalisiert, ist die Tagesbevölkerung weitaus bedeutsamer als
die Wohnbevölkerung. Die morphologische Analyse muss die Dis-

krepanz zwischen beiden in quantitativer und struktureller Hinsicht zu eruieren suchen und die sozialen Konsequenzen solcher Verschiebungen herausarbeiten. Dabei könnte sie einigen Nutzen aus den Materialien und statistischen Daten ziehen, die von den Verkehrsplanern wohl aller grossen Städte zusammengetragen worden sind.

Am wichtigsten ist, wie schon gesagt, die Gruppe der Pendler, die sich zusammensetzt aus den Berufstätigen und Schülern, die für die Ueberwindung der Distanz zwischen Wohn- und Arbeits- resp. Schulort an jedem Werktag ein Verkehrsmittel benützen. Ueber die Pendelwanderung in der Schweiz findet man detailliertes Material in einer kürzlich publizierten Sonderauswertung der Volkszählung 1970 (9o). Daraus lassen sich einige Hinweise für die Unterschiede zwischen Pendlern und Nichtpendlern - das sind die Berufstätigen und Schüler, die zwischen Wohn- und Arbeitsort kein Verkehrsmittel benützen - ablesen. So pendeln Männer beinahe doppelt so oft wie Frauen. Nach der beruflichen Stellung pendeln am häufigsten die unteren Angestellten und gelernten Arbeiter, am wenigsten häufig die Angehörigen der freien Berufe und die Selbständigerwerbenden. Einen Hinweis auf die Familiensituation gibt die Verteilung der Pendler nach Haushaltsgrössen: je kleiner der Haushalt, desto grösser ist im allgemeinen der Pendleranteil. Die Pendeldistanz ist im Mittel am grössten für die Altersgruppe zwischen 15 und 39 Jahren, wobei unter den 15 - 20jährigen vor allem die Schüler und Studenten mit einer weit überdurchschnittlichen Distanz belastet sind und statistisch ins Gewicht fallen. Hier handelt es sich allerdings um gesamtschweizerische Werte; da der Pendleranteil in den Agglomerationen mit mehr als 125'000 Einwohnern besonders hoch ist, wird man dort noch stärker akzentuiert mit der Gruppe der jüngeren erwachsenen Männer, die gerade die ersten Sprossen der beruflichen und familiären "Karriereleiter" erklommen haben, rechnen müssen. Diese Gruppe ist es ja, die nach dem Modell der konzentrischen Zonen vor allem in der suburbanen Pendlerzone 5 lebt. Nach Donald L. Foley steht der zunehmenden Dispersion

---

9o Die Pendlermobilität in der Schweiz, Arbeitsunterlage Nr. 15 des Stabes für eine schweizerische Gesamtverkehrskonzeption, Bern 1974; eigene Berechnungen aus den dort publizierten Zahlen

der Wohngebiete in amerikanischen Städten eine deutliche Tendenz
zur Konzentration der Arbeitsplätze gegenüber - ein Trend, der
sich auch in schweizerischen Grosstädten beobachten lässt. Da
aber wegen der hohen Investitionskosten sich die Betriebe weniger
schnell verschieben als die Wohngebiete, verändert sich so zwar
die Richtung der Arbeitswege, nicht notwendig aber auch ihre
Länge (91). Daher mag es rühren, dass der mittlere Zeitaufwand
für Berufstätige des sekundären Wirtschaftssektors nur unwesent-
lich geringer ist als für solche des tertiären Sektors, obgleich
die Arbeitsplätze im Dienstleistungsbereich stärker konzentriert
und besser erschlossen sind als die der Industrie. Deren Beschäftigte wohnen also im Mittel etwas näher bei ihren Arbeitsplätzen
Die Zahl der täglichen Arbeitswege ist ein wichtiges Datum, wenn
man die Konsequenzen der Pendelwanderung für die Quell- und Ziel-
gebiete beurteilen will. Die mittlere Zahl der Arbeitswege wird
umso geringer sein, je grösser der Zeitaufwand und je kürzer
die Mittagspause ist. Daher kann man annehmen, dass die Erwerbstätigen, die in der Pendlerzone wohnen, in der Mehrzahl den Arbeitsweg nur zweimal täglich zurücklegen werden. Die Tagesbevölkerung
in der Zone 5 wird daher bestimmt sein durch einen ausserordentlich hohen Anteil an Frauen und Kindern. Diese Situation ist
jedem Soziologen und Architekten vertraut, der sich mit der Bevölkerung in Grossüberbauungen am Stadtrand befasst hat. Sie
hat erhebliche Konsequenzen für das Nachbarschafts- und Kommuni-
kationsverhalten, für die Konsistenz der sozialen Normen und die
Rigidität der sozialen Kontrolle zumal dann, wenn die Wohnbevölkerung bei ähnlichen Mietpreis- und Einkommensverhältnissen, ähn-
lichem Stand im Lebenszyklus und auf der beruflichen Karriere
sehr homogen ist (92). Offenbar lässt sich also die gesellschaftliche Lage der "Grünen Wittwen" nicht begreifen, wenn man
die Unterschiede zwischen Tages- und Wohnbevölkerung dabei
nicht im Auge behält. Auch in den Zielgebieten der Rekurrenz-
wanderer ergibt sich eine deutliche Diskrepanz zwischen beiden
Bevölkerungen, und zwar am auffälligsten eine quantitative im
CBD. Gerald Breese fand bei seiner Untersuchung in Chicago (1940),
dass zwischen 7.00 und 19.00 Uhr rund eine Million Personen in

---

91 D.L. Foley: Urban Daytime Population, Social Forces 32. Jg.
   (1954) S. 323-330, repr. in: Studies in Human Ecology, a.a.O.,
   S. 214 ff.

92 B. Hamm: Betrifft: Nachbarschaft, a.a.O., S. 99

ein Gebiet mit einer Wohnbevölkerung von nur 6'000 Einwohnern einreisten (93)! Die Tagesbevölkerung im CBD nahm zwischen 8.00 und 9.00 rasch zu, erreichte ihre Spitze um 14.00 Uhr und ging dann zwischen 16.00 und 17.00 Uhr ebenso rasch wieder zurück. Die Fussgängerspitze lag in dieser Untersuchung in der Zeit der Mittagspause. Dieser zeitliche Rhythmus ist aus allen Städten bekannt, er macht einen wesentlichen Teil dessen aus, was man unter Urbanität versteht. Aus der Zusammensetzung der Pendlergruppe lässt sich auch schliessen, dass die Tagesbevölkerung des Geschäftszentrums durch einen weit überproportionalen Anteil der jüngeren Erwachsenen bestimmt sein muss - eine alltägliche Erfahrung für jeden Stadtbewohner. Foley fand bei seiner Studie in fünf amerikanischen Grosstädten, dass in einem Ring mit einer Meile Radius um den CBD im Mittel nur 4 % der Wohnbevölkerung, aber 30 % der Tagesbevölkerung anzutreffen waren, eine Proportion, die sich mit der weiteren Zentralisation der Arbeitsplätze noch verschärfen wird. Auch das Verhältnis der Tagesbevölkerung zur Wohnbevölkerung lässt sich als Gradient beschreiben, zeigt also eine deutliche Tendenz, mit der Distanz vom CBD abzunehmen (94). Der hohen Tagesbevölkerung steht eine verschwindend kleine Nachtbevölkerung gegenüber, die mit der zunehmenden Verdrängung von Wohnraum aus den zentralen Gebieten weiter abnehmen wird. Mit weitergehender Spezialisierung - etwa der Ausbildung von Banken- und Verwaltungszentren in den Innenstädten - entstehen "tote Bereiche", die nachts völlig unbelebt sind und dann leicht zu den "trouble centers" der Städte werden (95).

Nun ist die Pendelwanderung zwar die wichtigste, aber keineswegs die einzige Form rekurrenter Mobilität. Ebenso in diese Kategorie gehören die meist abendlichen Vergnügungs-, Besuchs- und Bildungsreisen in die dafür spezialisierten Quartiere. Für den Verkehrskreis hat Chombart de Lauwe in Paris gezeigt, dass seine

---

93 G. Breese: The Daytime Population of the Central Bussiness District, in: Contributions to Urban Sociology, a.a.O., S. 112 ff.
94 D.L. Foley: Urban Daytime Population, a.a.O., S. 218
95 S.A. Queen: Segregation of Population Types in the Kansas City Area, a.a.O., S. 253

räumliche Ausdehnung um die Wohnung schichtabhängig ist: je
tiefer die soziale Schicht, desto geringer ist die Distanz zur
Wohnung von Freunden und Bekannten (96). Die Vergnügungsreisen
dürften sich räumlich auf den CBD und die unmittelbar daran anschliessenden Quartiere und zeitlich auf wenige Abendstunden und
zu einem relativ grossen Teil auf das Wochenende konzentrieren.
Auch hier dominieren die relativ mobilen jüngeren Erwachsenen.
Dagegen führen Einkaufsreisen eher am späteren Vormittag und früheren Nachmittag in den CBD

Auch die Erholungsreisen am Wochenende und die Ferienreisen gehören zur rekurrenten Mobilität. Die verschiedenen sozialen
Gruppen haben unterschiedlichen Anteil an diesen Wanderungs-
strömen, und es zeigen sich wie bei der Pendelwanderung entsprechende Effekte in den Quell- und Zielgebieten - etwa die
sommerliche Konzentration der Touristen in den Altstädten und
um die Sehenswürdigkeiten herum, oder die massive Einwanderung
von Städtern in die ländlichen Ski- und Wandergebiete. Für die
Tagesbevölkerung der Städte ist jedoch die Pendelwanderung die
weitaus dominierende Form der rekurrenten Mobilität.

Die Struktur der Tagesbevölkerung städtischer Subräume hängt ab
von der Spezialisierung des Stadtraumes. Jede Veränderung in
der Nutzungsstruktur wird damit entsprechende Konsequenzen nach
sich ziehen. In den Innenstädten macht sich die Entwicklung
von Einkaufszentren an der städtischen Peripherie bemerkbar
und wird, wenn dieser Trend weiter anhält, dazu führen, dass
gewisse Geschäfte dem Konkurrenzdruck der Peripherie nicht mehr
standhalten können. Neuerdings versucht man, Arbeitsplätze
ohne erheblichen Publikumsverkehr an die Peripherie auszulagern
und damit die Pendlerströme besser zu verteilen. Die Belastung
der Innenstädte durch den Privatverkehr wird in vielen Städten
als untragbar angesehen, und man versucht, sie durch die Ein-
richtung von Fussgängerzonen, von grossräumigen Parkierungs-
flächen am Rande des CBD und durch einen besseren Ausbau des
öffentlichen Verkehrs zu reduzieren (97). Alle diese Verände-

---

96 P.H. Chombart de Lauwe: Paris et l'agglomération parisienne,
    Paris 1952, Bd. 1, S. lo4 ff.

97 Vgl. dazu etwa die Forderungen bei H.P. Bahrdt: Humaner
    Städtebau, Hamburg 1968, S. 178 f.

rungen beeinflussen die quantitative und qualitative Zusammensetzung der Tagesbevölkerung, in den Innenstädten wohl deutlicher als in den Wohnquartieren. In der Folge wirkt sich dies aber auch auf die Spezialisierung aus. Wenn der Publikumsverkehr der Innenstadt sich verändert, sind auch die Kunden der Geschäfte nicht mehr die gleichen und die erzielbare Grundrente - genauer: die Differentialrente - wird beeinflusst (98). Die genauen Konsequenzen dieser Vorgänge sollten von Stadtsoziologen noch intensiver untersucht werden; bisher hat man sich darum wenig gekümmert. Sie liessen Aussagen zu über die wahrscheinliche weitere Entwicklung der Städte und wären daher für die Planung von grosser Bedeutung. Umgekehrt wirken auch die Planungsmassnahmen in erster Linie auf die Nutzungsstruktur ein und sollten in Nachfolgeuntersuchungen besser auf ihre Nebenwirkungen untersucht werden.

2.2.2.5 Verkehrserschliessung und Stadt-Umland-Beziehungen

Wenn die Ausbildung spezialisierter Bodennutzungen zu einem wesentlichen Teil mitbestimmt wird durch den Zeitaufwand und die Kosten der Erreichbarkeit, dann muss der Verkehrserschliessung besondere Aufmerksamkeit geschenkt werden, wenn man sozialräumliche Differenzierungen untersuchen will. Der Bau öffentlicher und privater Verkehrsträger beeinflusst denn auch die Grundrentenerwartungen und damit die Preise der durch sie erschlossenen Grundstücke, und in der Folge die Bodennutzung - dies jedenfalls dann, wenn ein im Prinzip freier Bodenmarkt besteht. Im Zusammenhang mit dem Erlass der Federal-Aid Highway Act von 1956, die die Planung und den Bau von rund 41'000 Meilen neuer Autostrassen ermöglichte, sind solche Zusammenhänge in einer Reihe von Forschungsprojekten untersucht worden. Die wichtigsten Ergebnisse einiger dieser Studien lassen sich so zusammenfassen: Zunächst führt der Verkehr auf den neuen Strassen zu einer Nachfrage nach verkehrsorientierten Folgeleistungen: Restaurants, Motels, Tankstellen und Werkstätten, die sich vor allem an wichtigen Knotenpunkten konzentrieren. Damit steigen die Bodenpreise an diesen Standorten und die landwirtschaftlich genutzten

---

98 Weitere Hinweise auf Ansätze zur Strukturänderung gibt H.Hoyt: Recent Distortions of the Classical Models of Urban Structure, Land Economics, 4o. Jg. (1964) S. 199-212

Gebiete geraten unter Verkaufsdruck. Der Zugang zu schnellen
Strassenverbindungen ist aber auch ein wichtiges Kriterium für
die Standortwahl industrieller Betriebe. Mit dem Bestreben der
dort Beschäftigten, ihren Arbeitsweg zu minimieren, folgen dann
Wohnnutzungen und diesen Geschäfte und Dienstleistungsbetriebe,
darunter nicht zuletzt die grossen Einkaufszentren - sie richten
sich freilich auch wegen des grossen Raumbedarfs für Parkplätze
an der Peripherie ein und ziehen Wohnungen nach sich. Immobilienmakler werben häufig mit der Nähe zu Einkaufszentren für neu
erstellte Wohnungen. An solchen Knotenpunkten können sich dann
die Kerne künftiger neuer Gemeinden bilden, ganz analog zu der
Situation, die früher an der Kreuzung wichtiger Verkehrswege
zur Gründung von Städten geführt hat. Damit könnte eine neue
Art suburbaner "Stadt" entstehen, deren Geschäftszentrum nur
das Shopping-Center, das für den täglichen Bedarf leicht zu
einer Monopolstellung kommt, wird. Die Erfindung des Automobils
hat zusammen mit dem Bau von Schnellverkehrsstrassen auch dazu
geführt, dass der Zugang zu städtischen Arbeitsplätzen auch
vom landwirtschaftlichen Hinterland aus erleichtert wird. Teile
der Wohnbevölkerung des Umlandes finden dann ihren Arbeitsplatz in der Stadt, so wie andererseits die Pendlerzone sich
durch suburbane Migration entlang den wichtigsten Verkehrsadern
sternförmig erweitert (99, vgl. auch Graphik 7). Wenn man einmal annimmt, der maximal akzeptierte Zeitaufwand für den Arbeitsweg sei fest gegeben, dann hat jede Verbesserung der Verkehrserschliessung eine räumliche Ausdehnung der Stadt zur Folge.
Verstädterung wird damit zu einem Phänomen, das ohne adäquate
Berücksichtigung der technologischen Mittel und des Ausbaus
der Verkehrsträger nicht zu begreifen ist. Dies wäre auch zu
bedenken, wenn die Einführung sogenannter "unkonventioneller"
Nahverkehrsmittel, wie sie derzeit immer wieder diskutiert
wird, projektiert werden soll - wir wissen heute nicht, wie
sich dies auf die Struktur der Städte auswirken wird; dass
solche Wirkungen aber zu erwarten sind, steht ausser Zweifel,
und wie bedeutend sie sein können, ist am Beispiel der
Eisenbahn bereits gezeigt worden (100).

---

99 H.K. Dansereau: Some Implications of Modern Highways for
   Community Ecology, in: Studies in Human Ecology, a.a.O.,
   S. 175 ff.

100 vgl. oben S. 42

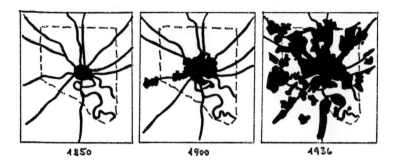

1850 1900 1936

Graphik 7: Veränderungen in der Struktur einer grossen Stadt - Baltimore 1850 - 1936. Quelle: W.F. Ogburn: Inventions of Local Transportation and the Pattern of Cities, Social Forces, 24. Jg. (1946) S. 373-379, auch abgedruckt in (19)

Je besser die Verkehrserschliessung, desto grösser kann die geographische Distanz zwischen Wohn- und Arbeitsort sein. Das ökonomische Hinterland der Städte weitet sich damit zur Metropolitanregion, die im Zeitalter des Automobils eine ganz andere Form und Ausdehnung hat als zur Zeit der Eisenbahn. Durch die radiale Erschliessung nimmt die Bevölkerungsdichte der ganzen Region ab. Mit der Verdrängung von Wohnnutzung aus den zentrumsnahen Gebieten, der Auslagerung von Fabriken, Verwaltungen und Einkaufszentren geht auch die Bevölkerungsdichte im CBD allmählich zurück. So wie die Verteilung grosser Städte über einen Siedlungsraum eine Funktion weiträumiger Transportsysteme ist, kann auch die Verteilung von Wohn- und Arbeitsplätzen innerhalb von städtischen Gebieten als eine Funktion lokaler Transportsysteme beschrieben werden.

Damit ist indessen erst etwas gesagt über den Wandel der morphologischen Struktur. W. Firey und seine Mitarbeiter haben demgegenüber auch hingewiesen auf die Veränderung von Werthaltungen und Verhaltensmustern, die in der Folge neuer Erschliessungssysteme zu beobachten ist. Wegen der Bedeutung des Autos hat die Strasse zu ersten Mal einen engen Kontakt zwischen Stadt und Hinterland ermöglicht. Die suburbanen Randzonen mit ihrer halb städtischen, halb ländlichen Bevölkerung sind deutliche Anzeichen solchen Wandels. An die Stelle der scharfen Unterscheidung zwischen Stadt und Land tritt zunehmend eine

funktionelle Hierarchie. Die Strasse hat die Abgeschlossenheit
und den Provinzialismus der Dörfer aufgebrochen. Niemals vorher
konnte eine Bauernfamilie in diesem Umfang teilhaben an der
weiteren Gesellschaft, an Zeitungen, kulturellen Einrichtungen,
Bibliotheken, Schulen etc. Damit verlieren aber auch die traditionellen Institutionen im dörflichen Sozialkontext an Einfluss,
die Kirche etwa. Unter dem Einfluss der engeren Kommunikation
werden neue Werthaltungen vermittelt, die auch die traditionellen Familienrollen nicht unbeeinflusst lassen. Da Nähe abhängig
ist von einem Zeit-Kosten-Mass der Erreichbarkeit zwischen Stadt
und Land, selbst also wieder eine Funktion der Erschliessungsqualität und damit der Strasse ist, muss als wichtiger verur-
sachender Faktor für die Urbanisierung der ländlichen Kultur
eben die Strasse angenommen werden (1o1).

Die Bedeutung der Verkehrserschliessung ist bisher in der Siedlungssoziologie zumal des deutschsprachigen Raumes ignoriert
und vernachlässigt worden - hier liegt noch ein weites, braches
Forschungsfeld, das zu erschliessen wäre. Besonders wichtig
aber wäre es, wenn auch in die Verkehrsplanung, von der aus
heute noch ein grosser Teil der Stadt- und Raumplanung prä-
judiziert wird, solche Einsichten besser vermittelt werden
könnten. Sonst werden wir kaum von den vorherrschenden reak-
tiven Planungskonzeptionen wegkommen können.

1o1 **W. Firey et al.:** The Fusion of Urban and Rural, in: Cities
 and Society, hrsg. von P.K. Hatt und A. Reiss, New York,
 8. Neudruck 1967 (org. 1951), S. 214 ff.

2.2.3 Zur Kritik der klassischen Position

Bevor auf Arbeiten zur Kritik der klassischen Position näher eigegangen und damit gezeigt werden soll, an welchen Fragen die Revision ansetzte, sind noch einige kurze Ergänzungen zum richtigen Verständnis des Vorstehenden angebracht: Einmal haben die Klassiker zwar immer wieder die Bedeutung des Verkehrs und der Migration, seltener der rekurrenten Mobilität betont, aber es ist dabei doch meist bei Deklamationen geblieben, denen keine systematische Erforschung dieser Phänomene folgte. Auch auf die recht unklare Vorstellung, die die Klassiker vom Einfluss des Bodenpreises auf die sozialräumliche Differenzierung hatten, ist schon hingewiesen worden. Diese "Schwachstellen" sind hier so weit ergänzt worden, wie es aus der neueren Literatur möglich und sinnvoll schien. Der Grund dafür, dass das an dieser Stelle geschah, liegt darin, dass weder die neoklassische Schule noch die Sozialraumanalyse hier wesentliche neue Einsichten brachten. Da es sich nur um eine Fortführung und Präzisierung des klassischen Denkens handelt, schien mir die Behandlung unter diesem Kapitel angebracht; sie vervollständigt das Bild des theoretischen Bezugsrahmens, ohne ihm indessen wesentliche neue Elemente hinzuzufügen. Weiter mag man aus dem methodologischen Prinzip der Falsifikationsstrategie (1o2) kritisieren, dass Befunde empirischer Studien hier nicht daraufhin geprüft wurden, ob sie die Hypothesen der klassischen Position falsifizieren, sondern ob sie mit ihnen konsistent sind. Mir scheint jedoch, dass die Befolgung der Falsifikationsstrategie erst von einem bestimmten Stand der Erkenntnis an sinnvoll ist, dann nämlich, wenn ein klar formulierter theoretischer Bezugsrahmen vorhanden ist und zu den daraus abgeleiteten Hypothesen zahlreiche empirische Untersuchungen vorliegen. Wo es jedoch, wie in dieser Arbeit, erst um die Konstruktion eines theoretischen Bezugsrahmens geht, und wo zu einzelnen Aspekten zwar eine ganze Reihe, zu anderen aber nur sehr wenige empirische Befunde vorliegen, scheint diese Strategie wenig sinnvoll. Sie führt ja nur zu der Einsicht, dass bestimmte Aussagen nicht als wahr akzeptiert werden können, nicht aber zur Formulierung neuer Sätze. Es schien mir aus diesem Grund richtig, zunächst einmal das vorhandene Wissen zusammenzutragen und zu systematisieren.

1o2 K.D. Opp: Methodologie der Sozialwissenschaften, Reinbeck 197o, S. 267 ff.

Die Kritik am Modell der konzentrischen Zonen ist im Abschnitt
2.2.1 schon dargelegt und diskutiert worden. Als Ergebnis mag
noch einmal festgehalten werden, dass dieses Modell bisher nicht
gültig falsifiziert worden ist, und dass die alternativen Modelle von Hoyt resp. Harris und Ullman keinen spürbaren Erkenntnisfortschritt gebracht haben. Eine Reihe anderer Einwände, die
vor allem die Präzision der sozialökologischen Begriffsbildung
betrafen, sind hier zum Teil schon implizit verarbeitet, um
die Darstellung nicht allzu schwerfällig und kompliziert werden
zu lassen. Dies alles soll hier nicht noch einmal aufgerollt
werden.

Ein wichtiger Gegenstand der theoretischen Auseinandersetzung
war die Unterscheidung zwischen biotischer und kultureller
Strukturebene, von der Park ausgegangen war. Hier setzte die
Kritik von M.A. Alihan, A.B. Hollingshead, W. Firey und anderen Vertretern der sozio-kulturellen Position an - und darin
sollte diese Richtung sich auch erschöpfen (1o3). Warner E.
Gettys hielt den Sozialökologen gar vor, sie veträten einen
biologischen Determinismus (1o4). Dieser Einwand greift freilich nicht, auch wenn man verstehen mag, wie er zustande gekommen ist. Park und noch klarer McKenzie sahen, dass es sich
hier nur um begriffliche Analogien, um Metaphern handelte,
deren spezifische Relevanz für die Soziologie alleine mit
dem Hinweis auf biologische Konzepte nicht aufzuzeigen war.
So ging man denn auch immer mehr ab vom extensiven Gebrauch
solcher Konstruktionen. Das Interesse an den allgemein-ökologischen Bestimmungsgründen der Formen sozialer Organisation
ist indessen zum Ausgangspunkt für die neoklassische Theorie
geworden. Auf dieses wichtige Problem werde ich später noch
zurückkommen. Die Unterscheidung zwischen biotischer und
kultureller Ebene findet sich zuletzt in leicht abgewandelter Form bei J.A. Quinn, und zwar als "social" und "subsocial
level" (1o5). Gegenstand der Sozialökologie ist wie bei Park

1o3 M.A. Alihan: Social Ecology, a.a.O.; A.B. Hollingshead:
A Re-Examination of Ecological Theory, Soc. Soc. Res.
31. Jg. (1947) S. 194-225; W. Firey: Land Use in Central
Boston, Cambridge 1947; vgl. auch Abschnitt 2.5 dieser Arbeit

1o4 W.E. Gettys: Human Ecology and Social Theory, Social Forces
18. Jg. (194o) S. 469-476, abgedruckt in (36)

1o5 J.A. Quinn: Human Ecology, a.a.O., S. 7 f.

die "subsoziale" Ebene, die aber immer auch kulturelle Komponenten enthalte und vor allen Dingen nur über ein kulturell präformiertes Instrument: die Sprache, verstanden werden könne. Quinn's Buch ist im selben Jahr wie Hawley's Arbeit gleichen Titels erschienen. Während bei Hawley der Ausgangspunkt zur neoklassichen Konzeption der Sozialökologie liegt, kann Quinn's Buch als der abschliessende Beitrag, der Vollender der klassichen Position gesehen werden.

Zur Kritik gaben auch methodische Fragen Anlass: 1934 wiesen die Statistiker C.E. Gehlke und K. Biehl nach, dass bei ökologischen Korrelationen die Höhe des Korrelationskoeffizienten auch abhängig ist von der Zahl der Beobachtungen und die Interpretation der Befunde durch teststatistische Mittel dem anzupassen sei (1o6). W.S. Robinson machte auf den sogenannten "ökologischen Fehlschluss" aufmerksam, der dann vorliegt, wenn aus der Korrelation von Aggregatdaten auf das Zusammentreffen der Merkmale bei den Individuen des Aggregates geschlossen wird.(1o7). Die Diskussion um dieses Problem dauerte bis 1953, als O.D. Duncan und B. Davis eine Methode vorschlugen, durch die sich der ökologische Fehlschluss vermeiden liess (1o8). Dieses Verfahren wurde von L.A. Goodman 1959 noch verbessert (1o9). Umstritten war weiter, ob nicht die Homogenität der "census tracts", also der Aggregationsstufe, die in den meisten

---

1o6 C.E. Gehlke und K. Biehl: Certain Effects of Grouping upon the Size of the Correlation Coefficient in Census Tract Material, Journal of the American Statistical Association 29. Jg. (1934) S. 169-17o

1o7 W.S. Robinson: Ecological Correlations and the Behavior of Individuals, ASR 15. Jg. (195o) S. 351-357

1o8 O.D. Duncan und B. Davis : An Alternative to Ecological Correlation, ASR 18. Jg. (1953) S.665-666

1o9 L.A. Goodman: Some Alternatives to Ecological Correlation, AJS 64. Jg. (1959) S. 61o-625

11o J.K. Myers: A Note on the Homogeneity of Census Tracts, Social Forces 32. Jg. (1954) S. 364-366; J.H. Mabry: Census Tract Variation in Urban Research, ASR 23. Jg. (1958) S. 193-196

sozialökologischen Studien verwendet wird, eine Voraussetzung
für sinnvolle Interpretationen sei – auftretende Extremwerte
gehen ja in den Mittelwerten verloren und haben je nach der
Zahl der Individualdaten auf sie einen unterschiedlich starken Einfluss (11o). <u>Duncan und Duncan</u> halten diese Diskussion
jedoch nach den Erfahrungen ihrer Studien für nebensächlich
(111), und auch <u>D.W.G. Timms</u> findet, dass sich die Resultate
von Berechnungen nach unterschiedlichen Aggregatstufen nicht
wesentlich unterscheiden (112). Diesem Problem sollte immerhin in künftigen Untersuchungen Beachtung geschenkt werden,
und wo dies möglich ist, sollte man entsprechende Tests durch-
führen. Auf jeden Fall ist es nützlich, wenn man sich vor
Beginn aufwendiger statistischer Analysen möglichst genau
über die Homogenität der Bezugseinheiten ins Bild setzt und
dies bei der Interpretation der Befunde auch berücksichtigt.

Die geschilderten methodischen Einwände erscheinen jedenfalls
nicht als so gewichtig, dass deswegen der gesamte theoretische
Bezugsrahmen in Frage gestellt werden müsste. Immerhin soll am
Schluss noch auf ein Problem hingewiesen werden, das sich auch
bei neueren Studien stellt: Wenn man Korrelationen oder
Regressionsgleichungen berechnet (z.B. Gradienten), dann unterstellt man damit die Linearität der Beziehungen und die Stetigkeit der Funktionen. Beides wird man in soziologischen Untersuchungen nicht ohne weitere Prüfung akzeptieren können.

---

111 <u>O.D. Duncan und B. Duncan</u>: Residential Distribution and
    Occupational Stratification, a.a.O., S. 495
112 <u>D.W.G. Timms</u>: The Urban Mosaic, a.a.O., S. 181 ff.

2.3. Die neoklassische Position

Als eine Synthese der Einsichten der klassischen Sozialökologie
war wohl auch ein Buch gedacht, das Amos H. Hawley zusammen mit
seinem Lehrer Roderick D. McKenzie begonnen und nach dessen
Tod 1940 zu Ende geführt hatte: "Human Ecology, A Theory of
Community Structure" (113). Auf ihm baut die moderne sozialökologische Theorie auf, die Theorie des "ökologischen Komplexes"
oder des "Oekosystems". Hawley's Ansatz geht aus von Ueberlegungen zur allgemeinen Oekologie, die in der klassischen
Schule durch den Schwerpunkt der Stadtstrukturuntersuchungen
weitgehend verdeckt worden waren: Lebendige Materie ist dyna-
misch, reproduziert sich selbst und kann wachsen und expan-
dieren. Sie sucht ständig eine den externen Bedingungen adäquate
Anpassung. Nichtlebendige Materie kann sich zwar verändern, verhält sich aber weder selbstreproduktiv noch expansiv. Daraus ergibt sich das Grundproblem der Oekologie: Wie können sich wach-
sende, sich differenzierende Lebensformen in einer sich ändernden,
immer aber begrenzten Umwelt behaupten? Das wichtigste Mittel
dazu ist die soziale Organisation und Kooperation der Organismen. Dabei lassen sich zwei Beziehungstypen unterscheiden: Symbiose und Kommensalismus. Symbiose meint die gegenseitig sich
ergänzende Beziehung zwischen verschiedenen Lebensformen –
etwa das Verhältnis zwischen Jäger und Beute. Kommensalismus bezeichnet die Beziehungen innerhalb derselben Spezies,
also zwischen Individuen, die an ihre Umwelt gleiche Bedürfnisse richten. Wettbewerb und Kooperation sind beide Ausdruck
des kommensalistischen Beziehungstyps. Die community (114) –
so nennt der Oekologe das Muster symbiotischer und kommensa-
listischer Beziehungen, das sich in einer Population entwickelt –

---

113 New York 1950

114 Für den Begriff "community" gibt es kein deutsches Aequivalent.
Der Begriff "Gemeinde" hat ebenso wie der Begriff "Gemeinschaft" einen ganz spezifischen Inhalt, dessen Konnotationen
sich nicht mit denen des englischen community decken. In der
Oekologie der Tiere und Pflanzen spricht man etwa von Gemein-
schaften, aber man würde zögern, diesen Begriff z.B. auf die
Angehörigen einer Nation anzuwenden – was für das englische
community durchaus möglich wäre. Um Fehlinterpretationen vor-
zubeugen, wird deswegen die englische Vokabel beibehalten.
Vgl. dazu auch A.H. Hawley: Human Ecology, in: International
Encyclopedia of the Social Sciences, Bd. 4, New York 1968,
S. 328 ff.

ist ihrem Wesen nach eine kollektive Reaktion auf die Bedingungen des Habitat; sie vermittelt die Anpassung des Organismus an seine materielle Umwelt. Sie ist das Objekt ökologischer Forschung. Oekologie ist, mit anderen Worten, das Studium der Morphologie kollektiver Lebensformen in ihren statischen und dynamischen Aspekten. Sie versucht, die Struktur von communities, die Typen, die in verschiedenen Habitats auftreten, und die spezifischen Sequenzen des Wandels, die im Laufe ihrer Entwicklung zu beobachten sind, zu bestimmen. In mindestens einem ihrer Aspekte sind menschliche communities Organisationen von Organismen, die an eine gegebene territoriale Einheit angepasst oder in Anpassung begriffen sind. Man kann "Human Ecology" daher auch definieren als das Studium der Form und der Entwicklung von communities in menschlichen Populationen. Ihr Spezifikum gegenüber der Pflanzen- und Tierökologie besteht in der ausserordentlichen Flexibilität menschlichen Verhaltens, in der extensiven Kontrolle, die der Mensch über seine Umwelt ausübt und mit der er sie verändert, in den Werkzeugen, die er dafür geschaffen hat, und in den komplexen Kooperationsformen, in denen er zu seinen Artgenossen steht. "Human Ecology" ist als Teilbereich soziologischen Interesses entstanden; sie befasst sich mit zentralen Problemen der Soziologie: Wodurch existiert Gesellschaft? Welcher Natur ist das soziale Band, das die Individuen zusammenhält? Wodurch unterscheiden sich Gesellschaften? Wodurch entsteht sozialer Wandel? Woher kommt soziale Ungleichheit? usw. Die community ist zwar mehr als eine Organisation funktionaler Beziehungen — hier liegt die Grenze des Problembereiches, den die Sozialökologie behandelt — aber sie ist ohne diese auch nicht zu begreifen. Die Frage, wie Menschen sich zueinander in Beziehung setzen, um in ihrem Habitat zu leben, verlangt nach einer Beschreibung der Struktur von communities in Begriffen ihrer offenliegenden und messbaren Merkmale (115) — oder, so könnte man beifügen: ihres materiellen Substrates. (Nur am Rande sei hier auf einen terminologischen Unterschied verwiesen: Ich verwende anstelle des Begriffes "Human Ecology", unter dem die Disziplin in der amerikanischen Forschung eingeführt worden ist und der korrekt als "Humanökologie" zu übersetzen wäre, den Begriff "Sozialökologie" (social ecology). Damit wird deutlich gemacht, dass es sich bei den hier zur Diskussion stehenden Phänomenen immer um solche

---

115 <u>A.H. Hawley</u>: Human Ecology, a.a.O., Teil 1

handelt, die als durch soziale Komponenten vermittelt sichtbar
und analysiert werden. Sozialökologie ist also keineswegs identisch mit Humanökologie; sie bezeichnet vielmehr einen Teilbereich
daraus, in dem ein soziologisches Erkenntnisinteresse vorherrscht.
Dieser Hinweis ist deswegen angebracht, weil im Verlauf der Um-
weltdebatte die Disziplin Humanökologie neu entdeckt worden ist
und nun auf ein so breites und aktuelles Interesse stösst.)

Man erinnere sich an dieser Stelle der Argumentation von E. Durkheim, die zur Formulierung der Morphologie Sociale führte: So-
bald eine zunehmende Zahl von Menschen dieselben Resourcen beansprucht, entsteht zwischen ihnen Konkurrenz, die letztlich
existenzbedrohend ist. Durch zunehmende Arbeitsteilung werden
kompetitive Beziehungen zu komplementären und kooperativen.
In bewusstem Gegensatz zu Spencer's evolutionistischem Ansatz
wird die soziologische Relevanz des Prozesses der physischen
Verdichtung herausgearbeitet: Durch Konzentration und durch die
Entwicklung von Kommunikations- und Transportsystemen ensteht
"dynamische" Verdichtung, d.h. grössere Interaktionsdichte -
sie ist die wesentliche Ursache sozialer Differenzierung. Die
Parallelität der Ueberlegungen, die in Durkheim's "Division du
travail social" und in Hawley's "Human Ecology" zu vergleich-
baren Resultaten führen, wurde von L.F. Schnore nachgewiesen
(116): Das Erkenntnisobjekt beider Forscher ist soziale Organisation und soziale Differenzierung, und als unabhängige Variable werden von beiden Bevölkerung, Technologie und Umwelt verwendet; die Art des analytischen Vorgehens ist ähnlich, und das
Konzept des Wettbewerbs hat einen äquivalenten Stellenwert.
Durkheim hat allerdings der physischen Umwelt nicht die gleiche
Bedeutung beigemessen wie Hawley, und er hat die kompetitiven
Beziehungen nicht eingehender behandelt. Aus sozialökologischer
Sicht wird sein wichtigster Beitrag in der Betonung des technologischen Wandels gesehen. Durkheim verstand, ähnlich wie Park
und später Halbwachs, die morphologische Analyse als der sozial-
psychologischen (die heute in der amerikanischen Soziologie

---

116 L.F. Schnore: Social Morphology and Human Ecology, AJS
     63. Jg. (1958) S. 620-634. Die Durkheim'sche Argumentation,
     auf die Schnore sich stützt, findet sich in: De la Division
     du travail social: étude sur l'organisation des sociétés
     supérieures, Bd. 2, zuerst erschienen Paris 1893

dominiert) logisch vorgeordnet. Hierin sind ihm nur die Sozialökologen gefolgt (117).

Die Diskussion um einen der Sozialökologie adäquaten theoretischen Bezugsrahmen wurde in zwei Richtungen weitergeführt, die sich freilich mehr in der Akzentuierung als in den Grundsätzen unterscheiden: <u>Jack P. Gibbs und Walter T. Martin</u> entwerfen die Grundzüge einer Theorie der Subsistenzorganisation (118), und <u>Otis D. Duncan</u> entwickelt den <u>Hawley</u>'schen Ansatz weiter zum "ökologischen Komplex" (119).

<u>Gibbs und Martin</u> liegt vor allem daran, den von <u>Hawley</u> postulierten Gegenstand der Sozialökologie - community - zu ersetzen durch den Begriff der <u>Subsistenzorganisation</u> (sustenance organization); sie engen dabei allerdings "community" ein auf ein Konzept, das dem Inhalt des deutschen "Gemeinde" entspricht, was von <u>Hawley</u> nicht intendiert war, aber aus der Kenntnis der klassischen Sozialökologie immerhin verständlich erscheint. Subsistenzorganisation entsteht aus der kollektiven Anstrengung der Menschen, die, wollen sie überleben, aus ihrer materiellen Umwelt Subsistenzmittel, d.h. letztlich Konsumgüter, gewinnen müssen. Gegenstand der Sozialökologie ist mithin die Subsistenzorganisation, Grundproblem die Frage nach den Bestimmungsgründen ihrer verschiedenen Formen. Das Forschungsfeld, in dem nach solchen Bestimmungsgründen gesucht wird, ist bestimmt durch demographische, geographische und technologische Variable - also durch die Variablen des ökologischen Komplexes - ausgeschlossen werden davon ausdrücklich die nichtmateriellen Aspekte von Kultur. Der Mechanismus, durch den das Explanandum Subsistenzorganisation mit seinen unabhängigen Variablen verknüpft wird, ist das selektive Ueberleben. Die kausalen Beziehungen zwischen den Variablen des Forschungsfeldes bestehen unabhängig von sozialen Werten und individuellen Motiven; auch das Konzept "Wettbewerb" hat sich nach <u>Gibbs und Martin</u> nicht als

---

117　Vgl. auch den Ansatz der klassischen Sozialökologen, S. 32 f.

118　J.P. Gibbs und W.T. Martin: Urbanization and Natural Resources: A Study in Organizational Ecology, ASR 23. Jg. (1958) S. 266-277; <u>dies.</u>: Toward a Theoretical System of Human Ecology, Pac. Soc. Rev. 2. Jg. (1959) S. 29-36

119　O.D. Duncan: Human Ecology and Population Studies, in: The Study of Population, hrsg. von P.M. Hauser und O.D. Duncan, Chicago 1959, S. 678-716

geeignetes Erklärungsmoment erwiesen. Nach einem Vorschlag zur
Klassifikation von Subsistenzorganisationen weisen die Autoren
darauf hin, dass lokal definierte Einheiten der sozialökologischen Analyse zwar als Beobachtungseinheiten, nicht aber
als Gegenstand dienen können. Von Interesse sind sie nicht ihrer
räumlichen Dimension wegen, sondern weil sie eine Art von Subsistenzorganisationen repräsentieren und eine Position in der
Struktur der Subsistenzorganisation einer Bevölkerung besetzen.
Die Bedeutung der räumlichen Dimension für das Subsistenzver-
halten führe allerdings dazu, dass die Sozialökologie primär
Populationen mit territorial bestimmter Basis untersuche.

Von ähnlichen Ueberlegungen geht Duncan aus: Jede Population
existiert in einer Umwelt; um zu überleben, muss sie mit den
Problemen fertig werden, die sich von einer Umwelt mit poten-
tiell nützlichen Resourcen her stellen. Durch blosses Bewohnen
dieser Umwelt und durch das Ausbeuten ihrer Resourcen modifiziert die Population ihre Umwelt mehr oder weniger stark und
bewirkt - zusammen mit anderen Agenturen - Veränderungen. Die
Anpassung an die Umwelt ist damit ein wechselseitiger und dy-
namischer Prozess. Die Sozialökologie will keine biologistische
Theorie menschlichen Verhaltens konstruieren. Das von der
Anthropologie entwickelte Konzept der Kultur ist ihr aber zu
breit für die Analyse eines Systems interdependenter Faktoren,
die alle auch einen kulturellen Aspekt haben; es gibt auch
einen kulturellen Determinismus, den es hier zu vermeiden gilt.
Sozialökologie, wie sie von Soziologen entwickelt worden ist,
nimmt einen bestimmten Aspekt von Kultur: soziale Organisation,
als abhängige Variable, und setzt ihn in Beziehung zu anderen
Aspekten von Kultur: Technologie, Umwelt und Bevölkerung. An
Technologie interessiert dabei primär jenes Bündel von Techniken, durch das eine Population die Mittel zum Ueberleben aus
ihrer Umwelt gewinnt und durch die sie die Organisation sub-
sistenzproduzierender Aktivitäten bestimmt. Soziale Organisation stellt eine Eigenschaft von Bevölkerungsaggregaten
dar, die unentbehrlich ist zur Aufrechterhaltung kollektiven
Lebens und die sich anpassen muss an die Bedingungen, denen
eine Population sich gegenüber sieht - darin eingeschlossen
Bedingungen der Umwelt, der Grösse und Zusammensetzung der Be-

völkerung und das Repertoire an disponiblen Techniken. Ausgehend vom Studium der Morphologie kollektiven Lebens sucht sie einen Teil der Antwort auf die grundlegenden Fragen der Soziologie.

Das Variablenbündel Bevölkerung, soziale Organisation, Technologie und Umwelt bezeichnet <u>Duncan</u> als den "<u>ökologischen Komplex</u>". Er will damit einer Implikation aus dem Wege gehen, wie sie Systembegriffen ("Oekosystem") inhärent ist: dass es eine quasi automatische, d.h. auch nicht weiter erklärbare Tendenz zur Aufrechterhaltung irgendeines Gleichgewichts gebe. Später hat er diesen Vorbehalt aufgegeben und selbst von Oekosystem gesprochen (12o). Die Einheit der ökologischen Analyse ist eine mehr oder weniger klar territorial definierte Population, und das kann, muss aber nicht notwendig die Gemeinde sein.

Gegenstand der Sozialökologie ist also die soziale Organisation, und ihre Grundprobleme bestehen in der Frage nach den Bestimmungsgründen sozialer Organisation, soweit sie in den übrigen Variablen des ökologischen Komplexes liegen, sowie allgemeiner nach den Interdependenzen innerhalb dieses Komplexes. Raum ist Bedingung und gleichzeitig Hindernis für soziale Aktivitäten, und er liefert die Bezugspunkte für die Analyse. Raumzeitliche Regelmässigkeiten stellen Indikatoren für strukturelle Beziehungen dar (121).

Der Bezugsrahmen des ökologischen Komplexes ist von <u>S.M. Willhelm</u> heftig attackiert worden (122), wenngleich seine Einwände, wie

---

12o Social Organization and the Ecosystem, in: Handbook of Modern Sociology, hrsg. von R.E.L. Faris, Chicago 1964, S. 36-82

121 <u>O.D. Duncan und L.F. Schnore</u>: Cultural, Behavioral, and Ecological Perspectives in the Study of Social Organization, AJS 65. Jg. (1959) S. 132-146; <u>P.H. Rossi</u>: Comment, ebda., S. 146-149; <u>O.D.Duncan und L.F. Schnore</u>: Rejoinder, ebda., S. 149-153

122 <u>S.M. Willhelm</u>: The Concept of the Ecological Complex: A Critique, American Journal of Economics and Sociology, 23. Jg. (1964) S. 241-248

mir scheint, zum Teil auf Missverständnisse zurückgehen, zum
Teil aber auch noch weiter zu präzisieren wären, wenn sie
treffen sollen (<u>Willhelm</u> bezeichnet sich übrigens selbst als
Anhänger der sozio-kulturellen Position). Auf ein Argument
jedoch lohnt es sich m.E. näher einzugehen: <u>Willhelm</u> behauptet
nämlich, es handle sich bei der Neoklassik um einen rein posi-
tivistischen Ansatz, der zudem implizit nur Ausdruck eines bestimmten Wertsystems der amerikanischen Kultur sei und dieses
unterstütze. Die Bedeutung, die dem Wettbewerb zugeschrieben
werde, sei nur als Reflex des Profitmotivs zu verstehen, wie es
sich z.B. in Entscheidungsprozessen in Zonierungen manifestiere.
Dieser Vorwurf wird leider nicht weiter ausgeführt - der Hinweis
auf zwei Textstellen genügt zur Begründung zweifellos nicht.
Zum Positivismusargument wäre anzumerken, dass die Sozialökologie nicht behauptet, soziale Organisation sei abschliessend
determiniert durch die Variablen des ökologischen Komplexes.
Diese Variablen stellen vielmehr den theoretischen Bezugsrahmen
dar, innerhalb dessen soziale Organisation untersucht wird,
ohne dass damit andere Einflussfaktoren a priori ausgeschlossen
würden. Sozialökologie ist ja nicht identisch mit Soziologie
generell, sie ist vielmehr zu verstehen als eine Perspektive
innerhalb des soziologischen Denkens, die sich von anderen
Perspektiven darin unterscheidet, dass sie, ausgehend von der
morphologischen Analyse, auf strukturelle Phänomene zu schliessen
versucht. Darüber, ob der kausale Zusammenhang zwischen sozialem Handeln, Motivationen, Wertsystemen, Normen etc. einerseits und sozialer Organisation andererseits in einer Richtung
deterministisch sei, wird nichts gesagt. Auch der Verdacht,
Sozialökologie sei nicht mehr als eine Apologie des kapitalis-
tischen Wertsystems, trifft m.E. die Vertreter der Theorie des
ökologischen Komplexes nicht. Damit würde ja unterstellt, die
Verwendung eines Konzeptes wie z.B. Wettbewerb sei gleichbedeutend damit, dass man es in seiner realen Funktion vorbehalt-
los positiv beurteile und propagiere! <u>Hawley</u> ebenso wie <u>Duncan
und Schnore</u> weisen ausdrücklich darauf hin, dass der sozialökologische Bezugsrahmen den Zugang zum Konzept der Macht er-
öffne, zu einem Konzept, das zu den am meisten vernachlässigten

in der amerikanischen Soziologie gehöre. Die Kritik von Willhelm
erweist sich damit, zumindest in der Form, in der sie vorgetragen wurde, als gegenstandslos (123).

Eine jüngere Publikation von Amos H. Hawley (124) bringt gegenüber dem bis dahin Referierten kaum grundsätzlich Neues; sie
sucht vielmehr noch stärker als frühere Arbeiten den Bezug zur
allgemeinen Oekologie. Hinzuweisen ist allenfalls darauf, dass
dort der Systemgedanke besonders betont und wieder deutlich
auf die Gleichgewichtsvorstellung rekurriert wird.

So bleibt hier die Frage nach der Einheit der neoklassischen
Konzeption: Wie verhält sich der Ansatz von Gibbs und Martin
zu dem von Duncan? Und in welcher Beziehung stehen beide zur
klassischen Position? Soziale Organisation, die abhängige
Variable im ökologischen Komplex, meint die spezifische Form
und Struktur menschlicher Assoziationen, vermittels derer
sich die Individuen an die Bedingungen ihres Habitat anpassen.
Der ökologische Komplex liefert dazu den explikativen Bezugsrahmen. Subsistenzorganisation als der spezifischere Begriff
bezeichnet einen bestimmten Aspekt sozialer Organisation,
verweist deutlicher auf ihren funktionalen Charakter, der den
Sozialökologen interessiert. Sozialökologie behandelt also
nicht jeden Aspekt sozialer Organisation, ebensowenig wie
jeden Aspekt von Kultur. Das lässt sich dadurch noch klarer
zeigen, dass die Konzeption von Soziologie, die Duncan und
Schnore vertreten, noch deutlicher herausgearbeitet wird:
Ihr Gegenstand ist soziale Organisation, und ihre Grundprobleme liegen in der Frage nach deren Bestimmungsgründen aus
und ihren Konsequenzen für die Beziehungen zur Umwelt (Sozialökologie), zum Verhalten (Sozialpsychologie) und zur Kultur
(Sozialanthropologie), Faktoren, die freilich voneinander
nicht unabhängig sind. Schematisch dargestellt:

---

123 A.H. Hawley: Human Ecology, a.a.O., S. 229 f.; O.D. Duncan
    und L.F. Schnore: Cultural, Behavioral, and Ecological Per-
    spectives in the Study of Social Organisation, a.a.O., S. 139

124 A.H. Hawley: Human Ecology, in: International Encyclopedia
    of the Social Sciences, a.a.O.

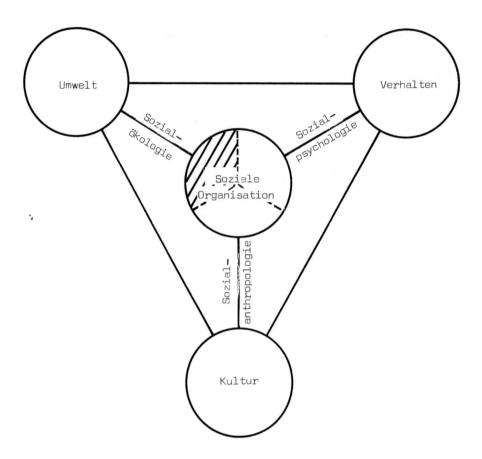

Graphik 8: Die Konzeption von Soziologie nach Duncan und Schnore:
Cultural, Behavioral, and Ecological Perspectives in the Study
of Social Organization, a.a.O.; schraffiert jener Teilbereich
von sozialer Organisation, den man nach Gibbs und Martin als
Subsistenzorganisation bezeichnen würde

Subsistenzorganisation ist also nicht soziale Organisation
schlechthin, und Sozialökologie beansprucht nicht, das ganze
Feld soziologischen Interesses abzudecken. Immerhin behaupten
Duncan und Schnore, dass die sozialökologische Perspektive
innerhalb der amerikanischen Soziologie den besten Zugang und
die brauchbarsten Konzepte zur Analyse sozialer Organisation
geliefert habe, wenngleich ihr Potential noch keineswegs voll
ausgeschöpft sei. In diesem Sinn sind die beiden genannten
Ansätze miteinander integrierbar, ohne dass dabei theoretisch
Widersprüche auftreten, und es scheint richtig, die neoklassische
Position als einheitlich und geschlossen anzusehen.

Subsistenzorganisation, das kann ein nationaler Wirtschaftsraum, ein Wirtschaftssektor, ein Organisationskomplex, ein Betrieb, ein Haushalt, eine Region, das "Raumschiff Erde", oder eben auch eine Stadt sein. Es handelt sich um die Definition dessen, was in einer Untersuchung als "Bevölkerung" angesehen werden soll und also nur problembezogen bestimmt werden kann. Der neoklassische Bezugsrahmen bietet dafür einen Begründungszusammenhang an, hat sich aber um die Kategorien der sozialmorphologischen Stadtanalyse nicht mehr weiter gekümmert. Hier ist die Arbeit der klassischen Chicago-Schule nicht weitergeführt worden. Das Erkenntnisobjekt Stadt kann in seiner funktionalen Konstruktion analysiert werden, wie die Klassiker und nach ihnen die Sozialraumanalytiker es getan haben. Die Erklärung seiner konkreten Erscheinungsformen muss indessen auf die Variablen des ökologischen Komplexes Bezug nehmen – hier klafft noch eine grosse Lücke in unserem Wissen. Aus der Perspektive der Theoriebildung stellt das Studium sozialräumlicher Differenzierung die _deskriptive_ Ausgangsbasis zur Verfügung, der Begriff der Subsistenzorganisation gibt den Weg frei zum Verständnis _funktionaler_ Zusammenhänge, und der ökologische Komplex verweist auf die allgemeinen _Begründungs_zusammenhänge. Diese theoretisch sichtbare Kontinuität der sozialökologischen Konzeption muss durch empirische Forschung noch besser aufgefüllt werden. Die Neoklassiker haben ausgebaut und präzisiert, was in den Anfängen sozialökologischen Denkens nur vage formuliert worden ist. In der Sprache der Systemtheorie stellt die Subsistenzorganisation das System, der ökologische Komplex seine Umwelt und die "natural areas" die Systemelemente dar. Erklärung wäre dann geleistet, wenn sich das Verhalten des Systems über die Interaktion seiner Elemente beschreiben und schlüssig auf die Variablen seiner Umwelt zurückführen lässt, wenn also die endogenen Variablen durch die exogenen und autonomen determiniert sind. Da diese Umweltvariablen sich selbst und in ihren Beziehungen zueinander laufend verändern, kann die in Frage stehende Subsistenzorganisation Stadt nur als historisches, in der Zeit sich wandelndes Phänomen begriffen werden. Keine Erklärung von Subsistenzorganisation, das ist inzwischen wohl deutlich geworden, lässt sich dagegen gewinnen, wenn Soziologie ausschliesslich über den Begriff des sozialen Handelns konstituiert wird. Natürlich existieren Motive, Einstellungen, Werte, Zwecke und Normen, über die Individuen sich sinnhaft auf andere beziehen, aber das ist nur eine Seite der Medaille. Subsistenzorganisationen sind ihrem Wesen nach ebensosehr Figurationen, historisch Vorgefundenes, anonymer Zwang, Entwicklung, die durch soziales Handeln im Weber'schen Sinn nur in den Facetten beeinflusst werden. Darin liegt auch der Sinn dessen, was Park als biotische Struktur von der kulturellen unterschieden wissen wollte (125).

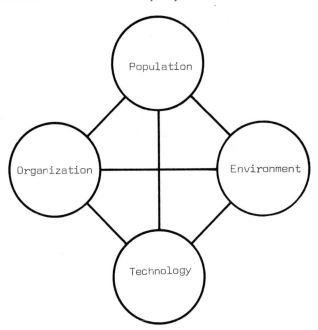

Graphik 9: Der ökologische Komplex. Quelle: O.D. Duncan: Human Ecology and Population Studies, a.a.O., S. 683

---

125 Solche Unterscheidungen sind im übrigen in der Soziologie ja nicht neu; augenfällig ist die theoretische Analogie zum historischen Materialismus: Was Marx als "Produktivkräfte" bezeichnet und als erklärende Variable annimmt, wird hier zusammenfassend "ökologischer Komplex" genannt; Marxens "Produktionsverhältnisse" finden ihr sozialökologisches Analogon im Begriff der Subsistenzorganisation. Vgl. daneben auch das Konzept der "Figuration" in der soziologischen Theorie von Norbert Elias

2.4. Sozialraumanalyse

Die Sozialraumanalyse (Social Area Analysis) geht aus von einer Theorie des sozialen Wandels, die in der Anthropologie bekannt ist als "theory of increasing societal scale" (126). Sie zeigt gewisse Aehnlichkeiten mit Konzeptionen, die aus der Geschichte der Soziologie bekannt sind: Durkheim's Vorstellung der Entwicklung von mechanischer zu organischer Solidarität, Cooley's Wandel von Primär- zu Sekundärgruppenbeziehungen oder Toennies' Weg von Gemeinschaft zu Gesellschaft. Ganz grob postuliert sie einen Wandel zu immer höheren Komplexitätsstufen. Unter Bezug vor allem auf die Arbeiten des Oekonomen Colin Clark (127) und des Sozialökologen Louis Wirth (128) werden in der Sozialraumanalyse deduktiv drei Trends im Modernisierungsprozess abgeleitet: Veränderungen in der Verteilung von Kenntnissen und Fertigkeiten; Veränderungen in der Struktur produktiver Aktivitäten; und Veränderungen in der Zusammensetzung der Bevölkerung. Diese gesamtgesellschaftlichen Trends lassen sich nach Eshref Shevky und seinen Mitarbeitern auch an Subpopulationen beobachten als Veränderungen der Berufsstruktur, der Lebensweise und der räumlichen Verteilung sozialer Gruppen. Diese Konzepte werden dann desaggregiert auf die Stufe von messbaren Indikatoren: social rank oder economic status - zusammengesetzt aus den Variablen berufliche Stellung, Ausbildung und Mietzins -, urbanization resp. invers family status (Fruchtbarkeitsziffer, weibliche Erwerbsquote, Anteil der Einfamilienhäuser) und segregation resp. ethnic status (isolierte Minderheiten). Diese sieben Ausgangsvariablen sind für verschiedene Aggregationsstufen (census tract, community, county etc.) im offiziellen Zensus erhoben und publiziert. Die Datenreihen werden auf eine Skala von 1 bis 100 standardisiert (vgl. Tabelle 2) und für die beiden zusammengesetzten Indikatoren wird der Mittelwert der Standardpunktzahlen be-

---

126 Diese Theorie wird entwickelt bei G. Wilson und M. Wilson: Analysis of Social Change, London 1945

127 The Conditions of Economic Progress, London 1951

128 Urbanism as a Way of Life, AJS 44. Jg. (1938) S. 1-24, dt. in: Stadt- und Sozialstruktur, hrsg. von U. Herlyn, München 1974, S. 42-66

	Standardisierungsformel	
Beschäftigung	$100 - x(r - o)$	wobei: r der Wert des statistischen Bezirkes
Ausbildung	$100 - x(r - o)$	
Miete	$x(r - o)$	o der tiefste Wert der Spalte
Fruchtbarkeit	$100 - x(r - o)$	$x = \dfrac{100}{\text{Wertebereich}}$
weibl. Erwerbsquote	$x(r - o)$	
Einfamilienhäuser	$100 - x(r - o)$	
Ausländer	keine Standardisierung	

Tabelle 2: Standardisierungsformeln für die Variablen der Sozialraumanalyse. Quelle: E. Shevky und W. Bell: Social Area Analysis, Stanford 1955, S. 54 ff.

rechnet – er repräsentiert den Wert des Indikators social rank resp. urbanization (129). Die Verteilung der Indikatorwerte lässt sich dann in einem dreidimensionalen Sozialraumdiagramm darstellen und in Klassen einteilen. Die Zusammenfassung solcher Klassen führt zur "social area" d.h. zur Definition eines – nicht notwendigerweise zusammenhängenden – Gebietes mit gleichen Werten auf allen drei Indikatoren. Die Sozialraumanalyse behauptet nun, dass

1. es sich bei den drei Indikatoren um relevante Masse handle,
2. Homogenität hinsichtlich dieser Indikatoren gleichbedeutend sei mit Homogenität hinsichtlich zahlreicher anderer Merkmale der Bevölkerung des Bezugsgebietes,
3. das Verfahren für beliebig definierte Subpopulationen zu relevanten Aussagen führe,
4. das Verfahren sich insbesondere eigne für horizontal und vertikal vergleichende Untersuchungen,
5. sozialer Wandel sich entlang diesen drei Dimensionen vollziehe,
6. die Typologie der social areas nützlich sei für Anwendungen in der weiteren Forschung.

Was ist von diesen Indikatoren zu halten? Dafür sei zunächst einmal die Auseinandersetzung um den theoretischen Ansatz resümiert, wie sie sich vor allem in verschiedenen Besprechungen

---

129 E. Shevky und W. Bell: Social Area Analysis, Theory, Application, and Computational Procedures, Stanford 1955, dt. in einer gekürzten Fassung in: Materialien zur Siedlungssoziologie, a.a.O., S. 125-139

des Buches von Shevky und Bell findet (13o): Am wichtigsten ist
wohl der Einwand, die Sozialraumanalyse liefere keine Theorie,
die erklären könnte, wie es zu homogenen Subpopulationen in
städtischen Gebieten komme, welche Beziehung bestehe zwischen
den allgemeinen "social trends" und urbaner Differenzierung.
Da kein zwingender Zusammenhang zwischen Raumstruktur und sozialer Differenzierung etäbliert werde, könne die Theorie der
"increasing societal scale" nur als ex post facto-Rechtfertigung zufällig gefundener empirischer Ergebnisse angesehen werden.
Es sei weiter unklar, was eine "social area" eigentlich ist.
Implizit werde behauptet, soziale Differenzierung vollziehe
sich nur entlang der drei Dimensionen social rank, urbanization
und segregation, wobei vor allem der dritte Indikator auf den
ethnozentrischen Charakter des Ansatzes hinweise. Im ganzen
führe die Sozialraumanalyse kaum über das Konzept der "natural
area" in der klassischen Sozialökologie hinaus, ja sie falle
sogar hinter den Erkenntnisstand der Chicago-Schule zurück.

13o Die erste Arbeit, die mit diesem Ansatz durchgeführt worden ist, ist: E. Shevky und M. Williams: The Social Areas of Los Angeles, Berkely 1949, besprochen von G.E. Ericksen in ASR 14. Jg. (1949) S. 699, kommentiert von E. Greenwood in ASR 15. Jg. (195o) S. 1o9 und C.F. Schmid, ASR 15. Jg. (195o) S. 1o9-11o, mit Antwort von Ericksen, ASR 15. Jg. (195o) S. 296-297. Das Buch von E. Shevky und W. Bell, op. cit., wurde besprochen von D.B. Carpenter, ASR 2o (1955) S. 497-498; O.D. Duncan, AJS 6o. Jg. (1955) S. 84-85 mit einem Kommentar von W. Bell, AJS 61. Jg. (1955) S. 26o-261 und einer Antwort von Duncan, AJS 61. Jg. (1955) S. 261-262; A.H. Hawley und O.D. Duncan: Social Area Analysis: A Critical Appraisal, Land Economics 33. Jg. (1957) S. 337-345; C.M. Tiebout: Hawley and Duncan on Social Area Analysis: A Comment, Land Economics 34. Jg. (1958) S. 182-184. Wichtige Kommentare zur Sozialraumanalyse finden sich weiter bei W.C. Kaufman: Social Area Analysis: An Explication of Theory, Methodology and Techniques, with Statistical Tests of Revised Procedures, Diss. Seattle 1961 (unpubliziert); M. van Arsdol et al.: An Investigation of the Utility of Urban Typology, Pac.Soc.Rev. 4. Jg. (1961) S. 26-32; W. Bell und S. Greer: Social Area Analysis and Its Critics, Pac.Soc.Rev. 5. Jg. (1962) S. 3-9; M. van Arsdol et al.: Further Comments on the Utility of Urban Typology, ebda., S. 9-13; L.F. Schnore: Another Comment on Social Area Analysis, ebda., S. 13-16; R.J. Udry: Increasing Scale and Spatial Differentiation: New Tests of Two Theories from Shevky and Bell, Social Forces 42. Jg. (1964) S. 4o3-413; F.L. Jones: Social Area Analysis: Some Theoretical and Methodological Comments, Brit.J.Soc. 19. Jg. (1968) S. 424-444. Die letzte Uebersicht über den Stand der Diskussion gibt D.W.G. Timms: The Urban Mosaic, a.a.O.

Bell und Greer weisen demgegenüber darauf hin, dass wesentliche Divergenzen in den Ausgangspositionen bestünden (131): Die Sozialraumanalyse wolle zunächst nicht mehr als sinnvolle deskriptive Kategorien anbieten. Beim aktuellen Stand des Wissens könne dabei nicht von einer geschlossenen Theorie, von einem voll ausgebauten System deduktiver Sätze isomorph zur Realität her argumentiert werden, da eine solche Theorie gar nicht existiere. Auch bei den Kritikern sei der Zusammenhang zwischen theoretischen Konzeptionen und operablen Massen nicht so einfach. Das primäre Interesse der Sozialraumanalyse liege nicht in der Erklärung räumlicher, sondern in der sozialer Differenzierung. Bei allen eingestandenen Unvollkommenheiten des Ansatzes könne die Social Area Analysis daher nicht einfach pauschal abgelehnt werden, sie verlange vielmehr nach zusätzlicher Klärung und Perfektionierung.

Bei allem Gewicht, das man der Kritik an der theoretischen Konzeption der Sozialraumanalyse zumessen mag, ist indessen nicht zu bestreiten, dass eine grosse Zahl empirischer Befunde die Generalisierbarkeit und Stabilität der drei Indikatoren bestätigt (132). Dabei handelt sich sich freilich um Studien unterschiedlicher methodischer Konzeption und demzufolge auch unterschiedlicher Aussagekraft. Ein Typ, der zuerst von W. Bell (133) verwendet worden ist, weist mit Hilfe der Faktorenanalyse nach, dass die sieben Ausgangsvariablen der Sozialraumanalyse tatsächlich die dort postulierten drei Dimensionen enthalten. Dieses Ergebnis kann als gesichert gelten und hat sich auch in der Faktorenanalyse mit den entsprechenden Daten für Bern bestätigt (134). Wie A. Hunter gezeigt hat (135), ist auch die Unabhängig-

---

131 W. Bell und S. Greer: Social Area Analysis and Its Critics, a.a.O.

132 D.W.G. Timms: The Urban Mosaic, a.a.O., referiert diese Arbeiten - vgl. dazu Tabelle 3, die seinem Buch entnommen ist. Die eindrücklichste sei hier genannt: C.F. Schmid und K. Tagashira: Ecological and Demographic Indices, Demography 1. Jg. (1964) S. 194-211

133 W. Bell: Economic, Family, and Ethnic Status: An Empirical Test, ASR 2o. Jg. (1955) S. 45-52

134 Vgl. dazu Kapitel 3 dieser Arbeit, vor allem S. 164 ff.

135 A. Hunter und A.H. Latif: Stability and Change in the Ecological Structure of Winnipeg: A Multi-Method Approach, Canadian Review of Sociology and Anthropology 1o. Jg. (1973) S. 3o8-333

Reference	City	Type of study
A. *U.S. studies*		
Anderson and Bean, 1961	Toledo	Factor analysis
Anderson and Egeland, 1961	Akron, Dayton, Indianapolis, Syracuse	Analysis of spatial variance
Bange, 1955	San Francisco	Organization of welfare services
Bell, 1952	Los Angeles, San Francisco	Factor analysis
Bell, 1953	San Francisco	Typology
Bell, 1955	San Francisco	Factor analysis
Bell, 1957	San Francisco	Field study of anomia
Bell, 1958	San Francisco	Sampling frame
Bell and Boat, 1957	San Francisco	Field study of neighbourhood relationships
Bell and Force, 1956a	San Francisco	Field study of formal association participation
Bell and Force, 1956b	San Francisco	Field study of formal association participation
Bell and Force, 1957	San Francisco	Religious preferences, familism, social rank
Boggs, 1965	St Louis	Crime patterns
Brody, 1962	10 U.S. cities	Analysis of spatial patterns (centralization)
Broom and Shevky, 1949	Los Angeles	Ethnic differentiation
Broom et al. 1955	Los Angeles	Characteristics of petitioners for change of name
Curtis et al. 1957	St Louis	Parishes and social areas
Goldstein and Mayer, 1964	Providence	Effects of population decline
Greer, 1956	Los Angeles	Field study of social participation
Greer, 1960	Los Angeles	Socio-political structure and suburbanism
Greer, 1962	Los Angeles	Socio-political structure and suburbanism
Greer and Kube, 1959	Los Angeles	Socio-political behaviour and the urban community
Greer and Orleans, 1962	Los Angeles	Urbanism and involvement in parapolitical organization
Imse and Murphy, n.d. c. 1960	Buffalo	Typology
Kaufman, 1961	Chicago, San Francisco	Factor analysis
Kaufman and Greer, 1960	St Louis	Voting patterns
McElrath, 1955	Los Angeles	Urbanization and status identification factors
McElrath and Barkey, c. 1964	Chicago	Analysis of spatial variation
Moush et al. 1960	Cleveland	Typology
Metropolitan St Louis Survey, 1956	St Louis	Typology
Polk, 1957a	San Diego	Typology
Polk, 1957b	San Diego	Distribution of delinquents
Polk, 1967	Portland	Distribution of delinquents
Schmid, 1960	Seattle	Distribution of criminals (by type of crime) and suicides
Sherif and Sherif, 1965	S.W. U.S. cities	Field studies of adolescent behaviour
Shevky and Bell, 1955	San Francisco	Presentation of model
Shevky and Williams, 1949	Los Angeles	Typology
Sullivan, 1961	Bronx	Parishes and social areas
Van Arsdol et al. 1958a	10 U.S. cities	Test of empirical generality of Shevky-Bell model (factor analysis)
Van Arsdol et al. 1958b	10 U.S. cities	
Van Arsdol et al. 1961	10 U.S. cities	Factor analysis of deviant cases
Wendling and Polk, 1958	San Diego, San Francisco Bay area	Distribution of suicides
Williamson, 1954	Seattle	Social areas and marital adjustment
Willie, 1967	Washington	Distribution of delinquents
B. *Non-U.S. studies*		
Clignet and Sween, 1968	Accra, Abidjan	Theory of increasing scale
Gagnon, 1960	Quebec	Typology
Herbert, 1967	Newcastle-under-Lyme	Typology
Hyderabad Metropolitan Research Project, 1966	Hyderabad	Typology
McElrath, 1962	Rome	Typology, analysis of spatial variance
McElrath, 1968	Accra, Kingston	Theory of increasing scale

Tabelle 3: Studien, die das Shevky-Bell-Modell der Sozialraumanalyse verwendet haben. Quelle: Timms, op.cit., S. 150 f.

keit dieser drei Faktoren nicht nur als methodisches Artefakt
der meist verwendeten orthogonalen Rotation anzusehen.

Ein anderer Typ arbeitet mit zum Teil sehr viel umfangreicheren
Variablensätzen (136). Dabei werden im wesentlichen die gleichen
oder doch analog interpretierbare Faktoren extrahiert, und zwar
sowohl für einzelne Städte unterschiedlicher Grösse als auch
für die aggregierten Daten mehrerer Städte (137). Immerhin ist
dabei zu berücksichtigen, dass sich die Auswahl der verwendeten
Variablen in der Regel an den Indikatoren der Social Area Analysis
orientiert. Insofern kann man noch an eine blosse Reifikation
des Modells denken. Es gibt indessen auch Studien, die mit
Variablen arbeiten, von denen nicht a priori gesagt werden
kann, sie seien den drei Dimensionen der Sozialraumanalyse
zuzurechnen. Hierzu gehört z.B. die Untersuchung von C.G. Janson
in Newark (138), die interessante Abweichungen zeigt. Während
die Ladungen auf dem social rank-Faktor nicht weiter überraschen
– wenn man dabei im Auge behält, dass die ethnische Zugehörigkeit
eng mit der Schichtzugehörigkeit korreliert – finden sich auf
der family status-urbanization-Dimension signifikante Ladungen
auf Variablen wie Wohnungsgrösse, dem Anteil der gewerblichen
an der gesamten Nutzfläche und den Bodenpreisen – dies wohlge-
merkt neben den anderen Variablen, die auf dieser Dimension zu
erwarten waren. Da der urbanization-Indikator ohnehin die grössten
Interpretationsprobleme aufwirft und theoretisch am wenigsten
geklärt ist, wird an diesem Punkt auch die Neuinterpretation
der Sozialraumanalyse anzusetzen haben.

Ein dritter Typ von Untersuchungen verwendet einfach das ursprünglich von Shevky und seinen Mitarbeitern vorgeschlagene

---

136 Auch sie werden referiert bei D.W.G. Timms: The Urban Mosaic,
a.a.O. Die wichtigsten Beiträge dazu hat die Gruppe um C.F.
Schmid und S.F. Camilleri an der Northwestern University geliefert (vgl. Bibliographie)

137 M. van Arsdol et al.: An Application of the Shevky Social
Area Indexes to a Model of Urban Society, Social Forces
37. Jg. (1958) S. 26-32

138 C.G. Janson: The Spatial Structure of Newark, Acta Sociologica 11. Jg. (1968) S. 144-169

Modell samt der Berechnungsmethoden. Es wird dann behauptet,
das Modell sei zweckmässig für die Analyse sozialräumlicher
Differenzierung, wenn sich die Indikatoren berechnen lassen
und genügend streuen. Damit aber kann man die Generalisierbarkeit des Modells nicht prüfen, weil die Methode durch das
verwendete Standardisierungsverfahren (139) quasi immunisiert
wird. Ganz unabhängig davon nämlich, wie gross die tatsächliche Streuung der Ausgangsvariablen im Untersuchungsgebiet
ist, werden die Standardwerte dafür künstlich auf eine Rangskala von 1 bis 100 "gezogen" und müssen daher notwendig zu
der gewünschten Differenzierung führen. Die blosse Berechenbarkeit der Indikatoren sagt also über ihren analytischen
Wert überhaupt nichts aus (140).

Zusammenfassend bleibt also festzustellen, dass die drei von
der Sozialraumanalyse isolierten Dimensionen der Differenzierung
empirisch weitgehend gesichert sind, auch wenn sich unter
Umständen andere Interpretationen dafür aufdrängen mögen.
Damit ist freilich nichts gesagt über die Gültigkeit der
von Shevky und Bell zur Erklärung herangezogenen "theory
of increasing societal scale". Die Sozialraumanalyse bleibt
bleibt damit als interessanter Denkansatz im Repertoire der
Sozialökologie bestehen, sie muss aber vorangetrieben und
weiterentwickelt werden. Vor allem kann sie als ein Versuch
begriffen werden, Stadtsoziologie nicht als isolierte
Spezialdisziplin, sondern innerhalb des Kontextes allgemeinsoziologischer Theoriebildung zu betreiben, so wie es auch
die neoklassische Schule der Sozialökologie unternimmt. Ihr
deswegen jedoch einen eigenständigen theoretischen Status
einzuräumen, wie G.A. Theodorson dies tut (141), scheint
aber verfehlt.

---

139 Vgl. Tabelle 2. S. 88

140 Diesen Punkt übersieht z.B. D.T. Herbert: Social Area
     Analysis: A British Study, Urban Studies 4. Jg. (1967)
     S. 41-60, dessen Schlussfolgerungen man sich daher auch
     nicht anschliessen kann

141 Studies in Human Ecology, a.a.O., S. 132

Ein wichtiger Schritt zur weiteren Entwicklung der Sozialraumanalyse kann in der sogenannten "Faktorialökologie" (142) gesehen werden. Während die Social Area Analysis – wenigstens behauptet sie das – deduktiv von einer Theorie des sozialen Wandels her argumentiert, nimmt die Faktorialökologie die Wirklichkeit zunächst als ungeheuer komplex und undurchsichtig an und will auf induktivem Weg die darin angelegten Strukturen sichtbar machen. Faktisch ist freilich die Unterscheidung dieser beiden Richtungen nicht ganz so einfach, und zwar vor allem, weil die meisten faktorenanalytischen Studien sich implizit oder explizit am Datenraum der Social Area Analysis orientiert haben – deswegen wird die Faktorialökologie hier auch nicht als eigenständige Weiterentwicklung innerhalb der Sozialökologie behandelt. Mehrheitlich wird die Faktorenanalyse als exploratives Verfahren eingesetzt, durch das im Prinzip willkürlich, d.h. ohne vorformulierte Hypothesen, ausgewählte Variable nach allgemeinen Dimensionen abgesucht werden. Insofern wird denn auch die Methode häufig empirizistisch, ohne Orientierung an theoretischen Kategorien eingesetzt: Man füttert den Computer mit einer möglichst grossen Zahl von Daten, drückt auf den Knopf "Faktorenanalyse" und schaut, ob sich der Output irgendwie interpretieren lässt. Es gibt daher auch keine Theorie, gegen die hier zu argumentieren wäre; die Brauchbarkeit faktorenanalytisch abgeleiteter Indikatoren hängt einzig ab von den Voraussetzungen, unter denen die Methode eingesetzt wird.

Was geschieht nun eigentlich bei einer Faktorenanalyse? Zunächst wird durch die Auswahl der Variablen ein Datenraum definiert, und die Datenreihen für die interessierenden statistischen Einheiten werden erhoben. Dann wird die Matrix der Produktmomentkorrelationen berechnet. Sie lässt sich mit Hilfe von Verfahren der linearen Algebra schrittweise in eine geringere Zahl von Dimensionen auflösen, d.h. es werden Faktoren extrahiert.

---

142 Einen guten Einstieg in dieses Gebiet vermittelt A. Hunter: Factorial Ecology: A Critique and Some Suggestions, Demography 9. Jg. (1972) S. 1o7-117. Als gute deutschsprachige Einführung in die Methode kann gelten K. Ueberla: Faktorenanalyse, Berlin etc. 1968

Diese Faktoren stellen eine Art von Variablen "höherer Ordnung"
dar, sind also komplexe Gebilde, deren Struktur sich aus dem
Faktormuster ersehen lässt. Die meisten Autoren hören mit der
statistischen Bearbeitung ihrer Daten beim Faktormuster auf
und versuchen, die Faktoren irgendwie zu benennen, wobei man
sich an den Variablen mit den höchsten Ladungen orientiert.
Es ist aber auch möglich, die Werte dieser Konstrukte für die
betrachteten Analyseeinheiten zu schätzen (Faktorwerte). Man
erhält sie als dimensionslose Grössen mit dem Mittelwert o
und der Varianz 1. Mit Hilfe des Faktormusters lassen sich
auf induktivem Wege Indikatoren ableiten: Man kann festlegen,
welcher Anteil an der Varianz des gesamten Datenraumes "erklärt"
werden soll, sieht, wie viele Faktoren dazu nötig sind, und er-
kennt aus den Ladungen und Kommunalitäten den Stellenwert der
einzelnen Ausgangsvariablen, ihren "Erklärungsgehalt" im statistischen Sinn. So lassen sich dann einfachere Komposita
bilden, die für die extrahierten Faktoren stehen und ähnlich
wie die Indikatoren der Social Area Analysis weiter bearbeitet
werden können.

Die Analyse von zwei Dutzend solcher Untersuchungen (vgl. die
folgenden Tabellen 4 und 5) zeigt, dass als relevante Dimensionen der Differenzierung städtischer Suburäume der <u>social
rank</u> oder economic status, der family status oder <u>urbanization</u>
(beide liegen auf derselben Dimension, tragen aber umgekehrte
Vorzeichen), der ethnic status oder <u>segregation</u> - damit also
die drei Indikatoren der Sozialraumanalyse, weshalb hier auch
dieselben Bezeichnungen gewählt worden sind -, die <u>Mobilität</u>
und die <u>Dichte</u> anzusehen sind. Da diese Faktoren, die von der
Mehrzahl der faktorenanalytischen Studien extrahiert worden
sind, sehr viel komplexere Variablenbündel repräsentieren
als die Social Area Analysis, bestätigen sie grundsätzlich
deren Befunde. Es ist also auszugehen von einem akkumulierten
empirischen Wissen, auch wenn die theoretische Durchdringung
noch nicht befriedigen kann.

Stadt	Autor, Jahr	Zahl der Variablen	Zahl der Faktoren	Bezeichnung der interpretierten Faktoren in der Reihenfolge ihrer Bedeutung
Boston	Sweetser, 1965a	20	3	socio-economic status; progeniture; urbanism
Chicago (SMSA)	Rees, 1968	57	10	socio-economic status; stage in life-cycle; race and resources; immigrant and catholic; size and density; Jewish and Russian built in the 1940s and commute by car; Irish and Swedes; mobility; other non-whites and Italians
Chicago (city)	Rees, 1968	57	7	race and resources; socio-economic status; stage in life-cycle; size and density; other non-white and commute by foot; Jewish and Russian; built before 1940 and commute by rail
Chicago (suburbs)	Rees, 1968	57	10	socio-economic status; stage in life-cycle; immigrant and catholic; race and resources; size and density; Poles v. Anglo-Saxons; European ethnic groups; built in the 1940s and commute by car; Jewish and Russian; overcrowding and commute by rail
Chicago (longitudinal)	Hunter, 1971	9	4	family status; economic status; ethnic status; single family dwelling units
Newark	Janson, 1968	48	6 fixed beforehand	racial slum; familism-residentialism; social rank; middle age; mobility; density
Seattle	Schmid, 1960	38 20 crime 18 general	8	social cohesion – family status; social cohesion – occupational status; family and economic status population mobility; atypical crime; stability; race
Seattle	Schmid and Tagashira 1964	42 21 12 10	4 3	familial organization; socio-economic status; ethnic status; maleness – skid row family status; socio-economic status; ethnic status
San Francisco	Tryon, 1955	33	Clusters: 7	Family life; assimilation (2); socio-economic independence; socio-economic achievement (2); female achievement;
North-eastern north-central southern and western regions of the U.S.	Borgatta and Hadden, 1964	36	6	socio-economic status; suburb – family type; mobility; disorganization – deprivation; foreign born; family disorganization
88 counties of Ohio	Jonassen, 1961	82	7	urbanism; welfare; influx; poverty magni-complexity; educational effort; proletarianism

Tabelle 4: Zusammenfassung ausgewählter faktorialökologischer Studien in USA.
Quelle: D.W.G. Timms: The Urban Mosaic, S. 56 f., mit eigenen Ergänzungen.
Die Referenzen finden sich im Literaturverzeichnis

Stadt	Autor, Jahr	Zahl der Variablen	Zahl der Faktoren	Bezeichnung der interpretierten Faktoren in der Reihenfolge ihrer Bedeutung
Cairo	Abu-Lughod, 1969	13	3	style of life (class and family); male dominance (mirgration); social disorganization
Calcutta	Berry and Rees, 1969	37	lo	land use and familism; Bengali commercial caste; Non-Bengali commercial caste; substantial residential areas; literacy; Muslim concentration; special land use factors (4)
Canberra	Jones, 1965	24	4	Ethnicity; demographic structure; age of area;
Copenhagen	Pedersen, 1967	14	3	family status; socio-economic status; growth and mobility
Helsinki	Sweetser, 1965a	2o	3	socio-economic status; progeniture; urbanism
	Sweetser, 1965 b	42	6	socio-economic status; progeniture; urbanism - career women; residentialism; established familism; postgeniture
Liverpool	Gittus, 1965	31 housing variables	5	dwelling density; shared and rented dwellings; multiple dwellings; amenities
Melbourne	Jones, 1968	7o	3	socio-economic status; household composition; ethnic composition
Sunderland	Robson, 1969	3o	4	social class; housing conditions; subdivided housing; poverty
Wien	Sauberer und Cserjan, 1972	35	7	Schicht 1; physische und demographische Ueberalterung; Schicht 2; Suburbanisation; Nichtwohnnutzung; Entvölkerung; Wohnungsaufwand
Winnipeg	Hunter and Latif, 1973	15	3	socio-economic status; familism; immigrant status
Auckland	Timms, 1971	16	2	social rank; family type
Brisbane	Timms, 1971	29	5	socio-economic status (2); young family - suburban; family dissolution; assimilation
			3	social rank; family type; ethnic status

Tabelle 5 : Zusammenfassung ausgewählter faktorialökologischer Studien ausserhalb der USA
Quelle: D.W.G. Timms: The Urban Mosaic, S. 57 f., mit eigenen Ergänzungen. Die Referenzen finden sich im Literaturverzeichnis

Einige wichtige Befunde sozialraumanalytischer Studien sind
hier noch zu erwähnen, weil sie einen Zusammenhang mit den
Theorien der klassischen Sozialökologie aufweisen. So hat
sich gezeigt, dass der Faktor urbanization in Abhängigkeit
der Distanz vom Zentrum variiert, während der Faktor segregation eher ein sektorielles Verteilungsmuster zeigt (143).
Bereits früher ist auf die Schwierigkeiten bei der Verwendung
der Distanzvariablen hingewiesen worden (144); die hier zitierten Studien gehen durchgehend von einem geometrischen Dis-
tanzmass aus und unterscheiden zudem meist nur wenige Zonen,
die nachträglich auf dem Plan über die kartierten Muster
sozialräumlicher Differenzierung gelegt worden sind. Nun sind
natürlich geometrische Distanz und ökologische Distanz nicht
völlig unabhängig voneinander, so dass man trotz aller Vorbehalte diesen Befund als interessante Einsicht weiterverfolgen
sollte. Noch grössere Schwierigkeiten ergeben sich bei dem
Versuch, sektorielle Verteilungsmuster empirisch präzise nachzuweisen, und die Bildung der Sektoren erfolgt denn meist auch
willkürlich. Einigermassen sinnvoll ist sie indessen nur möglich, wenn man sich dabei an topographischen und erschliessungs-
technischen Gegebenheiten in jedem einzelnen Fall orientiert:
an Niveauunterschieden, Flussläufen, Bahnlinien oder stark
befahrenen Ausfallstrassen, kurz: an wichtigen sozialen Barrieren. In Zeitreihenstudien (145) findet sich weiter der Hinweis
darauf, dass der urbanization-Faktor gegenüber den anderen Faktoren zunehmend wichtiger für sozialräumliche Differenzierung
wird. Obwohl auch hier einige methodische Vorbehalte anzu-

---

143 C.G. Janson: The Spatial Structure of Newark, a.a.O.; D.C.
    McElrath: The Social Areas of Rome, ASR 27. Jg. (1962) S.
    376-391; T.R. Anderson und J.A. Egeland: Spatial Aspects of
    Social Area Analysis, ASR 26. Jg. (1961) S. 392-398; J. Musil:
    Die Entwicklung der ökologischen Struktur Prags, a.a.O.; P.O.
    Pedersen: Modeller for Befølkningsstruktur og Befolkningsud-
    vikling i Storbymorader Specielt med Henblik pa Storkoben-
    havn, Kopenhagen 1967; B.L. Berry und P.H. Rees: The Facto-
    rial Ecology of Calcutta, AJS 74. Jg. (1968) S. 445-491

144 Vgl. oben S. 35

145 A. Hunter: Stability and Change in the Ecological Structure
    of Winnipeg, a.a.O.; Der Befund ist jedoch nicht gesichert,
    andere Untersuchungen scheinen dem zu widersprechen: A. Hunter:
    The Ecology of Chicago: Persistence and Change, AJS 77. Jg.
    (1971) S. 425-444

bringen wären (146), wird man auch diesen Befund im Auge behalten wollen. Beim Versuch zu einer Neuinterpretation der Sozialraumanalyse (147) wird sich die theoretische Begründung dafür zeigen.

Die Lösung einer Faktorenanalyse, also das Faktormuster, wird determiniert durch die Auswahl der Ausgangsvariablen. Solange diese sich ausrichtet an dem Datenraum, den Shevky und Bell für die Social Area Analysis definiert haben - und dafür nur eine grössere Zahl von Variablen verwendet wird - lassen sich weitere Zusammenhänge nicht sichtbar machen. Wenn die Faktorenanalyse eingesetzt werden soll zur empirischen Ueberprüfung von Hypothesen (davon ist ein exploratives Vorgehen wohl zu unterscheiden), dann ist das nur sinnvoll vor dem Hintergrund eines möglichst gut ausgebauten theoretischen Bezugsrahmens. Sonst lassen sich die Faktoren nicht vernünftig interpretieren (148). Der Datenraum - und damit die zu erklärende Gesamtvarianz - wird ja definiert durch die Auswahl der Variablen, und die Faktorenanalyse deckt die Struktur dieses Datenraumes auf, und nicht die irgendeiner Theorie, die man in eine vage Beziehung mit einem Satz gerade einmal verfügbarer Daten bringen kann. Ohne theoretischen Bezugsrahmen kann man auch in der Faktorialökologie keine Hypothesen bilden, und ohne Hypothesen lässt sich kein sinnvoller Datenraum definieren. Der Computer wird jedenfalls die fehlenden Theorien nicht produzieren.

---

146 B. Hamm: Indikatoren der Stadtentwicklung, Manuskript 1975, S. 13 f.

147 Vgl. Abschnitt 3.3 dieser Arbeit, S. 136 ff.

148 Dies scheint mir z.B. der Fall bei M. Sauberer und K. Czerjan: Sozialräumliche Gliederung Wien 1961, Der Aufbau 27. Jg. (1972) S. 284 ff.

2.5. Die sozio-kulturelle Position

Die sozio-kulturelle Position hat sich an der Auseinandersetzung um die Unterscheidung zwischen biotischer und kultureller Sozialstruktur ausgebildet. Ihre Anhänger wollen in erster Linie den Nachweis führen, dass sich die städtischen Landnutzungsmuster nicht oder doch nicht genügend erklären lassen durch Konzepte, die a priori kulturelle Elemente - gemeint sind hier vor allem Wertsysteme - ausschliessen. Die aus dem Wettbewerb um Standortvorteile resultierenden Bodenpreise seien in vielen Fällen kein dafür geeignetes Erklärungselement. Walter Firey, der als der erste und zugleich wichtigste Vertreter dieser Richtung gilt, hat 1947 an einer Untersuchung in Boston gezeigt (149), dass sich die Bewohner eines traditionellen Wohnquatiers der oberen Mittelschicht erfolgreich gegen das Eindringen anderer Nutzungen zur Wehr setzen konnten und nachgewiesen, dass Allmenden, Friedhöfe, Kirchen und andere "räumliche Fetische" zentrale Standorte behaupten konnten, obwohl dies von der Standortqualität für andere Nutzungen her nicht erwartet werden konnte. Es handelt sich dabei um Nutzungen mit besonders ausgeprägtem Symbolcharakter, die so sehr mit traditionellen Wertvorstellungen besetzt waren, dass sie dem ökonomischen Druck zu widerstehen vermochten. Andere empirische Untersuchungen, die hier anschliessen, beziehen sich vor allem auf die Auswirkungen jener spezifischen kulturellen Traditionen, die in Gebieten mit herkunftsmässig homogener Zuwanderungsbevölkerung beobachtet wurden: Christen T. Jonassen untersuchte so eine Norwegerkolonie in New York, und führte ihren ersten Standort und seine sukzessive Veränderung auf kulturelle Variable zurück (15o), Jerome K. Myers bearbeitete eine ähnliche Fragestellung für eine Siedlung von Italienern in New Haven (151), und Albert L. Seeman studierte die Zusammenhänge zwischen den Wertvorstellungen der Mormonen und ihrer Siedlungsweise in Utah (152). Auch die

---

149 W. Firey: Land Use in Central Boston, Camdridge 1947; ders.: Sentiment and Symbolism as Ecological Variables, ASR lo. Jg. (1945) S. 14o-148, dt. in: Materialien zur Siedlungssoziologie, a.a.O., S. 14o-153

15o C.T. Jonassen: Cultural Variables in the Ecology of an Ethnic Group, ASR 14. Jg. (1949) S. 32-41

151 J.K. Myers: Assimilation to the Ecological and Social Systems of a Community, ASR 15. Jg. (195o) S. 367-372

Studien von Sidney M. Willhelm - dessen Kritik am ökologischen
Komplex wir bereits kennengelernt haben - und Giedeon Sjoberg
sind dieser Schule zuzurechnen (153).

Offenbar war den Anhängern der sozio-kulturellen Schule der Sozialökologie, zu denen übrigens auch Milla A. Alihan (154) und August
B. Hollingshead (155) zu rechnen sind, nicht ganz klar, welche
Bedeutung der Unterscheidung zwischen biotischer und kultureller
Ebene zukommt - das wird ja auch in Park's Arbeiten nicht immer
ganz deutlich. Einmal dient sie der Erklärung der generellen
Stadtstruktur, die nicht notwendig für jeden einzelnen Standort in gleicher Weise befriedigend sein muss. Es wird dabei
nicht bestritten, dass Abweichungen vom generellen Muster er-
klärungsbedürftig sind. Zum anderen wird von der biotischen
Struktur nur behauptet, dass der Wettbewerb um Standortvorteile
das zentrale strukturbildende Prinzip sei. Dass dieser Konflikt
auf eine gesellschaftlich akzeptierte Weise über Grundrentenerwartungen und Bodenpreisbildung ausgetragen wird, hängt
zweifellos von gesellschaftlichen Wertvorstellungen ab. Sie
aber sind als Reflex, als kanalisierte Form der Konfliktaus-
tragung, abhängig von der Existenz des Wettbewerbs um Standortvorteile - insofern gibt es hier keinen grundsätzlichen
Widerspruch.

Tatsächlich, das zeigt sich etwa deutlich in der erwähnten Kritik
Willhelm's am ökologischen Komplex, ist dies auch nicht der
wirkliche Grund der Auseinandersetzung. Im Hintergrund der

---

152 A.L. Seeman: Communities in the Salt Lake Basin, Economic
Geography 14. Jg. (1938) S. 3oo-3o8

153 S.M. Willhelm und G. Sjoberg: Economic vs. Protective Values
in Urban Land Use Change, American Journal of Economics and
Sociology 19. Jg. (196o) S. 151-16o; S.M. Willhelm: Urban
Zoning and Land Use Theory, New York 1962, Kap. 2

154 Social Ecology, a.a.O.

155 A Re-Examination of Ecological Theory, a.a.O,

Argumentation scheint vielmehr ein philosophisch-weltanschaulicher Konflikt zu stehen: In erster Linie lautet der Vorwurf von **Willhelm** nämlich, dass hinter der Konzeption des ökologischen Komplexes eine materialistische Grundhaltung stehe (156). Sachlich geht es nurmehr um Nuancen der Bewertung, nicht um eine fundamentale Alternative.

Theodorson war offenbar, als er sein Sammelwerk (157) herausgab, der Meinung, die sozio-kulturelle Position würde sich durchsetzen – darin hat er ihren Beitrag offensichtlich überschätzt. Zweifellos wird man, vor allem wenn man an die historische Entwicklung der europäischen Städte denkt, den "räumliche Fetischen" die gebührende Beachtung schenken müssen. Ihre Rolle ist indessen nicht so bedeutend, dass man deswegen auf die strukturelle Analyse, wie die klassische Sozialökologie sie konzipiert hat, verzichten könnte.

---

156 **S.M. Willhelm**: The Concept of the Ecological Complex: A Critique, American Journal of Economics and Sociology 23. Jg. (1964) S. 243

157 Studies in Human Ecology, a.a.O.

2.6. Vergleichende Untersuchungen

Es ist bereits gesagt worden, dass zwischen den modellhaften Vorstellungen der klassischen Sozialökologie und der neoklassischen Konzeption des ökologischen Komplexes noch zahlreiche Fragen offen sind, Fragen, die nur durch vergleichende Untersuchungen beantwortet werden können. Erst in komparativen Studien im zeitlichen Längsschnitt wie im interkulturellen Querschnitt können wir hoffen, die Probleme der Generalisierbarkeit sozialökologischer Konzepte und der Bedingungen, unter denen bestimmte Stadtstrukturen sich ausbilden, weiter zu klären. Obwohl in der Soziologie die Bedeutung dieser Art von Forschung seit langem anerkannt ist – man denke hier etwa an Max Weber's wichtigen Beitrag über "Die nichtlegitime Herrschaft (Typologie der Städte)" (158) – liegen dazu doch mehrheitlich monographische Studien aus der Stadtgeschichte (159) und der Stadtgeographie (16o) vor. Erst in neuerer Zeit scheint sich hier ein Schwerpunkt der empirischen sozialökologischen Forschung herauszubilden (161). Hier ist nicht der Ort, dass enorm umfangreiche Material dazu aufzuarbeiten (162), es soll lediglich anhand einiger weniger Studien die Fruchtbarkeit des komparativen Ansatzes illustriert werden.

---

158 in: Wirtschaft und Gesellschaft (Studienausgabe), Köln, Berlin 1964, 2. Halbband, S. 923-1o33

159 Henri Pirenne: La ville du Moyen Age, Brüssel 1927, und ders.: Sozial- und Wirtschaftsgeschichte Europas im Mittelalter, Bern o.J. (org. Paris 1933); L. Mumford: The City in History, London 1961; und als unterhaltsame deutschsprachige Einführung W. Schneider: Ueberall ist Babylon, Düsseldorf 196o

16o Als ausserordentlich nützlicher Führer kann hier dienen N.S. Ginsburg: Urban Geography and 'Non-Western' Areas, in: The Study of Urbanization, hrsg. von P.M. Hauser und L.F. Schnore, New York etc. 1965

161 Vgl. z.B. G. Sjoberg: Vergleichende Stadtsoziologie, in: Materialien zur Siedlungssoziologie, a.a.O., S. 55-76; Studies in Human Ecology, a.a.O., Teil 3; und vor allem Comparative Urban Structure, hrsg. von K.P. Schwirian, Lexington etc. 1974

162 Dies ist Gegenstand einer Dissertation von H. Berndt: Die Natur der Stadt (Arbeitstitel), in Vorbereitung. Ich stütze mich für die folgenden Ausführungen zum Teil auf: Studies in Human Ecology, a.a.O., Teil 3, und The Study of Urbanization, a.a.O., Teil 2

In Lateinamerika, Afrika und Asien stand die Verstädterung vor
allem unter dem beherrschenden Einfluss der Kolonialmächte.
Die spanische Traditon in der Morphologie lateinamerikanischer
Städte ist verschiedentlich beschrieben worden (163) - sie zeigt
ein Muster, das sich vom amerikanischen deutlich unterscheidet,
obwohl auch dort eine im Prinzip konzentrische Struktur anzutreffen ist. Um die zentrale Plaza, den Standort mit den höchsten
Prestigewerten, gruppieren sich die Verwaltungsgebäude und
Kirchen, daran anschliessend das Geschäftszentrum. Ihm folgen
im nächsten Ring die Wohngebiete der Oberschicht. Im Gegensatz
zur Struktur amerikanischer Städte nimmt der sozio-ökonomische
Rang mit der Distanz vom Zentrum ab. Das Gebiet um den Stadtkern
ist gegliedert in fünf Barrios, halbautonome Subbezirke mit
beträchtlichem sozialen Zusammenhalt und jeweils mit einer eigenen Plaza. Wegen des relativ langsamen Wachstums fehlt eine
Uebergangszone. Es gibt indessen deutliche Anzeichen dafür, dass
die Stadtstruktur sich mit zunehmender Industrialisierung dem
Muster der konzentrischen Zonen angleicht. In den indianischen
Städten Lateinamerikas hat dagegen die Plaza keine Bedeutung
und es lässt sich auch keine systematische Variation der räumlichen Verteilung von Prestigezonen nachweisen (164).

Die indische Tradition der Stadtplanung ist stark durch religiöse
Symbolik bestimmt. Oftmals haben die Städte eine äussere Form,
die sich von dieser Symbolik herleitet. Die Stadt ist unterteilt
in wohlunterschiedene Gebiete für die einzelnen Kasten, wobei
die höheren Kasten in der Nähe des Tempels, die niederen an der
Peripherie domiziliert sind (165). Die Engländer haben dieses
traditionelle Muster nicht aufgebrochen, sondern meistens neben
der indischen eine europäische Stadt errichtet (166).

---

163 A.T. Hansen: The Ecology of a Latin American City, in: Race
     and Culture Contacts, hrsg. von E.B. Reuter, New York 1934;
     N.S. Hayner: Mexico City: Its Growth and Configuration, AJS
     5o. Jg. (1945) S. 295-3o4; T. Caplow: The Social Ecology of
     Guatemala City, Social Forces 28. Jg. (1949) S. 113-135

164 D. Stanislawski: Early Spanish Town Planning in the New World,
     Geographical Review 37. Jg. (1947) S. 94-1o5

165 R. Mukerjee: Ways of Dwelling in the Communities of India,
     Asia 4o. Jg. (194o) S. 287-29o, 375-378, und 439-442

166 vgl. auch B.J.L. Berry und P.H. Rees: The Factorial Ecology
     of Calcutta, AJS 74. Jg. (1968) S. 445-491

In traditionellen japanischen Städten fällt die weitaus geringere
Bedeutung des Geschäftszentrums auf, was darauf zurückgeht, dass
Geschäfte und Wohnungen sich in der Regel im selben Gebäude befinden. Meist handelt es sich um Städte, in denen die Burg eine
dominante Position einnimmt. Die grossen Industriestädte folgen
dagegen sehr weitgehend den Mustern, die für amerikanische
Grosstädte nachgewiesen worden sind (167). Japan kennt eine
lange Tradition der Stadt- und Ortsplanung, aber auch der Stadtforschung: "... almost every city of any size has a planning
agency of some sort, and many have been studied with an intensity
that has not yet been reached even in the United States, Britain,
and Sweden" (168).

Die wichtigsten Unterschiede zwischen amerikanischen und europäischen Städten sind <u>historisch</u> zu erklären. Die Wohnsitze der
Aristokratie und des Geldadels befanden sich in europäischen Städten meist in unmittelbarer Nähe des Königspalastes. So finden sich
auch heute citynahe Wohngebiete mit restaurierten Stadtsitzen, in
denen sich die Oberschicht gehalten hat (169). <u>T. Caplow</u> betont
für Frankreich die grosse Bedeutung der Quartiere, die geringere
Zentralisation und das Fehlen einer generellen Tendenz, nach
der die Bevölkerungsdichte mit der Distanz vom CBD abnehme (17o).
Für England ist von konzentrischen Strukturen ähnlich denen in
Chicago berichtet worden (171). In Oxford indessen liegen die
Wohngebiete der Oberschicht direkt anschliessend an das Stadtzentrum (172).

---

167 <u>G.T. Trewartha</u>: Japanese Cities: Distribution and Morphology,
Geographical Review 24. Jg. (1934) S. 4o4-417

168 <u>N.S. Ginsburg</u>: Urban Geography and 'Non-Western' Areas, a.a.O.,
S. 327 - die japanischen Materialien sind wegen der Sprach-
probleme meist nicht direkt zugänglich

169 <u>E.D. Beynon</u>: Budapest: An Ecological Study, Geographical
Review 33. Jg. (1943) S. 256-275

17o <u>T. Caplow</u>: Urban Structure in France, ASR 17. Jg. (1952)
S. 544-549

171 <u>I.M. Castle und E. Gittus</u>: The Distribution of Social Defects
in Liverpool, Soc.Rev. 5. Jg. (1957) S. 43-64

172 <u>P. Collison und J. Mogey</u>: Residence and Social Class in Oxford,
AJS 64. Jg. (1959) S. 599-6o5

In ihrer faktorenanalytischen Untersuchung der Wiener Sozialstruktur haben sich M. Sauberer und K. Cserjan leider nicht an den Einsichten der klassischen Sozialökologie, sondern nur an Aspekten der Sozialraumanalyse orientiert. Auch wenn damit Vergleiche kaum möglich sind, zeigen ihre kartographischen Darstellungen der Faktorwerte doch deutlich ein konzentrisches Verteilungsmuster (173). Für Helsinki sind grosse Aehnlichkeiten zur Struktur von Boston nachgewiesen worden, und zwar in der Faktorstruktur ebenso wie in den Verteilungsmustern. Die nationale Minderheit der Schweden gehört jedoch oberen Statusgruppen an und lebt eher in den Mehrfamilienhäusern der geplanten Nachbarschaftseinheiten in der Suburb (174). In Rom hat sich, wie in den amerikanischen Untersuchungen, gezeigt, dass die Werte des urbanization-Faktors mit der Distanz vom Zentrum abnehmen – aber auch der social rank korreliert negativ mit der Distanz. Es zeigt sich zwar auch eine sektorielle Verteilung, da aber nur drei Sektoren unterschieden worden sind, bleibt dieses Ergebnis fragwürdig (175). Eine konzentrische Struktur ist auch für Prag nachgewiesen worden; dort sei jedoch die Uebergangszone praktisch verschwunden und die Segregationstendenz sei deutlich zurückgegangen, weil es keine nach dem Standort differenzierten Mietzinse gibt. Mit der neuerlichen Einführung marktwirtschaftlicher Elemente wird jedoch wieder ein stärkerer Trend zur sozialräumlichen Differenzierung erwartet (176).

Natürlich lassen sich aus der hier gebotenen unvollständigen Materialsichtung keine definitiven Schlüsse, wohl aber gewisse Hinweise ableiten. Offensichtlich spielen in traditio-

---

173 Sozialräumliche Gliederung Wien 1961, a.a.O.

174 F.L. Sweetser: Factor Structure as Ecological Structure in Helsinki and Boston, Acta Sociologica 8. Jg. (1965) S. 2o5-225

175 D.C. McElrath: The Social Areas of Rome: A Comparative Analysis, ASR 27. Jg. (1962) S. 376-391

176 J. Musil: Die Entwicklung der ökologischen Struktur Prags, in: Stadt- und Sozialstruktur, a.a.O.

nellen Städten die von den Anhängern der sozio-kulturellen
Schule beschriebenen "räumlichen Fetische", d.h. mit besonderem
Symbolgehalt besetzte Standorte und Einrichtungen, eine wichtige
Rolle. In europäischen Städten, deren Wachstum vor der Industrialisierung eingesetzt hat und die auf eine sehr viel komplexere und längere Geschichte zurückblicken als amerikanische,
wird der Einfluss dieses Elementes wesentlich gewichtiger sein
als in amerikanischen. Es gibt jedoch Anzeichen dafür, dass die
Bedeutung dieses Elementes mit zunehmender Industrialisierung
zurückgeht - wenn nicht behördliche Planungsmassnahmen hier
eine konservierende Wirkung entfalten. Dieser Hypothese eines
globalen Trends zur Konvergenz auf die Stadtstrukturen industrialisierter Gesellschaften wäre noch intensiver nachzugehen.
Offenbar gibt es auch Zusammenhänge zwischen der Bildung derart
"moderner" Stadtstrukturen und dem Wachstum der städtischen Bevölkerung. Die entscheidende Variable hierfür ist das Migrationsverhalten. Dafür spricht das Fehlen der Uebergangszone in langsam wachsenden Städten - was auch die soziologische Funktion
dieser Zone als einer Assimilationszone besser erhellt.

Aber auch in methodischer Hinsicht ist der Entwicklungsstand
einer Bevölkerung für die Analyse ihrer städtischen Strukturen
bedeutend. Offensichtlich ist es wenig sinnvoll, in Entwicklungsgesellschaften mit denselben Variablen zu arbeiten wie in industrialisierten: diesen Merkmalen kann eine völlig andere soziologische Bedeutung zukommen. So hat sich z.B. mit der Industrialisierung die Grundlage der Schichtzugehörigkeit von Merkmalen der Geburt und des Standes auf solche der beruflichen Ausbildung und Tätigkeit verschoben. Gleiches wird man hinsichtlich der Dominanz zentraler Einrichtungen annehmen können: An
die Stelle von Kirche, Rathaus und Markt ist in europäischen
Städten das Geschäftszentrum getreten. In den skandinavischen
Städten hat sich überdies gezeigt, dass die Möglichkeiten der
territorialen Ausdehnung, der Landreserven, einen Einfluss auf
die ökologische Struktur haben - man denke hier nur an die bekannten New Towns Vällingby bei Stockholm oder Tapiola bei
Helsinki.

Liefern uns diese wenigen Hinweise nun Argumente für die Frage
nach den Beziehungen zwischen sozialökologischen Modellen der
Stadtstruktur und dem ökologischen Komplex? Auch wenn es hier
bei tastenden Versuchen bleiben muss, ist doch deutlich geworden,
dass Industrialisierung und Erschliessungssysteme ganz entscheidende Faktoren der Strukturbildung sind - beides Funktionen der
technologischen Entwicklung. Der Einfluss der Bevölkerungs-
variablen ist mit der Bedeutung der Wanderungen sichtbar geworden; sie hängen offenbar auch zusammen mit der regionalen Differenzierung der natürlichen Bevölkerungsbewegung. Die Variable
"Umwelt" verweist auf die Standortverteilung von Städten, auf
ihre Nähe zu Verkehrswegen z.B. der Schiffahrt, zu Rohstoffen
(als Beispiele mögen das Ruhrgebiet und der mittelenglische
Industriegürtel genügen) und auf die Topographie der Landschaft.
Und schliesslich hat sich am Beispiel Prags gezeigt, dass eine
Veränderung der gesellschaftpolitischen Voraussetzungen nicht
ohne Wirkung auf die ökologische Struktur der Städte bleibt -
ein Repräsentant der Variablen "soziale Organisation". Es gibt
also gute Gründe dafür, die Variablen des ökologischen Komplexes
zur Erklärung von Verstädterungsphänomenen heranzuziehen - sie
bestimmen die Bedingungen, unter denen sich Stadtstrukturen
ausbilden. Ob sie dafür auch hinreichend sind, muss eine (noch)
offen Frage bleiben.

Exkurs: Sozialökologie im Vergleich mit anderen sozialmorphologischen Theorieansätzen

In diesem Exkurs soll versucht werden, die Sozialökologie anderen sozialmorphologischen Theorieansätzen - <u>René König</u> subsummiert (1) unter diesen Begriff die Soziographie, die Sozialgeographie, die Demographie und die Sozialökologie, hier werden zudem die Städtestatistik und die französische Morphologie sociale behandelt - gegenüberzustellen. Denn wie die Grundprobleme der Sozialökologie, so ist auch ihr methodischer Ausgangspunkt vom "materiellen Substrat" her einem Soziologieverständnis schwer begreiflich, das sich vom Begriff des sozialen Handelns herleitet. Der Exkurs ist also ebenfalls unter dem Ziel zu sehen, die Rezeption sozialökologischen Denkens zu fördern und zu erleichtern. "Das Substrat einer Gesellschaft besteht zunächst und vor allem in einer (grösseren oder kleineren) Menge von Individuen, die auf einem gegebenen Boden in gewisser Weise verteilt sind. Diese 'Bevölkerung' kann dichter oder weniger dicht sein, in Städten oder Dörfern leben, Architekturen einer besonderen Art bevorzugen, innerhalb von Grenzen einer bestimmten Gestalt mit einem speziellen Verkehrssystem angesiedelt sein. Ferner ergeben sich besondere Verteilungen nach Geschlecht und Alter, eine relative Konstanz von Heirat, Geburt und Tod, es gibt auch regelmässige interne Wanderungen eines besonderen Umfangs" (2).

Hier sollen die verschiedenen Disziplinen, die sich mit Aspekten der Morphologie von Gesellschaften befassen, knapp dargestellt und auf ihr jeweiliges Erkenntnisinteresse befragt werden. Dabei halte ich mich an die Abgrenzungsmerkmale für jede Disziplin, wie sie in der Literatur der betreffenden Fächer zu finden sind. An Fragestellungen und Methoden soll dabei fruchtbar gemacht werden, was in diesem kurzen Abriss für die Analyse morphologischer Strukturen zu gewinnen ist. Es soll andererseits aber

---

1 <u>R. König</u>: Soziale Morphologie, in: Soziologie, hrsg. von R. König, Frankfurt 1958, S. 257 ff.

2 ebda., S. 257 f.

auch auf die wesentlichen Divergenzen zwischen diesen Ansätzen
aufmerksam gemacht werden, damit der Stellenwert der Sozialökologie möglichst deutlich sichtbar wird. Der Vergleich wird sich
zweier einfacher Kategorien bedienen: Gegenstand und Grundprobleme
der behandelten Disziplinen. Im Hintergrund steht dabei die
Vermutung, dass nur ein theoretisch befriedigender analytischer
Bezugsrahmen es erlaubt, den für die Stadtplanung relevanten
Datenraum zu definieren und zu beschreiben.

Demographie

Die Bezeichnung "Demographie" wird hier nicht in ihrem engeren
Sinn verwendet, nach dem sie gleichzusetzen wäre mit Bevölkerungs-
statistik, sondern in einem weiteren Sinn, der Bevölkerungs-
statistik und Bevölkerungslehre umgreift - also synonym zu
Bevölkerungswissenschaft. Der Sprachgebrauch in der Literatur
ist nicht einheitlich, ebensowenig einheitlich werden dort
Gegenstand und Grundprobleme umschrieben, oftmals sind beide
Kategorien gar nicht auseinandergehalten (3).

Gegenstand der Demographie ist offenbar die Bevölkerung, d.h.
"die Gesamtheit der Personen innerhalb eines bestimmten (regional
abgegrenzten) Bereichs" (4). Der Begriff hat damit zunächst
nichts zu tun mit dem soziologischen Terminus der sozialen
Struktur, er bezeichnet ein blosses Aggregat von menschlichen
Individuen innerhalb bestimmter räumlicher Grenzen. Dies freilich kann man verstehen als die sichtbare und beschreibbare
"Aussenseite" sozialer Strukturen (5), von der her diese sich
erschliessen lassen.

Die verschiedenen Erkenntnisinteressen, mit denen der Demograph
an seinen Gegenstand herantritt, führen zu den Grundproblemen
dieser Disziplin. Die Beschreibung von Zahl, Art und Zusammen-

---

3 So z.B. bei K.M. Bolte: Bevölkerungssoziologie und soziologische Bevölkerungslehre, in: Wörterbuch der Soziologie, hrsg.
von W. Bernsdorff, 2. Aufl., Stuttgart 1969, S. 115

4 ebda.

5 R. König: Soziale Morphologie, a.a.O., S. 258

setzung einer Bevölkerung nach verschiedenen Merkmalen samt ihrer Veränderungen wird von einem deskriptiven Erkenntnisinteresse her vorgenommen. Hier handelt es sich, da in weitem Umfang mit Hilfe statistischer Methoden und mathematischer Modelle operiert wird, um den engeren Zweig der Bevölkerungsstatistik. Ein analytisches Erkenntnisinteresse dominiert, wenn nach den Zusammenhängen zwischen verschiedenen demostatistischen Merkmalen gefragt wird. Allein daraus lassen sich aber, wie <u>Gerhard Mackenroth</u> konzediert (6), keine Kausalbeziehungen ableiten. Dazu bedarf es der explikativ interessierten Bevölkerungslehre, die sich darum bemüht, Beziehungen zwischen demostatistischen Merkmalen und Merkmalsbündeln anderer Wissenschaften – Biologie, Oekonomie, Soziologie, Psychologie etc. – herauszuarbeiten. Davon lässt sich schliesslich noch ein komparatives Erkenntnisinteresse unterscheiden, aus dem heraus die Gemeinsamkeiten und Unterschiede zwischen kulturell verschiedenen Bevölkerungen (interkulturell vergleichend) und/oder zwischen Bevölkerungen desselben Raumes in verschiedenen historischen Epochen (intertempörär vergleichend) untersucht werden. Tatsächlich handelt es sich hier um eine nurmehr analytische Unterscheidung, die sich bei keinem der konsultierten Autoren auf diese Weise findet.

Demographische Daten wurden zunächst von staatlichen Verwaltungen benötigt; nicht zufällig entwickelte sich die "politische Arithmetik", der Vorläufer der heutigen Demographie, im Zeitalter des Absolutismus. "Die ersten empirischen Untersuchungen demographischer Daten gehen andererseits auf die Merkantilisten und Kameralisten des 17. Jahrhunderts zurück" (7), und auch heute noch dominiert die administrative Bevölkerungsstatistik weite Bereiche der Demographie. Den Problemen, die sich daraus für die wissenschaftliche Verarbeitung solcher Daten ergeben, versucht man, durch den intensiven Ausbau des methodischen Instrumentariums zu begegnen. Allerdings sind in letzter Zeit auch demographische

---

6 <u>G. Mackenroth</u>: Bevölkerungslehre, Berlin etc. 1953, S. 453

7 <u>K.B. Mayer</u>: Bevölkerungslehre und Demographie, in: Handbuch der empirischen Sozialforschung, hrsg. von R. König, Bd. 1, Stuttgart 1967, S. 454

Untersuchungen von wissenschaftlichen Fragestellungen aus
durchgeführt worden; Mayer führt eine Reihe solcher Studien
in dem bereits zitierten Handbuchartikel an.

Das Verhältnis der Demographie zur Soziologie wird nicht einheitlich beurteilt - darin spiegeln sich offenbar verschiedene Wissenschaftstraditionen. Philip M. Hauser (8) stellt zwar fest, dass der überwiegende Teil der amerikanischen Demographen eine soziologische Grundausbildung genossen hat, dass rund drei Fünftel der Population Association of America und etwa die Hälfte der Mitglieder der International Union for the Scientific Study of Population Soziologen sind, und dass weiter Kurse in Demographie vornehmlich an den soziologischen Abteilungen amerikanischer Universitäten angeboten werden. Er kommt aber zum Schluss, es handle sich dabei eher um eine "housekeeping convenience" als um eine fundamentale theoretische, substantielle oder methodologische Einheit. Seiner Auffassung nach gibt es keinen Grund, warum Demographie enger mit Soziologie als mit Oekonomie, Psychologie oder Geschichte zusammenhängen sollte. Die enge institutionelle Verbindung beider Fächer sei eher Ausdruck eines historischen Zufalls als einer besonderen Affinität.

Anders argumentiert Alain Girard, für den die Beziehung zwischen Soziologie und Demographie keineswegs aus einem historischen Zufall resultiert (9). Die enge Verbindung beider Disziplinen beruhe vielmehr auf zwei Voraussetzungen: 1. einer ziemlich weit fortgeschrittenen Verwaltungstätigkeit, die erst das genaue und regelmässige Erfassen demostatistischen Materials ermögliche - zusammen mit der Entwicklung der Mathematik und insbesondere der Wahrscheinlichkeitstheorie; und 2. der kritischen Arbeit der Philosophie des 18. Jahrhunderts, die die Vorstellungen von der sozialen und politischen Organisation reformiert habe. Demographie und Soziologie seien enstanden aus dem Zusammentreffen des Bedürfnisses, soziale Phänomene besser kennen und

---

8 P.M. Hauser: Demography in Relation to Sociology, AJS 65. Jg. (1959) S. 169-173

9 A. Girard: Démographie sociale, in: Traité de sociologie, hrsg. von G. Gurvitch, Paris 1958, S. 275 ff.

verstehen zu lernen, mit dem Gefühl, es gebe für den Menschen
eine Möglichkeit, auf die Gesellschaft einzuwirken, sie zu ändern
oder gar radikal zu transformieren. Aehnlich wie Mackenroth ist
auch Girard der Meinung, demographische Faktoren seien nicht unabhängig von sozialen und kulturellen, die sie weitgehend determinierten, adäquat erfassbar. Insbesondere gelte dies für die
interkulturell vergleichende Demographie, aber auch die klassenspezifische Variation von Natalität, Mortalität und Migration
könne nicht übersehen werden (Girard spricht z.B. von "sozialer
Mortalität").

Die Demographie arbeitet also nicht mit Gruppen oder anderen
Formen sozialer Organisation, sondern mit Aggregaten von Menschen,
die sie in statistischen Werten zusammenfasst unabhängig davon,
ob sich darin relevante Kategorien für die Erfahrung der Menschen
spiegeln. Der Raumbezug ist für sie nicht konstitutiv, räumliche
Grenzen - und nur dieser Aspekt von Raum - werden allenfalls
über die Abgrenzung der Analyseeinheiten als Randbedingung eingeführt, Raum resp. Umwelt ist aber weder abhängige noch unabhängige Variable. Demographische Daten und Methoden sind also
für die Untersuchung sozialmorphologischer Strukturen unerlässlich, und die Demographie gehört ohne Zweifel zum Kreis der
sozialmorphologischen Disziplinen. Ihr Gegenstand und ihre
Grundprobleme lassen sich aber gegen die der Sozialökologie
nicht einfach auswechseln.

Sozialgeographie

Um einiges schwerer fällt der Versuch, in ähnlicher Weise Gegenstand und Grundprobleme der Sozialgeographie aus der Literatur
zu bestimmen - darüber scheint zwischen den Autoren des Faches
keineswegs Einmütigkeit zu bestehen. Von der Richtung, die Fred
K. Schaefer (1o) als den "Exzeptionalismus in der Geographie"
kritisiert, wird die Geographie als die integrierende Wissenschaft überhaupt angesehen, deren Gegenstand gar nicht sinnvoll
definiert werden könne, weil sie eben auf eine "Totalität" ge-

---

1o F.K. Schaefer: Exzeptionalismus in der Geographie, in: Wirtschafts- und Sozialgeographie, hrsg. von D. Bartels, Köln,
    Berlin 197o, S. 51 ff.

richtet sei (11). Nach Schaefer spielen demgegenüber nur räumliche Beziehungen für die Geographie eine Rolle: "Nichträumliche Beziehungen, die sich unter den Phänomenen eines Gebietes finden, sind Untersuchungsgegenstand anderer Spezialisten wie der Geologen, Anthropologen und Oekonomen" (12).

Die Frage nach dem Gegenstand der Sozialgeographie ist in verschiedenen Entwicklungsphasen sehr unterschiedlich beantwortet worden. Der Begründer der Anthropogeographie, Friedrich Ratzel (13), stellte die Frage nach der Umweltdeterminiertheit des Menschen in den Vordergrund. Es ist freilich umstritten, wie weit hier tatsächlich ein geographischer Determinismus angelegt war (14). Demgegenüber vertrat P. Vidal de la Blache, einer der Väter der französischen Sozialgeographie, einen geographischen "Possibilismus": geographischer Raum bedeutet ihm ein System von Handlungsvoraussetzungen, unter denen die sozialen Gruppen je nach dem Stand ihrer Kultur und ihren spezifischen Wertvorstellungen auswählten (15). Die ideographische Phase der Geographie vernachlässigte, darin dem Historismus in der Nationalökonomie ähnlich, die Theoriebildung weitgehend. Hier steht die spezifische Individualität von Regionen im Zentrums des Interesses.

Die Unzufriedenheit mit der ideographischen Methode stand an der Wiege der "quantitativen Revolution", die Ian Burton (16) zwischen 1957 und 1960 ansetzt. Die Verwendung statistischer Methoden und wahrscheinlichkeitstheoretischer Ueberlegungen,

---

11 G. Hard: Was ist eine Landschaft? in: Wirtschafts- und Sozialgeographie, a.a.O., S. 66-84

12 F.K. Schaefer: Exzeptionalismus in der Geographie, a.a.O., S. 52

13 vgl. auch S. 26, Graphik 3

14 vgl. etwa E. Winkler: Sozialgeographie, in: Handwörterbuch der Sozialwissenschaften, Stuttgart etc. 1959, S. 435 f. und D. Bartels: Einleitung, in: Wirtschafts- und Sozialgeographie, a.a.O., S. 25

15 E. Pfeil: Grosstadtforschung, 2. Aufl., Hannover 1972, S. 87

16 I. Burton: Quantitative Revolution und theoretische Geographie, in: Wirtschafts- und Sozialgeographie, a.a.O., S. 95 ff.

später die Beschäftigung mit allgemeiner Systemtheorie (17) ermöglichten eine neue Auffassung von Geographie – ohne freilich bisher zu einem allgemeinen Konsens hinsichtlich Gegenstand und Grundproblemen geführt zu haben.

"Wortgemäss ist Sozialgeographie (...) die Lehre von den Beziehungen zwischen der Soziologie bzw. deren Erkenntnisgegenstand: der Gesellschaft oder dem 'Zwischenmenschlichen', und der Geographie bzw. deren Objekt: der Landschaft oder der Erdhülle im Sinne eines Komplexes oder Gefüges von Landschaften (...)" (18). Insoweit, als Sozialgeographie irgendeinen Gegenstandsbereich zwischen Soziologie und Geographie behandelt, oder mit anderen Worten: Beziehungen zwischen sozialen Gruppen und ihrer physischen Umwelt, sind sich alle von mir konsultierten Autoren einig. Art und Grad dieser Verbindung wird aber sehr unterschiedlich gesehen. Winkler unterscheidet eine "die Landschaft ins Zentrum stellende und daher mehr in den Raum der Geographie zu rechnende Optik", die Sozialgeographie im engeren Sinne, von einer mehr die Gesellschaft ins Blickzentrum rückenden und demzufolge mehr ins System der Sozialwissenschaften gehörige Optik, geographische Soziologie oder Geosoziologie (19). Steinberg und Schaffer (2o) schliessen hier mehr an Wolfgang Hartke an, der davon spricht, dass "sich ständig wiederholende Prozesse der Bewertung von Geofaktoren" die Arbeitsprozesse der Menschen motivieren und regional begrenzen (21). Ihre Formulierungen lassen freilich eher darauf schliessen, dass hier eine neue, geographisch orientierte Soziologie entwickelt werden soll: "Objekt der Sozialgeographie ist jedoch nicht in erster Linie die Landschaft (...), sondern es sind die Sozialgruppen bzw. die Gesellschaften in ihrer räumlichen Aktivität, mit ihren Verhaltensweisen und den

---

17 D.R. Stoddart: Die Geographie und der ökologische Ansatz, in: Wirtschafts- und Sozialgeographie, a.a.O., S. 121

18 E. Winkler: Sozialgeographie, a.a.O., S. 435

19 ebda., S. 436

2o H.G. Steinberg: Methoden der Sozialgeographie und ihre Bedeutung für die Regionalplanung, Köln 1967; F. Schaffer: Zur Konzeption der Sozialgeographie, in: Wirtschafts- und Sozialgeographie, a.a.O., S. 451-455

21 W. Hartke: Gedanken über die Bestimmung von Räumen gleichen sozialgeographischen Verhaltens, in: Wirtschafts- und Sozialgeographie, a.a.O., S. 126-129

von ihnen ausgehenden raumbildenden Prozessen (22), und: "Für die Sozialgeographie ist besonders eine Gruppierung interessant, nämlich die nach der einheitlichen Lebensform. H. Bobek nennt sie Lebensformgruppen, die 'sowohl von landschaftlichen als auch von sozialen Kräften gleichzeitig geprägt erscheinen und die ihrerseits durch ihr 'Funktionieren' sowohl in den natürlichen (Landschaft) als auch in den sozialen Raum (Gesellschaft) hineinwirken. Solche sozial und landschaftlich geprägten Lebensgruppen setzen die Gesellschaft zusammen'. Auf diese verschiedenen Gruppen, die Teile von übergeordneten 'Sozialkomplexen' sind, richtet sich das Hauptinteresse der Sozialgeographie" (23). P.L. Wagner (24) schränkt den Bereich der "sozialen Tatsachen, die für die Geographie allgemein von hauptsächlichem Interesse sind", ein; zu ihnen "gehören die Verteilung und Dichte der menschlichen Bevölkerung auf der Welt und in einzelnen Regionen; Wanderungen; die Verteilung, die Gruppierung und die funktionalen Beziehungen zwischen Siedlungen aller Art; die ethnische Zusammensetzung der Völker und Gesellschaften; die Formen des Landbesitzes und der Landnutzung und selbstverständlich die Arbeitsorganisation, besonders auf dem Lande."

Klarer als die bisher zitierten Autoren ist Pierre George, einer der Altmeister der französischen Sozialgeographie – er verwendet übrigens die Begriffe "sociologie géographique" und "géographie sociologique" als Synonyma. Er spricht von der "Anwendung der geographischen Methode auf soziale Gegebenheiten" und unterscheidet in der Sozialgeographie zwei Phasen: in der ersten wird aus allen sozialen Gegebenheiten, die man in einem bestimmten Gebiet beobachten kann, ein Inventar zusammengetragen, ein Inventar, das man sich etwa als "deskriptives Lexikon" vorstellen könne. In der zweiten Phase werden daraus fachspezifische, d.h.

---

22 F. Schaffer: Zur Konzeption der Sozialgeographie, a.a.O., S. 454
23 H.G. Steinberg, op. cit., S. 15
24 P.L. Wagner: Sozialgeographie, in: Wörterbuch der Soziologie, a.a.O., S. 1o23 f.

für Sozialgeographie und Soziologie verschiedene, Schlussfolgerungen gezogen (25). Sozialgeographie wird damit eingeschränkt auf die Deskription der räumlichen Verteilung sozialer Merkmale.

Wenn man, um zu grösserer Klarheit zu kommen, sich auf die konzeptuellen Arbeiten verschiedener Sozialgeographen bezieht (26), wird eines deutlich: Sozialgeographie befasst sich in erster Linie mit der Gestalt und Struktur von Teilen der Erdoberfläche, mit der räumlichen Verteilung gewisser sozialer Merkmale und mit der raumgestaltenden Tätigkeit sozialer Gruppen, resp. genauer: mit deren Auswirkungen. Erkenntnisobjekt ist also der physische Raum, seine Gestalt und regionale Differenzierung sind zu erklären, sind abhängige Variable. Als unabhängige Variable verwendet die Sozialgeographie soziales Handeln einschliesslich seiner formal institutionalisierten Formen. Explikativ ist das Erkenntnisinteresse, wenn nach der raumgestaltenden Aktivität sozialer Gruppen gefragt wird, und ebenso wie bei der Demographie kann man davon ein komparatives Erkenntnisinteresse unterscheiden, das die Veränderung der Raumgestalt im Zeitablauf oder ihre Variation in verschiedenen geographischen Grossräumen untersucht. Obwohl sozialmorphologische und sozialgeographische Untersuchungen sich vor allem im deskriptiven Bereich stark gleichen (27) und die Sozialgeographie als eine morphologische Disziplin anzusprechen ist, kann Gegenstand der sozialen Morphologie doch nicht der physische Raum sein. Die beiden Ansätze sind aus dieser Sicht logisch inkompatibel und lassen sich nicht ineinander überführen oder gar durcheinander ersetzen.

---

25 P. George: Sociologie géographique, in: Traité de sociologie, a.a.O., S. 255

26 Herangezogen wurden dafür R.E. Dickinson, Harris und Ullman, W. Christaller und G. Glauert

27 H.H. Barrows: Geography as Human Ecology, Annals of the Association of American Geographers 13. Jg. (1922) und neuerdings wieder B.T. Robson: Urban Analysis, Cambridge 1971 wollen die Sozialökologie auf Sozialgeographie eingeschränkt sehen

Soziographie

Die Soziographie entwickelte sich aus der in den Niederlanden traditionell engen Verbindung von Geographie, Völkerkunde und Soziologie. S.R. Steinmetz, der Begriff und Ansatz entwickelt hat, hatte als Ethnologe den Amsterdamer Lehrstuhl für Geographie inne (28). In Holland hat sich die Soziographie "als angewandte Wissenschaft entwickelt und ist am stärksten von der sozialen Problematik der Zeit geprägt; sie widmete und widmet sich daher bestimmten praktischen Fragen" (29). Oekonomische und raumplanerische Elemente standen zu Beginn deutlich im Vordergrund, und erst in neuerer Zeit gewinnen soziologische Kategorien einen ähnlichen Stellenwert.

In Deutschland wurde die Soziographie demgegenüber viel mehr als empirisch-deskriptive Sozialforschung interpretiert (3o), und dieser Inhalt wird ihr auch heute noch vielfach gegeben. Rudolf Heberle verwendet die Begriffe Soziographie und empirische Soziologie synonym (31), eine Interpretation, die in der Steinmetz'schen Definition ebenfalls angelegt ist. Freilich will Heberle - ebenso wie andere Autoren, die unter dem Stichwort 'Soziographie' anzutreffen sind - "weder auf kausale noch auf teleologische Erklärungen verzichten" (32). Die Appelle, die nach einer intensiveren Verbindung zwischen Soziographie und theoretischer Soziologie rufen, sind häufig, scheinen aber vorwiegend deklamatorischen Charakter zu haben. Eine eigene soziographische Theorie existiert nicht und kann nach der Meinung von H.D. de Vries Reilingh auch nicht existieren: Soziographie gehört zu den individualisierenden, ideographischen

---

28 R. König: Soziale Morphologie, a.a.O., S. 261 f.

29 Sj. Groenman und F. Vollema: Die Gemeindeforschung in den Niederlanden, Soziale Welt 5. Jg. (1954) S. 1o3

3o R. König, a.a.O., verweist auf die Verhandlungen des 5. und des 7. Deutschen Soziologentages (1926 resp. 193o)

31 R. Heberle: Soziographie, in: Handwörterbuch der Soziologie, hrsg. von A. Vierkandt, Stuttgart 1931, S. 564

32 ebda., S. 565

Wissenschaften (33), "ihr Gegenstand ist nicht das soziale Leben schlechthin, sondern das gegenwärtige soziale Leben konkreter, wirklich zusammenlebender (also nicht nur gedachter) Gruppen" (34). Der Bezug zur soziologischen Theorie soll dadurch hergestellt werden, dass die Soziographie sich "der von der Reinen (sic!) Soziologie gebildeten Begriffe" bedient, dass die Auswahl der Untersuchungsobjekte und die Fragestellungen aus Theoremen der soziologischen Theorie bestimmt werden, und dass die Reine Soziologie ihre Hypothesen durch soziographische Forschungsergebnisse einer Prüfung unterziehen kann (35).

Tatsächlich hat "die von Steinmetz immer stark betonte Induktion bisher im Vordergrund gestanden" und sich "öfters auf ein blosses Ansammeln von Tatsachen beschränkt" (36). Das gilt offenbar auch für die deutsche Interpretation der Soziographie seit Tönnies (37). Elisabeth Pfeil weist nach, dass sich die niederländische Soziographie erst seit 1958 auch mit stadtsoziologischer Theorie beschäftige und damit "Masstäbe zur Deutung des angehäuften Materials" gewinne (38). In seiner "Theoretischen Grundlegung" der Soziographie - die sich freilich weniger um Theorie als um den Nachweis der Unentbehrlichkeit soziographischer Untersuchungen für die Stadtplanung bemüht, in den Grundzügen wenig systematische Information bietet und in den Details sehr unsorgfältig ausgearbeitet ist - stellt Jul Diederich fest, dass "nach 1933 in der neueren deutschen Soziologie kaum eine gerichtete Fortsetzung (der Arbeiten von Tönnies und v. Wiese, B.H.) und entsprechende erforderliche Vertiefung festzustellen" sei (39).

Peter Gleichmann hat darauf hingewiesen (4o), und F. Jonas bestätigt diese Tendenz allgemein, dass die kritische theoretische Durchdringung soziographischer Materialien wohl nicht

---

33 Soziographie, in: Handbuch der empirischen Sozialforschung, a.a.O., S. 524

34 R. Heberle, op.cit., S. 564

35 ebda., S. 568

36 H.D. de Vries Reilingh, op.cit., S. 526

37 K. Utermann: Soziographie, in: Wörterbuch der Soziologie, a.a.O., S. 1o63

38 E. Pfeil: Grosstadtforschung, a.a.O., S. 92

39 J. Diederich: Soziographie und Städtebau, Berlin, New York 1971, S. XV

zuletzt durch die nationalsozialistische Machtergreifung und die
damit zusammenhängende Behinderung der Forschungsarbeiten verunmöglicht wurde, und zwar in den Niederlanden ebenso wie in Deutschland; an deren Stelle sei vielmehr eine Flucht in die Deskription
getreten. Groenman und Vollema bestätigen dies indirekt: "Die
Aufgaben der Soziographen waren aber anfangs weitgehend gebunden
an die Apparatur und Zielsetzung der Institutionen, die sich mit
dieser Problematik (gemeint sind Bevölkerungsfrage und Industrialisierung, B.H.) seit langem abzufinden bestrebten, das heisst
also, ehe die echten sozialen Aspekte als wichtig erkannt wurden"
(41). In der Soziographie konnte sich also ein explikatives Erkenntnisinteresse, aber auch das komparative, kaum entwickeln.
Es ist also auch nicht angezeigt, soziale Morphologie etwa durch
Soziographie zu substituieren; hier hat R. König offenbar das
Entwicklungspotential der Soziographie überschätzt (42) – es
ist auch nicht einzusehen, was man selbst bei einer theoretisch
weiterentwickelten Soziographie gegenüber der empirischen
Sozialforschung oder der Sozialökologie gewinnen könnte.

Städtestatistik

Die Städte- oder Kommunalstatistik ist ein Zweig sozialmorphologischer Forschung, der vor allem in Deutschland eine lange
und reiche Tradition besitzt. Bereits in den sechziger Jahren
des vergangenen Jahrhunderts wurden in den grösseren deutschen
Städten kommunalstatistische Aemter eingerichtet. Rudolf Gunzert
(43) weist darauf hin, dass dort eine grosse Zahl stadtsoziologischer und stadtökonomischer Studien von hoher Qualität durchgeführt worden sei, die auch heute noch einiges Interesse be-

---

4o in einem Diskussionsvotum an der Arbeitstagung der Sektion
    Stadt- und Regionalsoziologie der Deutschen Gesellschaft für
    Soziologie im Juni 1973, Protokollnotiz

41 F. Jonas: Geschichte der Soziologie, Bd. 4, Reinbeck 1969, S. 85;
    Sj. Groenman und F. Vollema, op.cit., S. 1o3

42 R. König: Soziale Morphologie, a.a.O., S. 261

43 Kommunalstatistik, Stadtforschung und Stadtentwicklungsplanung,
    Der Städtetag (1963) S. 63-68

anspruchen dürften; darüber hinaus seien diese Aemter wahre Fundgruben für kommunalwissenschaftliches Grundlagenmaterial, die bei weitem noch nicht ausgeschöpft seien. Tatsächlich finden sich in der deutschen siedlungssoziologischen Literatur nur relativ selten Verweise auf die Städtestatistik.

Erst mit dem Wiederaufbau der deutschen Städte nach dem Zweiten Weltkrieg wurden dann von der Stadtplanung her neue Anforderungen an die Städtestatistik gestellt. Heute stehen im Vorgrund die Probleme, die die kleinräumige Aufgliederung der Daten, die Wirtschafts-, Finanz-, Verkehrs- und Wanderungsstatistik sowie die Prognosemöglichkeiten aufgeben (44), die Entwicklung von Dateien und integrierten Datenbanken sowie der Bau von Simulationsmodellen für die Stadtentwicklungsplanung (45), auf deren Bedürfnisse sich die Städtestatistik immer stärker ausrichtet.

Im wesentlichen wird also hier Auftragsstatistik betrieben, deren Aufgaben von Seiten der Kommunalverwaltungen formuliert werden. Deren Bedürfnisse orientieren sich natürlich an aktuellen oder periodisch zu lösenden Problemen, nicht an theoretischen Konstruktionen (46). Ein mehr wissenschaftlich-systematischer Hintergrund wird dort sichtbar, wo kommunalstatistische Aemter in "Aemter für Stadtforschung und Statistik" umgestaltet werden, wie dies in grösseren Städten immer häufiger geschieht (47). Städtestatistik ist daher auch als Instrument der Analyse, nicht als theoretischer Ansatz zu begreifen. Solche Ansätze müssen vielmehr von anderen Disziplinen bezogen werden.

---

44 O. Boustedt: Stadtforschung und Statistik, Der Städtetag (1964) S. 311-314; DATUM: Daten für die städtebauliche Planung, Bad Godesberg 1970; Social Statistics and the City, hrsg. von D.M. Heer, Cambridge 1968

45 Informationsverarbeitung in Planung und Verwaltung - Urban Data Management, Bad Godesberg 1971; E. Dheus: Beiträge der Statistik zur Stadtentwicklungsplanung, Archiv für Kommunalwissenschaften 13. Jg. (1974) S. 47-62; vgl. auch die neue Zeitschrift Computers and Urban Society, New York etc., seit Januar 1975

46 L. Fischer: Die Stadt und ihre Statistiker, Der Städtetag (1954) S. 364-366

47 O. Boustedt, op.cit. Inzwischen sind auch spezialisierte Forschungsinstitute, die aus öffentlichen Geldern finanziert werden, eingerichtet worden, etwa das Deutsche Institut für Urbanistik, Berlin, oder das Institut Wohnen und Umwelt in Darmstadt

Morphologie sociale

Der Denkansatz der Morphologie sociale – ich verwende hier den
französischen Begriff, um diese in Frankreich entstandene Schule
zu unterscheiden von R. König's Sammelbegriff "Soziale Morphologie – ist der deutschen Siedlungssoziologie kaum vertraut (48).
Deswegen scheint es gerechtfertigt, diesen Ansatz hier etwas aus-
führlicher darzustellen, zumal er in enger Beziehung zur Sozialökologie steht (49). Er soll daher zunächst in der französischen
sozialwissenschaftlichen Tradition lokalisiert werden.

Um die Jahrhundertwende war Frankreich, wie E. Pfeil meint,
führend in Disziplinen wie Sozialgeographie, Grosstadtstatistik
und Sozialgeschichte (5o); schon die vorangehenden Abschnitte
haben gezeigt, dass die Trennung der einzelnen sozialwissenschaftlichen Fachrichtungen in diesem Land nie so weit fortge-
schritten war wie beispielsweise im deutschsprachigen Raum. Die
Synthese dieser Einzeldisziplinen, darin eingeschlossen die Ethno-
logie, unter soziologischer Perspektive ist das Verdienst von E.
Durkheim, M. Mauss und M. Halbwachs (51), den Begründern der
Morphologie sociale. Seither stehen viele empirische Arbeiten
in dieser Tradition; ihre Theorie dagegen ist, nach wenigen
Hinweisen auf ihren Inhalt bei E. Durkheim (52), in einem einzigen Buch von Maurice Halbwachs, das 1938 zuerst erschien,
entwickelt worden (53). Seine Darlegung, auch wenn sie heute
in manchem nicht mehr ganz zu befriedigen vermag, ist bisher
nicht übertroffen worden.

---

48 R. König kann hier als die wichtigste Ausnahme genannt werden
49 vgl. S. 25 f.
5o Grosstadtforschung, a.a.O., S. 87
51 P.H. Chombart de Lauwe: La sociologie urbaine en France,
    Current Sociology 4. Jg. (1955) S. 9-14
52 Morphologie sociale, Année sociologique 2. Jg. (1897/98) S. 52o f.;
    ders.: La sociologia ed il suo dominio scientifico, Revista
    italiana di sociologia 4. Jg. (19oo) S. 127-148
53 Morphologie sociale, Paris 1938. Im folgenden wird aus der
    amerikanischen Ausgabe zitiert: Population and Society, Glencoe
    196o, die von O.D. Duncan und H.W. Pfautz besorgt und mit
    einer vorzüglichen Einleitung zu Inhalt und Geschichte des
    Ansatzes sowie zu seinen Parallelen in der Sozialökologie
    versehen wurde

"Das soziale Leben ruht auf einem Substrat, das in Grösse und Form bestimmt ist. Es wird gebildet durch die Menge der Individuen, die zusammen die Gesellschaft ausmachen, durch die Art, wie sie über den Boden verteilt sind, durch die Natur und die Konfiguration aller möglichen Dinge, die die kollektiven Beziehungen beeinflussen. Je nach dem, ob die Bevölkerung mehr oder weniger gross, mehr oder weniger dicht, auf Städte konzentriert oder über das Land verstreut lebt, je nach dem, wie ihre Häuser gebaut sind und ihre Städte, je nach dem, ob der Raum, den eine Gesellschaft belegt, mehr oder weniger ausgedehnt ist, je nach der Art seiner Grenzen etc. wird dieses soziale Substrat sich anders darstellen. Die Bildung dieses Substrates wirkt auf alle sozialen Phänomene ein. (...) Wir schlagen vor, diese Wissenschaft als Morphologie sociale zu bezeichnen" (54).

Von ihrem theoretischen Ansatz her ist die Morphologie sociale vergleichend (55). Dabei bedient sie sich sowohl des interkulturellen Vergleichs – man denke etwa an die berühmte Arbeit von M. Mauss und H. Beuchat über die Eskimogesellschaft (56) – als auch der historischen Längsschnittuntersuchung – als Beispiele können hier etwa Arbeiten von L. Fèbvre oder L. Chevalier (57) dienen. L.F. Schnore meint, man könne die Bildung zweier Schwerpunkte beobachten: die Analyse städtischer Ballungsräume und die Untersuchung der Beziehungen zwischen Mensch und Umwelt (58).

R. König betont, dass die Konfigurationen des materiellen Substrats nicht mit der Struktur einer Gesellschaft verwechselt werden dürfen:

---

54 E. Durkheim: Morphologie sociale, a.a.O. (Uebers. B.H.)
55 L.F. Schnore: Soziale Morphologie, in: Wörterbuch der Soziologie, a.a.O., S. 977
56 Essais sur les variations saisonnières des sociétés eskimos: étude de morphologie sociale, Année sociologique 9. Jg. (1904/1905) S. 39-132
57 L. Fèbvre: La terre et l'évolution humaine, Paris 1922; L. Chevalier: Données statistiques sur la population et les logements de la ville de Paris, Paris 1955
58 L.F. Schnore, op.cit., S. 977

"Weit davon entfernt also, diese Struktur selbst auszumachen, ist das materielle Substrat einer Gesellschaft nur die Unterlage, an der ganz andere Kräfte sich auswirken, die in diesem materiellen Substrat gar nicht unmittelbar gegeben sind" (59). Verhaltenserwartungen, Vorstellungen und Werte sind aus dem materiellen Substrat nicht abzulesen, allerdings von ihm auch nicht unabhängig; sie "führen in eine andere Dimension des sozialen Systems (König verweist hier auf die Artikel Mentalität und Ideologie im selben Band, B.H.) weiter, die ihrerseits das unmittelbare materielle Verhalten sowie die Anpassung an die gegebene Umwelt bestimmt, indem sie etwa die Umwelt selber umgestaltet" (6o).

M. Halbwachs ist dieses Problem voll bewusst: "Schliesslich scheint die Morphologie der Bevölkerung auf den ersten Blick gar nicht zum Bereich der kollektiven Psychologie zu gehören; nichtsdestoweniger aber bildet sie einen Teil der Soziologie. Die physische Verteilung und Masse einer Gruppe, die Zahl und die Konzentration der Einwohner einer Stadt, Wanderungsbewegungen, die Ereignisse Geburt und Tod – sind das nicht alles physische und organische Tatsachen? Sollen wir menschliche Gruppen nicht auch in ihren rein materiellen Aspekten betrachten, in ihrer Beziehung zum Boden und zu geographischer Verteilung, in ihren Lebensgewohnheiten, die den Gesetzen von Geburt und Tod unterworfen sind? Man fühlt freilich, dass dies nur eine oberflächliche Sicht wäre. Bevölkerungen sind nicht leblose Massen, die physikalischen Gesetzen ebenso passiv gehorchen wie Sandkörner oder auch noch wie Tiere in der Herde. Man hat vielmehr den Eindruck, als ob alle diese Phänomene sich ihrer Verteilung, ihrer Masse und Form, ihrer Bewegungen, ihres Wachstums und Niedergangs etc. bewusst geworden seien" (61). Und an anderer Stelle: "Es ist, als ob eine Gesellschaft sich ihrer Materialität und ihrer Verortung im Raum bewusst würde, und ihre Organisation anpasste an die Möglichkeiten, die sie entdeckt. Soziale Morphologie setzt an der Aussenseite an. Aber dies ist effektiv nicht mehr als ein Ausgangspunkt. Diesem Weg folgend, dringt man bis ins Herz der sozialen Wirklichkeit vor" (62).

---

59 R. König: Soziale Morphologie, a.a.O., S. 258

6o ebda., S. 259

61 M. Halbwachs: Individual Consciousness and Collective Mind, AJS 44. Jg. (1939) S. 812-822, S. 821 (Uebers. B.H.)

Die "kollektive Psychologie", von der Halbwachs spricht, meint –
darauf weisen auch Duncan und Pfautz hin – Bereiche, die die
amerikanische Soziologie unter Begriffen wie "collective behavior" und "nonmaterial culture" behandelt: kollektive, d.h.
soziale definierte Sinngebung, das Selbstverständnis einer Gesellschaft, ihre Ideologien, Wertsysteme, Kosmologien, Glaubens-
grundsätze und Menschenbilder, die sich nur komparativ erhellen
lassen. Morphologie sociale erschliesst diese Phänomene von ihrer
"Aussenseite" her, wie König sagt, freilich nicht in der Meinung,
sie seinen durch das materielle Substrat sozialer Erscheinungen
determiniert. "Wir müssen uns also darüber klar sein, dass ein
charakteristisches Merkmal sozialer Repräsentationen und Tendenzen
darin besteht, dass sie sich in materiellen Formen von oftmals
symbolischer und sinnbildlicher Natur ausdrücken und manifes-
tieren. Alle diese Phänomene erscheinen, als ob das Gruppen-
gefühl nicht entstehen, überdauern und sich seiner selbst bewusst werden könnte, ohne dadurch bestimmte sinnlich wahrnehmbare Formen im Raum zu prägen. Deswegen müssen wir die materiellen Manifestationen und Ausdrucksformen studieren, sie in all
ihren Eigentümlichkeiten analysieren, sie aufeinander beziehen
und ihren Verbindungen nachspüren" (63).

Die Aehnlichkeiten zwischen Morphologie sociale und Sozialökologie sind augenfällig, Gegenstand und Grundprobleme ergänzen
einander. Wenn man schon eine Unterscheidung versuchen will,
dann wohl die: Die "Subsistenzorganisation" als der Kernbegriff
der Sozialökologie gibt die inhaltliche Richtung, den theoretischen Hintergrund frei, während das Konzept des "materiellen
Substrats" eher das methodische Prinzip hervorhebt. Ebensowenig
wie die Sozialökologie ist die Morphologie sociale fixiert auf
die Analyse von Stadtstrukturen, auch wenn hier zweifellos ihr
wichtigster Schwerpunkt liegt (64).

---

62 M. Halbwachs: Population and Society, a.a.O., S. 37 (Uebers. B.H.)
63 M. Halbwachs: Individual Consciousness and Collective Mind,
   a.a.O., S. 821 f. (Uebers. B.H.)
64 Vgl. dazu etwa auch R. Barker: Ecological Psychology, Stanford
   1968, der seine Konzepte aus ähnlichen Ueberlegungen heraus
   formuliert hat (siehe S.213 dieser Arbeit)

3. Zur Überprüfung der Hypothesen

Gehen wir nun zurück zu den Hypothesen, auf die die vorliegende Arbeit eine Antwort suchen will (1). Dazu wird im ersten Abschnitt dieses Kapitels ein theoretischer Bezugsrahmen vorgetragen, der die Erkenntnisse der Sozialökologie in ein dreistufiges Modell sozialräumlicher Differenzierung in Städten verdichtet. Der zweite Abschnitt beschreibt die Anlage der Untersuchung und verweist auf einige Schwierigkeiten und Fehlerquellen, mit denen dabei zu rechnen war. Daran anschliessend wird der Versuch zu einer Neuinterpretation der Social Area Analysis unternommen – dazu wird etwas genauer auf faktorialökologische Studien einzugehen sein und ein empirischer Test herangezogen werden (Hypothesen 1 und 2). Der folgende vierte Abschnitt fragt nach der Generalisierbarkeit sozialökologischer Einsichten auf eine schweizerische Mittelstadt: Bern (Hypothese 3). Und schliesslich wird anhand einer nun laufenden empirischen Studie demonstriert, auf welchem Weg man zur Ableitung geeigneter Stadtentwicklungsindikatoren kommen kann und wo deren praktisch-planerische Anwendungsbereiche liegen (Hypothese 4).

Die empirischen Daten, die zur Fundierung der Hypothesen herangezogen werden, sind im Auftrag des Stadtplanungsamtes Bern zusammengetragen und analysiert worden. Es handelte sich dabei um eine Vorstudie, die zunächst einmal abzuklären hatte, ob es in der Berner Situation überhaupt sinnvoll sei, mit den Modellen und Konzepten der Sozialökologie zu arbeiten. Die Hauptuntersuchung, deren Arbeitsplan im vierten Abschnitt beschrieben wird, ist vom Bundesamt für Wohnungswesen in Auftrag gegeben worden. Ihre Ergebnisse werden erst etwa gegen Ende 1977 vorliegen, so dass darauf hier nicht Bezug genommen werden kann.

---

1 Vgl. S.2o ff.dieser Arbeit

3.1. Ein Dreistufenmodell sozialräumlicher Differenzierung

Nach den Materialien des zweiten Kapitels ist die sozialräumliche Differenzierung definitorisch abhängig von der funktionellen Standortspezialisierung (Spezialisierung) und von der Segregation sozialer Gruppen:

(1)   Diff = f (Spez, Seg)
    wobei Diff = sozialräumliche Differenzierung
          Spez = Spezialisierung
          Seg = Segregation

Spezialisierung wird primär ausgelöst durch das Wachstum städtischer Gebiete. Mit der zunehmenden Bevölkerungszahl – die ja auch ein ökonomisches Potential darstellt – nimmt der Wettbewerb um zentrale Standorte infolge steigender Grundrentenerwartungen zu, und damit gehen die Bodenpreise in die Höhe. Da verschiedene Nutzungen unterschiedliche Grundrenten bringen, ist darin ein Selektionsmechanismus zu sehen. Je zentraler ein Standort (wobei Zentralität eine Funktion der Verkehrserschliessung ist), desto grösser ist die Differentialrente, die eine Nutzung abwirft, und zwar weil wegen des intensiveren Publikumsverkehrs die angebotene Ware häufiger umgesetzt wird und so die Kosten für Transport und Lagerhaltung sinken – jedenfalls im Rahmen der geltenden Wirtschaftsverfassung. Spezialisierung bedeutet damit die ökonomisch bedingte Festlegung von Nutzungsart und Nutzungsgrad in städtischen Subräumen. Dieser Prozess vollzieht sich über Standortentscheidungen, die durch die Nutzungsplanungen öffentlicher Behörden zwar modifiziert, nicht aber grundsätzlich in andere Bahnen gelenkt werden können. Die räumliche Ausprägung, die die Nutzungsdifferenzierung in einer konkreten Stadt annimmt, hängt unter anderem auch ab von ihrer Sozial- und Baugeschichte, von der Topographie, von der Art des Erschliessungssystems und von der Wirtschaftsstruktur. Einmal wird immer auf historisch Vorgefundenem aufgebaut – etwa auf alten Stadtkernen. Zum anderen bestimmen Topographie und Erschliessungssystem, welche Standorte als zentral bewertet werden können, und schliesslich dürfte die Spezialisierung einer Industriestadt kaum genau gleich verlaufen wie die einer Beamten- und Dienstleistungsstadt. Da der Spezialisierungsgrad eng mit der Zentralität, d.h. mit der Erreichbarkeit eines Standortes zusammenhängt, kann erwartet werden, dass dieser Prozess zu einem konzentrischen Strukturbild führt, oder mit anderen Worten: dass die Höhe der erwirtschafteten Grundrente mit der ökologischen Distanz variiert - Distanz also verstanden als Zeit-Kosten-Mass. Da die Wohnnutzung unproduktiv ist, wird ihr Anteil an der gesamten Nutzfläche mit der Distanz vom Zentrum zunehmen, während der Anteil der Dienstleistungsnutzung abnimmt. Der Mechanismus, der unmittelbar den Spezialisierungsprozess steuert, ist in der Bodenpreisbildung zu suchen - da behördliche Planungsmassnahmen darauf einen vorerst nur geringen Einfluss haben, können sie hier vernachlässigt werden:

(2)   Spez = f (Bodenpreis)

Die morphologische Analyse bricht hier zunächst die Argumentation ab, weil der Prozess der Bodenpreisbildung als Teil der institutionellen Struktur anzusehen ist und daher der Bodenpreis als das Resultat dieses Prozesses als autonome Grösse in das Modell eingeht. Spezialisierung kann als der <u>primäre Verteilungsmechanismus</u> betrachtet werden - diese Bezeichnung ist auch nach den Ueberlegungen zur Dominanz angebracht (2).

Städtische Gebiete sind aber nicht nur funktionell, sie sind auch sozial differenziert; dieser Vorgang und seine Bestimmungsgründe ist unter dem Stichwort "Segregation" schon beschrieben worden. Wie Spezialisierung, so ist auch Segregation eine Funktion individueller Standortentscheidungen, für die indessen objektive - d.h. vom Entscheidenden nicht veränderbare - Bedingungen gegeben sind. In einer Situation des Nachfrageüberhangs ist der Mietpreis, zum dem eine Wohnung angeboten wird, eine objektive Grenze des Entscheidungsspielraums für den Nachfrager, der ja den Mietpreis im Verhältnis zu seinem Einkommen abwägen muss. Die objektive Seite der Segregation lässt sich also abgekürzt so darstellen:

(3) $Seg_{obj.}$ = f (Spez, Miet/Eink)
        wobei Miet = Mietpreis
              Eink = Einkommen

---

2 Vgl. S. 43 dieser Arbeit

Wenn der Entscheidungsspielraum eines Wohnungsnachfragers objektiv
begrenzt ist durch das Verhältnis Miete/Einkommen – der Entscheidungsspielraum ist gross, wenn diese Zahl klein und klein, wenn
die Zahl gross ist – dann lässt sich damit offenbar die nachge-
wiesene hohe Segregation der Oberschicht nicht erklären; deren
Entscheidungsspielraum ist im Prinzip ja beliebig gross. Hier
muss also ein tertiärer Verteilungsmechanismus angenommen werden.
Er wird offenbar vermittelt durch die symbolische Identifikation
mit einem Standort und seinen Bewohnern – auch dieser Faktor
ist von der morphologischen Analyse als autonome Grösse zu betrachten.

(4) $Seg_{subj.} = f(Seg_{obj.}, symbI)$

wobei symbI = symbolische Identifikation

Als objektives Kriterium der Segregation ist das Verhältnis
Miete/Einkommen genannt worden. Wegen der hochgradigen Inter-
dependenz zwischen Einkommen, Ausbildung und beruflicher Stellung ist zu erwarten, dass der sekundäre Verteilungsmechanismus
eine Selektion nach sozialer Schicht bringt, und zwar vor allem
die hochgradige Segregation der Unterschicht erklärt, deren
Entscheidungsspielraum für die Wohnstandortwahl minimal ist.
Nach diesem Bezugsrahmen vollzieht sich also der Prozess der
sozialräumlichen Differenzierung in drei Stufen, wobei die
primäre Verteilung wichtiger als die sekundäre, diese wichtiger
als die tertiäre ist. Die übergeordnete Verteilung begrenzt
jeweils objektiv den Spielraum für Standortentscheide der nach-
folgenden.

Die rekurrente Mobilität ist als eine Funktion der Spezialisierung städtischer Suburäume beschrieben worden (3) – es ist
also damit zu rechnen, dass sich hier ebenfalls ein konzentrisches Verteilungsmuster zeigt und dass ein Indikator für
rekurrente Mobilität signifikant mit Spezialisierungsvariablen
korreliert. Auch die aus dem Modell der konzentrischen Zonen
abgeleitete räumliche Verteilung der Migrationsvariablen (4)
lässt eine konzentrische Struktur erwarten und wird signifikante
Korrelationen mit Merkmalen der differentiellen Mobilität
zeigen.

---

3 Vgl. S. 63 dieser Arbeit
4 Vgl. S. 57 · dieser Arbeit

3.2. Zur Anlage der Untersuchung

Für die empirische Untersuchung der Struktur Berns sind in erster Linie Daten aus der Volks- und Wohnungszählung 1970 verwendet worden. Die Auswahl der Merkmale richtete sich nach den Einsichten, die aus der Analyse faktorenanalytischer Studien gewonnen worden waren (5). Dazu wurden einige Merkmale beigefügt, die sich zwar nicht klar den Begriffen urbanization, social rank, segregation (also den Indikatoren der Sozialraumanalyse), Mobilität und Dichte zuordnen liessen, die aber zusätzliche Informationen zur Beantwortung der Hypothesen bringen sollten. Die genaue Definition aller Merkmale und die Quellenangaben dazu finden sich im Anhang. Als Aggregationsbasis wurden die statistischen Bezirke gewählt, weil auf diesem Niveau die meisten Daten verfügbar waren. Sie haben im Mittel ca. 5'000 Einwohner und entsprechen damit in etwa der Grösse der amerikanischen census tracts (Graphik 10).

Zur Analyse der Daten sind drei verschiedene Techniken eingesetzt worden: die Sozialraumanalyse nach den beschriebenen Berechnungsverfahren (6), die Faktorenanalyse und die Korrelationsanalyse. Es war nicht möglich, die Faktorenanalyse für den gesamten Datensatz zu berechnen, weil die Zahl der Beobachtungen dafür zu klein war (N = 31, der statistische Bezirk 30 Oberbottigen ist nicht einbezogen worden, weil er eine vollständig landwirtschaftlich orientierte Bevölkerung enthält) (7). Berechnet wurden ausschliesslich Produktmomentkorrelationen; die vollständige Korrelationsmatrix findet sich im Anhang. In einigen Fällen, in denen kurvilineare Zusammenhänge vermutet wurden, sind die Korrelationen zusätzlich für logarithmisch transformierte Daten berechnet.

---

5 Vgl. S. 96 f. dieser Arbeit

6 Vgl. S. 87 ff. dieser Arbeit

7 A. Hunter sagt, dass in einer Faktorenanalyse lineare Abhängigkeiten auftreten, wenn die Zahl der Variablen grösser ist als etwa 1/4 bis 1/3 der Zahl der Beobachtungen; damit war es hier nicht möglich, mit mehr als 8 Variablen zu rechnen. A. Hunter und A.H. Latif: Stability and Change in the Ecological Structure of Winnipeg, Canadian Review of Sociology and Anthropology, 10. Jg. (1973) S. 308-333

Verschiedene Argumente gaben Anlass zu der Vermutung, dass die
ökologische Struktur der Stadt Bern kaum so deutlich sichtbar
werden würde wie beispielsweise die von Chicago. Da sind einmal
theoretische Gründe: Wenn die sozialräumliche Differenzierung
abhängig ist vom Wachstum einer Stadt, dann ist zu erwarten,
dass eine kleinere Stadt nicht so klar differenziert sein wird
wie eine grössere – vorausgesetzt, man nimmt das Wachstumsvolumen
und -tempo als konstant an. Weiter ist da der Einfluss der "räumlichen Fetische" zu beachten, deren Bedeutung in Bern aller
Wahrscheinlichkeit höher zu veranschlagen ist als in amerikanischen Grosstädten (man denke etwa an das Burgerspital und die
Heiliggeistkirche, die beide Standorte unmittelbar in der Umgebung des Hauptbahnhofs einnehmen). Schliesslich erfasst die
morphologische Analyse ja das Resultat eines – wie der theoretische Bezugsrahmen annimmt – mehrstufigen Verteilungsprozesses,
hat also mit dem Einfluss auch der subjektiven Segregationsfaktoren zu rechnen, die ausserhalb des morphologischen Ansatzes
liegen. Aber auch methodische Gründe sprechen für diese Vermutung: Der theoretische Bezugsrahmen argumentiert von Standortentscheidungen her, also von individuellem Verhalten; die
Daten sind aber auf das Niveau der statistischen Bezirke aggre-
giert und lassen daher prinzipiell keine Aussage über indivi-
duelle Merkmale zu. Bei dieser Art von Schlussfolgerung wird
impliziert, dass Personen mit gleichem Verhalten jeweils auch
benachbart wohnen. Die Diskussion des Homogenitätsproblems in
der Literatur liess indessen das gewählte Vorgehen als ver-
tretbar erscheinen (8). Und schliesslich ergaben sich Schwierigkeiten bei der Messung der ökologischen Distanz. Wie
<u>Martin Wachs und T. Gordon Kumagai</u> festhalten, genügt dafür
die Erhebung der mittleren Reisezeiten nicht, weil diejenigen
Personen, die über kein Verkehrsmittel verfügen oder keines
benutzen, damit aus der Berechnung ausgeschlossen bleiben (9).
Vor allem auf relativ kurze Distanzen wird damit der Wert
der ökologischen Distanz verzerrt. Hier musste aber die nach
dem Modal Split gewichtete mittlere Reisezeit zum Zentrum verwendet werden (vgl. Definition und Quellenangabe im Anhang,
Variable Nr. 45).

---

8   Vgl. S. 74 f. dieser Arbeit

9   <u>M. Wachs und T.G. Kumagai</u>: Physical Accessibility as a Social
    Indicator, Socio-Econ.Plan.Sci., 7. Jg. (1973) S. 437-456

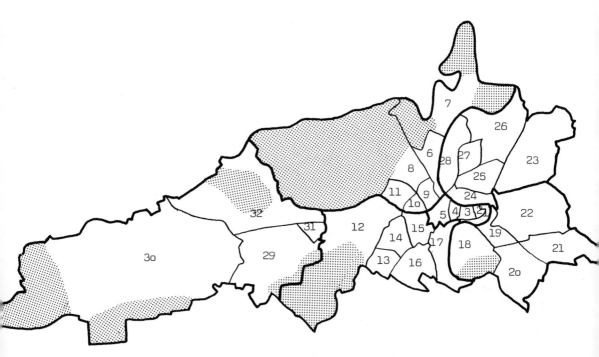

Graphik 1o: Die Stadt Bern und ihre statistischen Bezirke (die Bezeichnungen der statistischen Bezirke sind zu finden in Tabelle 9)

Ein schwieriges Problem stellte sich ausserdem mit der Abgrenzung der Untersuchungseinheit. Es gibt ja keinen sachlichen Grund dafür, in dieser Untersuchung einfach die politisch-administrativen Gemeindegrenzen zu übernehmen; deswegen ist bisher auch vom "städtischen Gebiet" gesprochen worden. Der Plan von Graphik 11 zeigt, dass das zusammenhängend überbaute Gebiet deutlich über die Gemeindegrenzen hinausreicht. Andererseits aber war es wenig sinnvoll, die angrenzenden Gemeinden einfach in die Analyse einzubeziehen, weil sie zu grossen Teilen landwirtschaftlich geprägt sind und nur in den stadtnahen Bereichen von "verstädterten Gebieten" gesprochen werden kann. Für die landwirtschaftliche Bevölkerung aber haben z.B. die Variablen der Social Area Analysis einen anderen soziologischen Gehalt als für die Stadtbevölkerung (z.B. Mietzins, weibliche Erwerbsquote oder Anteil der Einfamilienhäuser). Im Rahmen dieser Studie und beim gegebenen Datenstand war das Abgrenzungsproblem nur zu lösen, wenn auf die Gemeindegrenzen rekurriert werden konnte (1o).

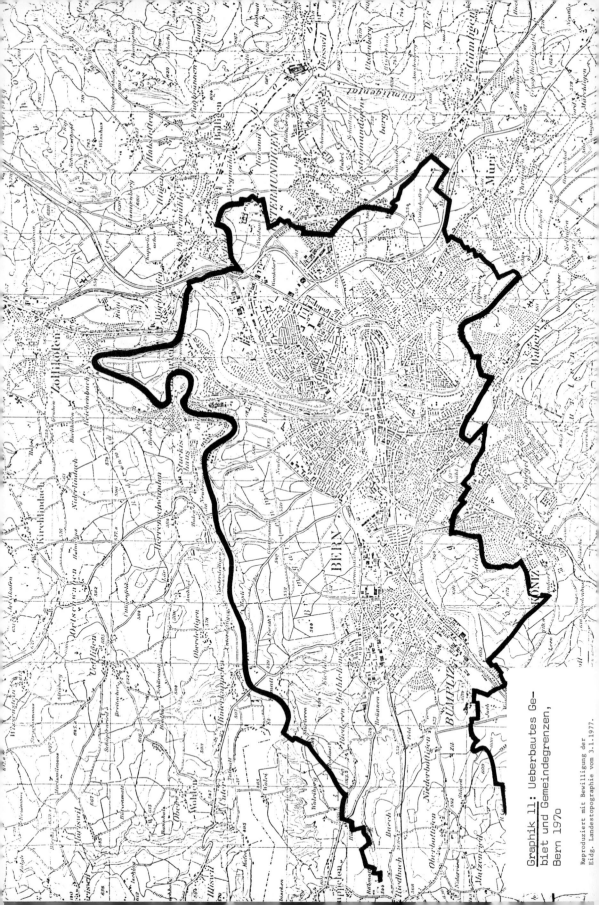

Graphik 11: Ueberbautes Gebiet und Gemeindegrenzen, Bern 1970

Reproduziert mit Bewilligung der Eidg. Landestopographie vom 3.1.1977.

Davon abgesehen ist gar nicht sicher, dass mit dem "überbauten Gebiet" wirklich ein sinnvolles Abgrenzungskriterium gefunden ist. Die Pendlerzone dehnt sich ja in der Regel weit über diesen Bereich hinaus aus. Zudem haben verschiedene städtische Einrichtungen ganz unterschiedliche Einzugsbereiche, so dass auch damit die Schwierigkeiten noch nicht gelöst wären. Eine sinnvolle Abgrenzung des Untersuchungsgebietes wird man daher nur problemorientiert vornehmen können. Alle mir bekannten Untersuchungen sind übrigens an dieser Frage vorbeigegangen, und z.T. lassen sich Schlussfolgerungen nachweisen, die mit grosser Wahrscheinlichkeit durch diesen Umstand falsch oder verzerrt worden sind (11).

Auch die Wahl der statistischen Bezirke als Basis der Aggregation ist diskutabel; die kleinste Einheit der Volkszählung, der Zählkreis, ist jedoch völlig willkürlich abgegrenzt nach dem Aufwand für die Kontrolle der Erhebungsbögen, und die sechs Stadtteile hätten eine differenziertere Analyse unmöglich gemacht. Daten für die Quartiere (12), die E. Gächter ausgeschieden hat, standen zum Zeitpunkt der Untersuchung noch nicht zur Verfügung.

---

10 Das Abgrenzungsproblem ist allerdings in Beiträgen zur Methodik der Stadtforschung verschiedentlich diskutiert worden: Vgl. die Beiträge in Urban Research Methods, hrsg. von J.P. Gibbs, Princeton etc. 1961, Teile 1 und 2; für die schweizerischen Grossstädte ist die Frage auch behandelt worden von H. Städeli: Die Stadtgebiete der Schweiz, Diss. Zürich 1969, insbesondere S. 7o ff. Dort wird auch ein relativ einfaches Verfahren vorgeschlagen, das aus den erwähnten Gründen hier aber nicht verwendet werden konnte. Eine ähnliche Debatte um Fragen der Regionalisierung kennt man übrigens aus der regionalen Strukturpolitik; auch dort gibt es keine Methode, die für jeden Zweck befriedigen könnte.

11 Ich denke hier z.B. an die äusserst anregende Studie von A. Hunter: Symbolic Communities, Chicago 1974. Dort ist es möglich, dass der Trend zur zunehmenden Heterogenität der Kernstadt, der sich aus den Faktormustern zeigt, ganz einfach daraus zu erklären ist, dass die suburbane Zone gar nicht berücksichtigt wurde; vgl. dazu meine Ausführungen in: Indikatoren der Stadtentwicklung, Manuskript 1975, S. 14 f.

12 Die demographisch-sozioökonomische Struktur der Stadt Bern 197o, Bern 1974

3.3. Sozialraumanalyse - Versuch einer Neuinterpretation

Unter den drei Indikatoren, mit denen die Sozialraumanalyse arbeitet (13), ist einzig social rank in der Literatur unumstritten. In Uebereinstimmung mit der allgemeinen Schichtungstheorie industrialisierter Gesellschaften wird dieser Indikator gebildet aus den Variablen Ausbildung, berufliche Stellung und Mietzins (als Substitut für das Einkommen, das meist nicht erhältlich ist). Der Faktor erweist sich auch in faktorenanalytischen Untersuchungen als sehr stabil. Shevky und Bell machen für ihn die Veränderungen in der Verteilung von Fähigkeiten verantwortlich (14). Sie wollen mit ihrer "theory of increasing scale" soziale Differenzierung erklären, und das mag auch - was hier nicht zu prüfen ist - sinnvoll sein; sie messen aber etwas anderes: räumliche Differenzierung. In der Argumentationskette fehlt also ein wichtiges Glied, das die Beziehung zwischen räumlicher und sozialer Differenzierung klärt. Diese Lücke lässt sich auffüllen, wenn ihr social rank-Indikator nach unserem Dreistufenmodell interpretiert wird als Indikator für den Segregationsprozess, also die sekundäre und tertiäre Verteilung.

Indessen ist bei ihrem segregation-Indikator die Interpretation weniger klar. Theoretisch enthält seine Definition über den Anteil diskriminierter Minderheiten - meist hat man sich dabei auf die Neger konzentriert - ein ethnozentrisches Element. Weiter ist nicht recht einzusehen, warum hier ein von social rank unabhängiger Faktor auftreten sollte; soziale Diskriminierung dürfte im allgemeinen hoch korreliert sein mit sozialer Schicht. Empirisch tritt dieser Faktor auch nicht immer auf (15).

---

13 Vgl. S. 87 dieser Arbeit

14 E. Shevky und W. Bell: Social Area Analysis, Stanford 1955, S. 4

15 Er findet sich z.B. nicht bei F.L. Sweetser: Factorial Ecology: Helsinki, 1960, in: Comparative Urban Structure, hrsg. von K.P. Schwirian, Lexington etc. 1974, S. 374 f.; auch in Bern wird hier kein separater Faktor extrahiert, vgl. S. 169

Auch hier ist die Herleitung bei Shevky und Bell aus der sich
verändernden Zusammensetzung der Bevölkerung nicht zwingend.
Für europäische Verhältnisse zumindest müsste er differenzierter
interpretiert werden. Man kann vermuten, dass der Indikator
hier gar nicht isoliert auftreten, sondern mit social rank
assoziiert sein wird.

Am grössten sind die Schwierigkeiten jedoch mit dem urbanization-
Indikator; seine Intrepretation war immer umstritten, und es
scheint auch zwischen Shevky und Bell nicht volle Einigkeit
darüber bestanden zu haben: Shevky nennt ihn "urbanization",
Bell kehrt die Vorzeichen der Variablen weibliche Erwerbsquote, Fruchtbarkeit und Anteil Einfamilienhäuser um und nennt
den Indikator "family status" (16). Hergeleitet wird er aus
der Veränderung produktiver Aktivitäten, nämlich der abnehmenden
Bedeutung der Urproduktion und des Haushaltes als ökonomischer
Einheit sowie der zunehmenden Bedeutung der in Städten konzen-
trierten Beziehungen (17). Auch hier wird nicht sichtbar, was
"increasing scale" mit sozialräumlicher Differenzierung zu tun
haben soll. Dass empirische Untersuchungen bisher keine befrie-
gende Lösung dieses Problems gebracht haben, mag daran liegen,
dass die Variablenauswahl sich meist an den Konzepten der Social
Area Analysis orientiert haben und kaum darüber hinausgegangen
sind. Zudem scheint im Anschluss an die ersten faktorialökolo-
gischen Studien eine Quantomanie aufgetreten zu sein, unter
deren Eindruck man die sozialökologischen Klassiker eher be-
lächelt als gelesen hat. Meist wird dort ein Faktor extrahiert,
der offensichtlich mit den Shevky-Bell-Variablen zu tun hat,
auf dem aber auch andere Variable signifikant laden. Zuerst
haben darauf Theodore R. Anderson und Lee L. Bean (18) aufmerksam gemacht. In ihrer Faktorenanalyse von 13 Merkmalen
der Struktur Toledo's kommen sie zu vier statt zu drei Faktoren, wobei urbanization und family status getrennt auf-

---

16 E. Shevky und W. Bell: Social Area Analysis, a.a.O., S. 68
17 ebda., S. 4
18 T.R. Anderson und L.L. Bean: The Shevky-Bell Social Areas:
    Confirmation of Results and a Reinterpretation, Social Forces
    4o. Jg. (1961) S. 119-124

treten. Das orthogonal rotierte Faktormuster zeigt im Faktor urbanization (der 41.5 % der Gesamtvarianz erklärt) signifikante Ladungen nicht nur für die Merkmale Fruchtbarkeit, weibliche Erwerbsquote und Anteil der Einfamilienhäuser, sondern auch auf Variablen wie Wohndauer, dem Anteil der Verheirateten, Einkommen und dem Anteil der Eigentumswohnungen - Merkmalen, die auf die Stellung im Lebenszyklus und auf Migration hinweisen [19]. Family status erklärt 9.7 % der Gesamtvarianz und hat, wie erwartet, auf den Merkmalen weibliche Erwerbsquote und Anteil Einfamilienhäuser signifikante Ladungen, jedoch mit den gegenüber urbanization umgekehrten Vorzeichen. C.G. Janson verwendet für die bereits erwähnte Studie in Newark 48 Variable und extrahiert sechs Faktoren [2o], wobei vor allem der zweite hier interessant ist. Er ist für 12.8 % der Gesamtvarianz verantwortlich. Signifikante Ladungen zeigen sich (in abnehmender Reihenfolge) für die Variablen Alleinstehende, Haushaltsgrösse, Wohnungsgrösse, altersspezifische Geschlechtsproportion, Bodenpreis, Anteil der kommerziellen an der Gesamtnutzfläche, um hier nur die wichtigsten zu nennen. Der Faktor steht also wahrscheinlich für den Differenzierungsprozess, der im Bezugsrahmen als primärer resp. als "Spezialisierung" bezeichnet worden ist. Eine klar interpretierbare family status-Dimension wird nicht sichtbar. Das wird, darauf verweisen die Ladungen auf dem ersten Faktor (Janson nennt ihn "racial slum dimension, segregation, or social rank-racial dimension [21]) am grossen Anteil der farbigen Bevölkerung in Newark liegen.

Für die Hypothese, die urbanization-family status-Dimension sei als Repräsentant der Spezialisierung zu interpretieren, sprechen auch die Befunde anderer Untersuchungen [22], wenn-

---

19 Vgl. S. 56 ff. dieser Arbeit
2o C.G. Janson: The Spatial Structure of Newark, Acta Sociologica 11. Jg. (1968) S. 144-169
21 ebda., S. 159
22 F.L. Jones: Dimensions of Urban Social Structure: The Social Areas of Melbourne, Australia, Toronto 1969, S. 49 ff.; D.W.G. Timms: The Urban Mosaic, Cambridge 1971, S. 63 ff.; B.J.L. Berry und H. Spodek: Comparative Ecology of Large Indian Cities, in: Comparative Urban Structure, a.a.O., S. 349-37o; B.J.L. Berry und P.H. Rees: The Factorial Ecology of Calcutta, AJS 74. Jg. (1968) S. 445-491

gleich weniger markant. Die Lösungen von Faktorenanalysen, also
die Faktormuster, sind gänzlich bestimmt durch die Auswahl der
Untersuchungsmerkmale. Wenn Belege für die hier vorgeschlagene
Interpretation des urbanization-Faktors gefunden werden sollen,
dann müssten dafür geeignete Variable verwendet werden; das ist
wegen der mangelhaften theoretischen Orientierung der meisten
Studien indessen nicht geschehen.

Welche Beziehung besteht nun zwischen den bei Shevky und Bell
urbanization (dieser Begriff enthält ja bereits einen Anklang
an das, was hier Spezialisierung genannt wird) resp. family status
genannten Faktoren und Spezialisierung? Der primäre Verteilungs-
prozess wird ja nach dem Bezugsrahmen vermittelt über die
Bodenpreisbildung, d.h. über die Grundrentenerwartungen der
Standortnachfrager. Wenn von anderen Nutzungen hier einmal
abgesehen wird, dass ist der Ertrag, den der Boden abwirft,
bei Wohnnutzung umso grösser, je dichter ein Grundstück über-
baut ist, resp. bei gegebener Ausnützung umso grösser, je
kleiner die Wohnungen sind. Der Anteil der Einfamilienhäuser,
d.h. einer lockeren Ueberbauungsform, wird also zunehmen, je
weiter der Bodenpreis sinkt. Da eine Variation der Bodenpreise
mit der ökologischen Distanz vermutet wird, ist auch anzunehmen,
dass der Anteil der Einfamilienhäuser mit der Distanz vom CBD
abnimmt. Weiter ist die weibliche Erwerbsquote dort besonders
hoch, wo der Anteil der alleinstehenden Frauen hoch ist -
also in den citynahen Zuwanderungsgebieten der Uebergangszone. Dort ist wegen der alten Baustruktur die Ausnützung
gegeben, und es ist zu erwarten, dass der Anteil der Kleinhaushalte hoch ist. Er dürfte ebenfalls mit Bodenpreis und
ökologischer Distanz korreliert sein. Und schliesslich ist in
den Zuwanderungsgebieten mit Vorherrschen von Kleinhaushalten
die Fruchtbarkeitsziffer voraussichtlich tief. Wenn die Migration an die städtische Peripherie abhängig ist von der Stellung
im Lebenszyklus, kann auch angenommen werden, dass die Fruchtbarkeitsziffer mit der Distanz variiert.

Dieser Versuch, die Beziehung zwischen dem urbanization-Faktor der Sozialraumanalyse und dem Spezialisierungsprozess des theoretischen Bezugsrahmens zu rekonstruieren, führt denn auch diesen Indikator auf die Konzepte der klassischen Sozialökologie zurück.

Es soll nun versucht werden, dafür auch einen empirischen Beleg zu liefern (23). Dazu sind nach der Faktorenanalyse der Shevky-Bell-Variablen die Faktorwerte beider Faktoren für die 31 statistischen Bezirke der Stadt Bern geschätzt und als Testvariable verwendet worden (24). Dann wurden die Produktmomentkorrelationen zwischen diesen Testvariablen und 51 anderen Merkmalen berechnet und in einer Tabelle zusammengestellt (Tabelle 6). Bei der Interpretation ist darauf zu achten, dass eine korrelative Beziehung lineare Funktionen voraussetzt. Dort, wo die Korrelationskoeffizienten hoch sind, kann von dieser Linearität ausgegangen werden. Tiefe Koeffizienten können dagegen nicht ohne weitere Prüfung so interpretiert werden, als bestünde kein Zusammenhang zwischen den Variablen. Man wird also nicht alle Koeffizienten in der Tabelle 6 gleich beurteilen können.

Zuerst fällt auf, dass die beiden Testvariablen den Datenraum erstaunlich gut trennen: nur 6 von 51 Merkmalen korrelieren gleichzeitig mit beiden Testvariablen, 5 Merkmale zeigen mit keiner von ihnen signifikante lineare Beziehungen (Variable 13, 39, 41, 44 und 48). Die 40 verbleibenden Merkmale korrelieren nur mit einer der beiden Testvariablen signifikant. Die Interpretation der Korrelationen mit social rank bietet keine besonderen Probleme, liefert aber einige Hinweise dafür, dass der

---

23 Vgl. dazu die Vorbehalte, die auf S. 72 angebracht worden sind

24 Die Faktorenanalyse findet sich im nächsten Abschnitt, S. 163 Die Faktorwerte sind in ihrer Standardform, d.h. mit Mittelwert 0 und Varianz 1, verwendet worden. Wegen der orthogonalen Rotation sind sie nicht miteinander korreliert, d.h. gemäss den Ausführungen im theoretischen Bezugsrahmen wird ihre Unabhängigkeit unterstellt

Tabelle 6: Produktmomentkorrelationen, multiple Korrelationen und Bestimmtheitsmasse mit social rank und urbanization *

Variable	weibl. Erwerbs- quote 1 **	Frauen auf 100 Männer 2	Frucht- barkeit 3 **	1-Pers. Haus- halte 4	Gross- haus- halte 5	Pers. unter 15 J. 6	Pers. 15-24 Jahre 7	Pers. über 65 J. 8	Teil- zeit- besch. 9	Arb'ort gl.stat.Getr. Bezirk 10	Gesch./ Pens. 11	Rentner Pens. 12	Morta- lität 13
social rank		4978		7547	-3787	-3816						4475	
urbanization	9703		-6711			-6883	7453	6311	-3696	7696	6114		
Mult. R	9823	5094	7538	7921	4185	7869	7478	6385	3878	7776	6887	4750	3220
Mult. B	9651	2594	5683	6275	1751	6192	5593	4077	1504	6047	4743	2256	1036

* Berechnungsbasis: 31 statistische Bezirke, Bern 1970. Korrelationskoeffizienten sind nur aufgeführt, wenn sie min- destens auf dem 5 %-Niveau signifikant, d.h. grösser als |r| = .3494 sind. Aus Platzgründen wurden die Koeffizien- ten ohne Dezimalstellen geschrieben. Als Werte für die Testvariablen social rank und urbanization wurden die Faktor- werte aus der Faktorenanalyse übernommen. Für die präzise Definition der Variablen und Angabe der Quellen siehe den Anhang

** Hier besteht ein definitorischer Zusammenhang zu einer der beiden Testvariablen

Tabelle 6 (Forts.)

Variable	Ehe- schlies- sungen 14	Lebend- gebo- rene 15	Selbst- ständig Erw. 16	MPO- Ratio 17	Arbei- ter 18 **	an- ungel. Arbeiter 19	Besch. des 3. Sektors 20	Er- werbs- quote 21	Eigen- tümer- wgn. 22	Ein- fam- häuser 23 **	Wgs.- ausrüs- tung 24	Miete/ Kopf 25 **	nur Pri- mar- oder k.Schule 26 **
social rank	-5580		6038	8992	-7020	-5215	7445		5350		4364	9884	-9486
urbanization	6886	5617	4814			7127	4305	9520		-6173	-6652		
Mult. R	7262	7721	8998	8789	8832	8599	9724	5950	6181	7956	9905	9572
Mult. B	5274	3155	5962	8097	7724	7800	7394	9456	3540	3820	6330	9812	9163

Tabelle 6 (Forts.)

Variable	Ausl. ohne Spez'b. 27 **	Sai- son- niers 28	Aufent- halter 29	Nieder- gelas- sene 30	Spezial- bewil- ligung 31	Segre- gation 32	Geb.- ort Bern 33	Migra- tions- rate 34	Zuzugs- rate 35	Weg- zugs- rate 36	Saldo Binnen- migr. 37	Saldo Aussen- migr. 38	Wohn- dauer 39
social rank		-5475		-4o17	552o	4992							
urbanization	9o49		9154				-8o84	8931	8835	8963	-7488	3818	
Mult. R	9516	5771	9465	4947	5759	5o52	8476	8934	8838	8964	7489	3821	3o86
Mult. B	9o55	3331	8958	2448	3317	2553	7185	7983	7812	8o36	56o9	146o	o952

Tabelle 6 (Forts.)

Variable	Zimmer/ Wohng. 4o	Einw./ Zimmer 41	Einw./ Wohng. 42	Einw./ ha üb- erbaut 43	Einw./ ha ohne Wald 44	Distanz in min. CBD 45	Preise überb. Grundst.1947 46	Gebäude vor 1947 47	Gebäude nach 196o 48	Gebäude 5 + Ge- schosse 49	Arb' plätze/ Einw. 5o	Laden- flächen/ 1oo Ew. 51	social rank 52
social rank	735o			-483o									
urbanization		o318	-6236		23o3	-7825	8229	5931	2843	7513	6865	7595	ooo2
Mult. R	7855	o318	6682	4842	23o3	7874	8233	655o	2843	7513	6869	762o	.
Mult. B	6171	oo1o	4465	2345	o53o	62oo	6778	429o	o8o8	5645	4718	58o6	.

social rank eines statistischen Bezirkes zusammenhängt mit dem
Lebenszyklus seiner Bewohner (Variable 6,8,15). Die Interpretation erfolgt nun nach der Reihenfolge der Variablen.

Der Zusammenhang zwischen weiblicher Erwerbsquote und urbanization ist definitorisch gegeben. Er ist aber beinahe gleich
deutlich ausgeprägt für die allgemeine Erwerbsquote (Variable
21), die beiden Merkmale sind also hoch interkorreliert
(r = .961) und es gibt daher keinen Grund, sie zu trennen.
Dies spricht dafür, dass die weibliche Erwerbsquote nicht für
den family status steht. Auch zur Fruchtbarkeitsziffer besteht der erwähnte definitorische Zusammenhang, die Korrelation
ist indessen weniger eng, weil auf diesem Faktor auch der Ausländeranteil signifikant lädt. Zur Haushaltsgrösse zeigen
sich die erwarteten Beziehungen: mit zunehmender urbanization
nimmt der Anteil der Kleinhaushalte zu, der der Grosshaushalte
ab. Die folgenden drei Altersvariablen (6,7,8) bestätigen den
erwarteten Zusammenhang zwischen urbanization und Lebenszyklus.
Mit urbanization positiv korreliert ist die Variable lo: Arbeitsort im gleichen statistischen Bezirk wie Wohnort, die wegen
der Bedeutung der rekurrenten Mobilität (sie ist als Funktion
der Spezialisierung erkannt worden) hier aufgenommen worden
ist. Ebenfalls nimmt der Anteil der Geschiedenen und getrennt
Lebenden mit urbanization zu. Auch die Zahl der Eheschliessungen
korreliert damit positiv, woraus man schliessen kann, dass
die Wanderung gegen die Peripherie hin meist nicht schon zum
Zeitpunkt der Heirat beginnt, sondern erst mit der Geburt der
Kinder. Der Anteil der an- und ungelernten Arbeiter zeigt
ebenfalls eine signifikant positive Korrelation mit urbanization - auch dies möglicherweise ein Indiz für den Zusammenhang zwischen Wanderung und Lebenszyklus. Die Wohnungsausrüstung, ein Mittelwert zwischen sieben standardisierten
Merkmalen (Variable 24), ist umso schlechter, je höher urbanization ist, hängt aber wahrscheinlich vor allem damit zusammen,
dass grössere Wohnungen in der Regel besser ausgerüstet sind
als kleine; sie korreliert wie erwartet auch positiv mit der

ökologischen Distanz (r = .600). Die Ausländer können offenbar nicht einfach als homogene Gruppe angesehen werden. Der Anteil der Jahresaufenthalter ist umso höher, je höher der urbanization-Wert; dazu mag beitragen, dass den Angehörigen dieser Gruppe der Familiennachzug nicht gestattet wird, es sich also in der Regel um Alleinstehende handelt. Die Migrationsvariablen (34-39) zeigen alle bis auf die letzte signifikante Korrelationen in der erwarteten Richtung, nicht aber die Dichtevariablen 40-44. Es ist denkbar, dass hier in einer Faktorenanalyse des ganzen Variablensatzes ein eigener Faktor auftreten wird. Da aber die Beziehung zwischen Dichte und ökologischer Distanz die Form eines Gradienten hat (vgl. Graphik 12), müsste vor der weiteren Interpretation noch die Linearität der Beziehungen geprüft werden. Wie erwartet, besteht eine signifikant negative Korrelation mit der ökologischen Distanz, oder mit anderen Worten: ein konzentrisches Verteilungsmuster des urbanization-Faktors. Damit findet das Modell der konzentrischen Zonen eine Bestätigung. Der Zusammenhang zwischen urbanization und Bodenpreisen spiegelt sich in dem hohen Korrelationskoeffizienten von $r = .823$ so wieder, wie man das unter der Spezialisierungshypothese vorhergesagt hätte. Möglicherweise wäre diese Beziehung in logarithmischer Form sogar noch enger. Arbeitsplätze und Ladenflächen, die als wichtigste Indizien für Spezialisierung zugänglich waren, zeigen wie erwartet hohe und positive Korrelationen mit urbanization.

Die Schlussfolgerung aus diesen Befunden liegt nah: Die Vermutung, dass es sich beim urbanization-Indikator von <u>Shevky und Bell</u> um einen Repräsentanten der Spezialisierung handeln könnte, wird - abgesehen von den Dichtemerkmalen - durchgehend bestätigt. Das bedeutet aber theoretisch, dass die Indikatoren der Social Area Analysis für die Prozesse sozialräumlicher Differenzierung stehen, die die klassische Sozialökologie beschrieben hat. Wenn die "theory of increasing scale" dafür überhaupt einen sinnvollen Erklärungsrahmen abgibt, dann jedenfalls nicht direkt und unmittelbar. Die Ausgangshypothese 1 wird damit als bestätigt angesehen.

Einwohner pro ha
ohne Wald

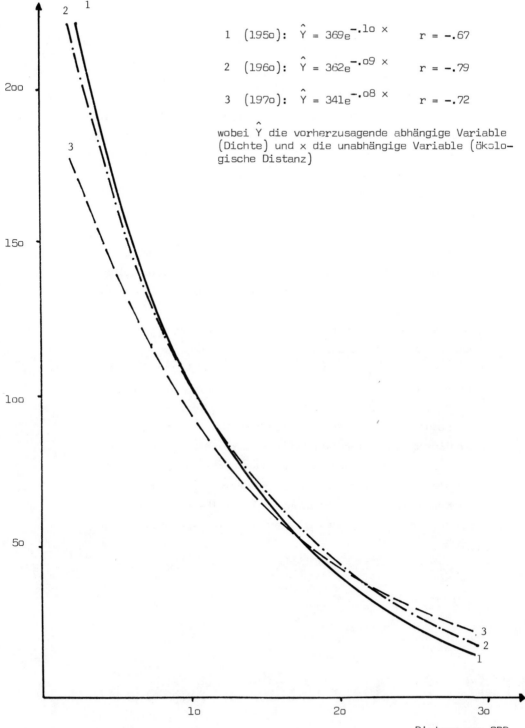

1 (1950): $\hat{Y} = 369e^{-.10 x}$ $r = -.67$

2 (1960): $\hat{Y} = 362e^{-.09 x}$ $r = -.79$

3 (1970): $\hat{Y} = 341e^{-.08 x}$ $r = -.72$

wobei $\hat{Y}$ die vorherzusagende abhängige Variable (Dichte) und x die unabhängige Variable (ökologische Distanz)

Graphik 12: Dichtegradienten, Stadt Bern 1950, 1960 und 1970

Damit ist auch ein Argument für die Hypothese 2 gefunden, die nach der Einheit des sozialökologischen Bezugsrahmens fragt. Die Sozialraumanalyse steht zum Bezugsrahmen der klassischen Sozialökologie in keinem Widerspruch, sie lässt sich in ihn integrieren, wenn ihr urbanization-Indikator neu formuliert wird. Unter dieser Voraussetzung allerdings scheint es dann richtig, die Sozialraumanalyse zu reduzieren auf ein Instrument zur – jetzt jedoch theoretisch reflektierten – Deskription sozialräumlicher Differenzierung in städtischen Gebieten. Der theoretische Verlust, der durch die Aufgabe der "theory of increasing scale" entsteht, wird wettgemacht, wenn man an deren Stelle als explikativen Bezugsrahmen den ökologischen Komplex setzt. Vermittelnd zwischen diesen beiden Ebenen steht das funktionale Konzept der Subsistenzorganisation. Die fundamentale Einheit der sozialökologischen Theorie scheint damit nachgewiesen (Ausgangshypothese 2), die Unterschiede zwischen den verschiedenen Schulen, die z.B. von G.A. Theodorson betont worden sind, erweisen sich als solche des Abstraktionsniveaus.

Diese theoretisch bedeutsame Einsicht muss in künftigen Untersuchungen der sozialräumlichen Struktur reflektiert werden. Sie macht deutlich, dass die kritiklose Auswahl und statistische Bearbeitung irgendwelcher Merkmalspakete mehr als empirizistische Spielerei denn als seriöse Stadtforschung zu qualifizieren ist. Es gibt auch in diesem Bereich keine empirische Forschung ohne die Orientierung an einem theoretischen Bezugsrahmen, wenn relevante Resultate erarbeitet werden sollen.

3.4. Die ökologische Struktur der Stadt Bern, 1970

Mit dem Nachweis, dass sich der urbanization-Faktor als Repräsentant der Spezialisierung interpretieren lässt, ist im letzten Abschnitt freilich unterstellt worden, die ökologische Struktur der Stadt Bern lasse sich wie die amerikanischer Grosstädte mit Hilfe des theoretischen Bezugsrahmens der Sozialökologie beschreiben. Das ist indessen nicht selbstverständlich und bedarf eines Beleges. Die sozialräumliche Organisation Berns, das 1191 gegründet worden ist und 1970 rund 164'000 Einwohner zählte, mag ganz anderen Gesetzmässigkeiten folgen. Immerhin hat die Tabelle 6 doch auch die Vermutung nahegelegt, Spezialisierung und Segregation seien dafür relevante Dimensionen. Die Generalisierbarkeit des Bezugsrahmens wird indessen häufig bestritten, und zwar etwa mit den folgenden Argumenten: Das Stadtzentrum sei oftmals nur der Ort administrativer, politischer und religiöser, nicht aber wirtschaftlicher Aktivität; selbst wo dies der Fall sei, könne oft nicht von Dominanz gesprochen werden - überhaupt seien die Bodenpreise keineswegs die wichtigsten Determinanten der Stadtstruktur. In der Regel erweise sich die Landnutzung als weniger spezialisiert. Meist fänden sich die Wohnstandorte der oberen Schichten näher beim Zentrum, die der Unterschichten aber an der Peripherie, insbesondere auch die Slums, und eine Uebergangszone fehle häufig ganz. Invasion und Sukzession seien wesentlich schwächer ausgeprägt und schwieriger nachzuweisen als in den Vereinigten Staaten, und die Segregation könne ganz andere Formen annehmen (25). Wahrscheinlich ist hier vor allem auf Vergleiche mit Städten in wenig industrialisierten Ländern angespielt; d.h. die Variablen des ökologischen Komplexes haben ganz andere Werte als für die USA. Bei der Diskussion interkulturell vergleichender Untersuchungen (26) ist ja auch die Meinung vertreten worden, der Bezugsrahmen der klassischen Sozialökologie gelte nur für hochindustrialisierte Gesellschaften mit marktwirtschaftlichem System.

---

25 Zusammengefasst nach **R.M. Marsh**: Comparative Sociology, New York etc. 1967, S. 188

26 Vgl. S. 103 ff.

Weiter kann man als Bedingungen anführen das Gelten der Grundrechte auf Niederlassungsfreiheit und privaten Besitz, insbesondere an Boden, und das Fehlen bedeutender staatlicher Eingriffe in den Boden- und Wohnungsmarkt - also auch andere Aspekte der sozialen Organisation mit einbeziehen. Dies sind Bedingungen, die in den USA ebenso wie in der Schweiz als gegeben angenommen werden können. Auch die anderen Variablen des ökologischen Komplexes dürften in beiden Ländern vergleichbare Werte aufweisen (abgesehen von Umwelt, da die Schweiz über keine nennenswerte Rohstoffe verfügt und sich infolgedessen hier auch keine Zentren der Schwerindustrie ausgebildet haben). Präzisere Angaben dazu liessen sich freilich erst machen, wenn wir über eine operationale Definition der Variablen des ökologischen Komplexes verfügten - das ist bisher nicht der Fall. Die Hypothese der Generalisierbarkeit des Bezugsrahmens wäre erst dann widerlegt, wenn bei gleichen Werten der unabhängigen Variablen (des ökologischen Komplexes, B.H.) sich die sozialräumliche Struktur von der amerikanischer Städte signifikant unterscheidet [27]. Darüber finden sich kaum in einer Untersuchung brauchbare Angaben. Deshalb soll hier auch zuerst die Stadt Bern kurz im Vergleich zu anderen schweizerischen Grosstädten charakterisiert und dann Grundzüge ihrer historischen Entwicklung nachgezeichnet werden. Daran schliessen die Hypothesenbildung und die empirische Prüfung an.

3.4.1. Zur Charakterisierung des Untersuchungsobjekts

Die folgende Tabelle 7 dient dem Vergleich Berns mit den anderen schweizerischen Grosstädten sowie mit den entsprechenden Merkmalen der schweizerischen Gesamtbevölkerung. Im grossen und ganzen lässt sich daraus ablesen, dass die bernische sich in einer Weise von der gesamtschweizerischen Bevölkerung unterscheidet, die auch für die anderen Grosstädte typisch ist: überdurchschnittlicher Frauenanteil, aber relativ geringerer Anteil der Ledigen und Kinder (bei den Ledigen ist die Abwei-

---

27 **R.M. Marsh**: Comparative Sociology, a.a.O., S. 192

Merkmal	Zürich	Basel	Genf	Bern	Lausanne	Schweiz
Wohnbevölkerung	422'640	212'857	173'618	162'405	137'383	6'269'783
Geschlechtsproportion	112	112	119	116	117	103
Ausländeranteil %	18	18	34	14	23	17
kath. %	40	42	52	26	40	49
ledig %	43	41	40	43	42	45
0-14 Jahre %	14	16	14	16	16	23
65 + Jahre %	15	15	15	14	14	11
Erwerbsquote %	54	53	55	52	50	48
Erwerbstätige im 1. Sektor %	1	0	0	1	1	8
2. Sektor %	35	43	31	35	31	48
3. Sektor %	64	56	69	64	68	44
Einfam'häuser % der bewohnten Gebäude	28	30	17	25	20	44
höher als 5 Geschosse %	18	23	63	18	33	4
Bewohner pro Gebäude	12	11	26	12	20	7
Bewohner pro Wohnung	2.4	2.4	2.2	2.5	2.3	2.9
Bewohner pro Zimmer	0.80	0.79	0.90	0.80	0.85	–
Mittlerer Jahresmietzins pro Wohnung	3'403	2'974	3'142	3'085	3'241	–
urbanization	58	15	100	23	39	–

Tabelle 7: Vergleich Berns mit den anderen schweizerischen Grossstädten anhand einiger ausgewählter Merkmale der Volks- und Wohnungszählung 1970. Der urbanization-Index wurde berechnet nach E. Shevky und W. Bell: Social Area Analysis, a.a.O., S. 55 f. Er rangiert die Städte auf einer Skala von 1 bis 100, und nimmt den Anspruch der Autoren ernst, die Indikatoren seien auch geeignet zu vergleichenden Untersuchungen. Nach der Diskussion des urbanization-Indikators ist freilich der Aussagewert nicht mehr so klar.

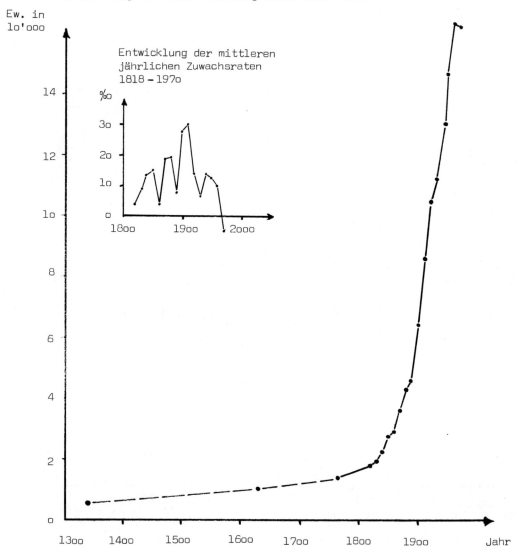

Graphik 13: Entwicklung der Wohnbevölkerung Berns 1340 – 1970 sowie der mittleren jährlichen Zuwachsraten 1818 – 1970

chung freilich gering und aller Wahrscheinlichkeit nach auf
suburbane Wanderung zurückzuführen). Erwartungsgemäss ist
auch der Anteil der Einfamilienhäuser an den Wohngebäuden
gering und der Anteil der Wohngebäude mit mehr als fünf Geschossen sowie die Behausungsziffer dementsprechend hoch.
Weiter fällt auf der überdurchschnittlich hohe Ausländeranteil (ausser bei Bern), die über dem Mittel liegende Erwerbsquote, die relative Ueberalterung, der hohe Anteil der Erwerbstätigen im Dienstleistungssektor und der geringe in der Urproduktion. Spezifisch für Bern ist offenbar die relativ niedrige
Ausländerquote und der geringe Anteil an Katholiken. Natürlich
ist eine solche Gegenüberstellung anhand einiger weniger willkürlich ausgewählter Merkmale unbefriedigend. Mehr ist jedoch
an dieser Stelle kaum möglich, weil 1. die Kriterien für die
Bildung einer brauchbaren Typologie nicht vorliegen und 2.
wichtige Merkmale (etwa branchenspezifische Sozialproduktsberechnungen) nicht vorhanden sind.

Historisch interessant ist zunächst einmal die Kurve der Entwicklung der Wohnbevölkerung (Graphik 13). Um die Mitte des
14. Jahrhunderts, also bereits, nachdem der 1191 gegründete
Kern zweimal erweitert worden war (28), dürfte Bern rund 5'500
Einwohner gezählt haben, zur Zeit der dritten Erweiterung (vgl.
Graphik 14-17), also 1646, etwa 10'000. Um die Mitte des 19.
Jahrhunderts, während der Frühphase der Industrialisierung,
lösen verschiedene Ereignisse einen deutlichen Wachstumsschub
aus: 1835 werden die Befestigungen im Westen, die Grosse und
die Kleine Schanze, geschleift, die längst keine militärische
Bedeutung mehr hatten; 1844 wird die Nydeggbrücke im Osten,
1850 die Tiefenaubrücke im Norden gebaut und öffnet den Weg
über die Aare. Wichtig wird aber vor allem die Einführung der
Eisenbahn gewesen sein: "Im Jahre 1857 fuhr die erste Lokomotive auf der Linie Bern - Olten in den provisorischen Bahnhof
auf dem Wyler ein. Der erste Zug erreichte die Stadt am

---

28 Eine gute Zusammenfassung der Entwicklungsgeschichte Berns
bis 1930 findet sich in der Beilage zum Wettbewerb für einen
Gesamtbebauungsplan aus dem Jahr 1931: Stadt Bern - Abriss
der baulichen Entwicklung und statistische Grundlagen

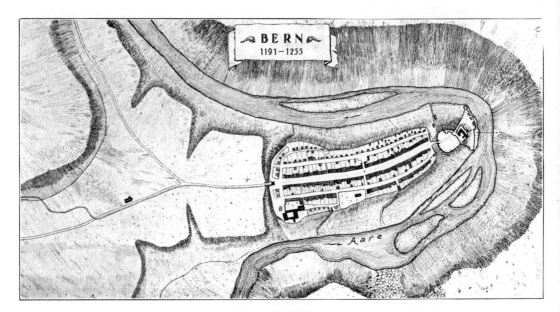

Graphik 14: Die Entwicklung der Altstadt - Die Stadtgründung. Aus: Stadt Bern - Abriss der baulichen Entwicklung und statistische Grundlagen, S. 1o

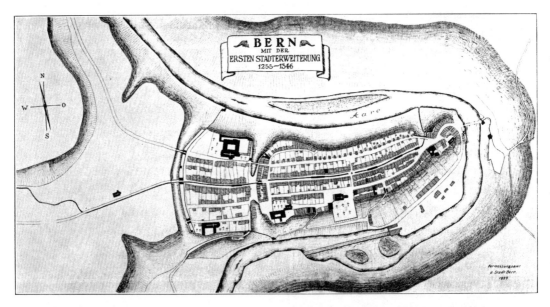

Graphik 15: Die Entwicklung der Altstadt - Die erste Erweiterung. Aus: Stadt Bern - Abriss der baulichen Entwicklung und statistische Grundlagen, S. 1o

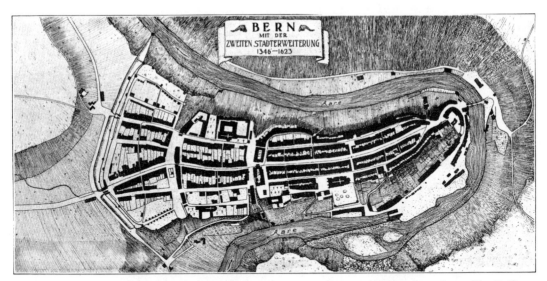

Graphik 16: Die Entwicklung der Altstadt - Die zweite Erweiterung. Aus: Stadt Bern Abriss der baulichen Entwicklung und statistische Grundlagen, S. 11

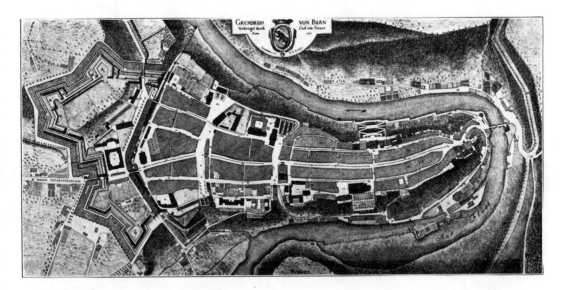

Graphik 17: Die Entwicklung der Altstadt - Die dritte Erweiterung. Aus: Stadt Bern - Abriss der baulichen Entwicklung und statistische Grundlagen, S. 11

15. November 1858 nach Erstellung der eisernen Brücke (sog. Rote Brücke) in einem vorläufig errichteten Bahnhof an der Laupenstrasse. Am 1. Mai 1860 erfolgte die Eröffnung des heutigen, seither mehrfach umgebauten Bahnhofes. In der Folge mehrten sich die Schienenstränge, die in den Berner Bahnhof einmündeten: Thuner- (1857), Freiburger- (1860), Bieler- (1864) und Langnauer-Linie (1864); 1901 Bern-Neuenburgbahn; 1913 endlich wurde das letzte Teilstück (Kandersteg-Brig) der Lötschbergbahn eröffnet, wodurch Stadt und Kanton Bern an eine internationale Verkehrsader (Bern-Lötschberg-Simplon) angeschlossen wurden"(29). So erstaunt es nach dem Standort des neuen Bahnhofes und der Brücke, die auch für Fussgänger und Fahrzeuge diente, nicht, dass die wichtigsten Erweiterungen der Stadt bis 1875 in der Lorraine, in der Länggasse und im Mattenhof zu finden sind. Damit wird zunächst vor allem die Ausdehnung im Westen begünstigt - der Bau der Kirchenfeldbrücke 1883, die am Ende gescheiterten Ueberbauungspläne der Berne Land Company und die daran anschliessende Phase wilder Spekulation bringen auch einen spürbaren Bevölkerungszuwachs im Süden der Aareschleife. Im Norden wird 1898 die Kornhausbrücke über die Aare geschlagen und damit die Voraussetzung geschaffen für die Besiedlung des Spitalackers und des Breitenrain.

Für den Binnenverkehr stehen um die Jahrhundertwende bereits die ersten Strassenbahnen zur Verfügung: Die erste Linie vom Bärengraben zum Bahnhof wird am 1. Oktober 1890 eröffnet und erschliesst die ganze Altstadt. Verkehrsbeziehungen zu den angrenzenden Gemeinden werden nach 1924 durch einen Omnibusbetrieb und durch Nebenbahnen geschaffen. 1928 beschliesst dann die Gemeindeabstimmung gar den Ankauf eines Geländes im Belpmoos zur Errichtung eines Flugplatzes, der seit 1929 kursmässig von Basel, Lausanne und Zürich angeflogen wurde (heute gibt es nur noch eine kursmässig betriebene Linie, die nach London).

---

29 Bern und seine Entwicklung - graphisch-statistischer Atlas, hrsg. vom Statistischen Amt der Stadt Bern, Bern 1941, S. 52; Auch die folgenden Angaben zur Verkehrsentwicklung sind diesem Werk entnommen

Für die Agglomerationsbildung wird indessen die Entwicklung
des Privatverkehrs wichtiger gewesen sein, die um die Jahrhundertwende einsetzt. 1920 zählte man in Bern "290 Personenautos (d.h. eine Dichte von etwa 3 Autos auf 1'000 Einwohner,
1970 waren 221 pro 1'000 Ew., B.H.) und 140 Motorräder; 1930
waren es schon 2'201 und 1'104 und 1938 3'338 bzw. 743" (30).
Und wo 1852 noch eine Strassenlänge von insgesamt 82.7 km
genügte, waren es 1939 bereits 307.3 km, 1970 wurden 364.5 km
angegeben. Wenn 1920 ein Personenauto auf einen km Strassenlänge kam, so sind es Ende 1970 bereits etwa 100. Die zunehmende
Motorisierung und die immer weiter ausgebaute Verkehrserschliessung dürften zu einem wesentlichen Teil den Verlauf der Bevölkerungskurve erklären.

Hätte man 1900 versucht, die Bevölkerungsentwicklung auf Grund
der Zahlen der vergangenen 50 Jahre vorauszuschätzen, dann wäre
man für 1970 auf eine Zahl von knapp über 100'000 Einwohnern
gekommen - die wirkliche Entwicklung sollte weit darüber hinaus
gehen. Ab etwa 1900 wird die Wachstumskurve noch einmal deutlich steiler. Die Stadt hat heute etwa 160'000 Einwohner
und verzeichnete in den letzten 15 Jahren sogar einen
leichten Rückgang - aber auch hier verschleiert der Bezug auf
die administrativen Grenzen das Wesentliche: Die Agglomeration,
die sozialmorphologisch die relevante Einheit darstellt, zählte
1970 knapp 285'000 Einwohner.

Nun stellt sich die Frage, ob dieser Wachstumsprozess sich so
abgespielt hat, wie das nach dem Modell der konzentrischen
Zonen zu erwarten gewesen wäre. Das lässt sich, da geeignet
aufbereitete Daten fehlen, zumindest statistisch nicht nachweisen. Die Pläne aus verschiedenen Entwicklungsphasen aber
machen deutlich (31), dass nach der Einführung der Eisenbahn
die Stadtentwicklung dem Muster folgt, das die Verkehrser-

---

30 ebda., S. 54; genauere Angaben über die Verkehrsentwicklung
    finden sich im Statistischen Jahrbuch der Stadt Bern

31 Die folgenden Pläne (Graphik 18,19 und 20) sind ebenfalls
    entnommen aus Stadt Bern - Abriss der baulichen Entwicklung
    und statistische Grundlagen, Bern o.J. (1931), S. 15-19

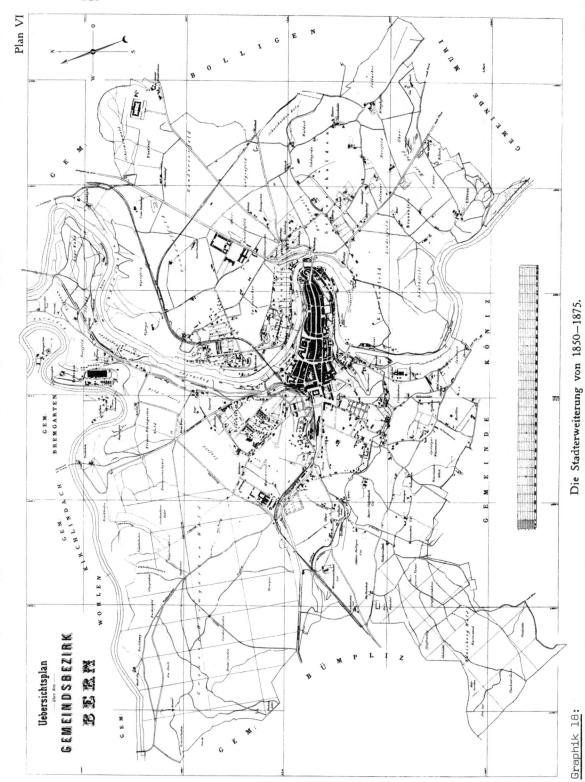

Graphik 18: Die Stadterweiterung von 1850–1875.

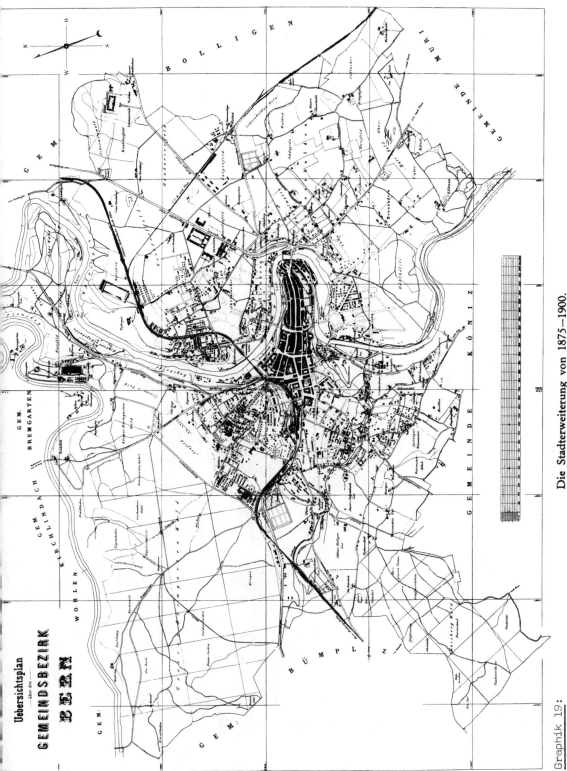

Graphik 19: Die Stadterweiterung von 1875–1900.

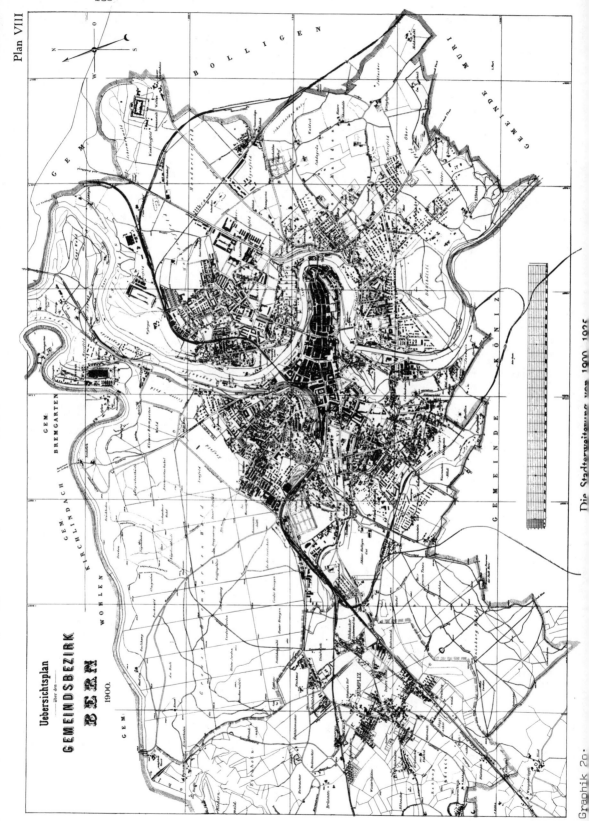

schliessung vorgezeichnet hat. Für das wichtigste Entwicklungsprinzip: die Dominanz des Zentrums, gibt es allenfalls indirekte Belege. Wenn man grob als Zentrum den Stadtteil I annimmt, zeigt die relative Verteilung der Bevölkerung auf die einzelnen Stadtteile im Zeitablauf eine deutliche Tendenz: der Stadtteil I, in dem 1830 noch rund 80 % der bernischen Bevölkerung wohnten, beherbergt 1970 nurmehr 4 %. Dieser Rückgang ist aber nicht nur relativ, sondern auch absolut zu verzeichnen, so dass die Innenstadt also Wohnraum verloren hat (32), und zwar jeweils an die sich neu entwickelnden Stadtteile. Die Vermutung lässt sich damit bestärken, dass der Entwicklungsdruck vom Zentrum ausgegangen sei - bewiesen ist sie freilich nicht. Dazu müssten wir über sehr viel genauere Angaben zur Baugeschichte, zu den Landnutzungsmustern und den Migrationsströmen einzelner Epochen verfügen, die meist weit verstreut in schwer auffindbaren Quellen und Archiven zusammengesucht werden müssten - wenn sie überhaupt vorhanden sind (33).

---

32 Vgl. dazu auch: Die Bevölkerung Berns und ihre Entwicklung in den letzten 100 Jahren auf Grund der eidgenössischen Volkszählungen, hrsg. vom Statistischen Amt der Stadt Bern anlässlich der 26. Tagung des Internationalen Statistischen Institutes in Bern vom 5. bis 10. September 1949, S. 15 f.

33 Zahlreiche Angaben zur Baugeschichte sind enthalten in den vier Bänden der "Kunstdenkmäler der Schweiz", die der Stadt Bern gewidmet sind; interessantes Material findet sich weiter auch in der Berner Zeitschrift für Geschichte und Heimatkunde, vgl. z.B. H. Freudiger: Die Wohnhäuser Berns und die bauliche Entwicklung seit dem 15. Jahrhundert, 4. Jg. (1942) S. 1-33; M. Stettler: Eingriffe ins Berner Stadtbild seit 100 Jahren, 8. Jg. (1946) S. 7-19; E. Hegi: 600 Jahre Bern-Obere Stadt, 9. Jg. (1947) S. 25-34; Regesten zur Baugeschichte stadtbernischer Staatsbauten des 16.-18. Jahrhunderts, hrsg. von W. Biber und P. Hofer, 9. Jg. (1947) Heft 4; B. Bietenhard: Verwaltungsgeschichtliches zum bernischen Bauwesen im 18. Jahrhundert, 36. Jg. (1974) Heft 3. Diese Quellen sind mir jedoch so spät zugänglich geworden, dass ich sie für diese Arbeit nicht mehr auswerten konnte

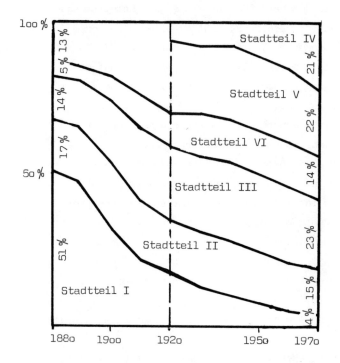

Graphik 21: Relative Verteilung der Wohnbevölkerung auf die Stadtteile
(1919 Eingemeindung von Bümpliz, das zu einem neuen Stadtteil wird),
1880 - 1970

Nun ist freilich auch die Zahl der Personen pro Haushalt ständig zurückgegangen: von 4.89 im Jahre 1850 auf 2.35 im Jahr 1970 (für den Stadtteil I). Da aber auch die Zahl der Haushaltungen absolut abgenommen hat, und zwar weitaus stärker als die Zahl der bewohnten Gebäude, lässt sich die anschaulich plausible Erfahrung, dass der Anteil der Wohnnutzung in der Innenstadt ständig zurückgegangen ist, auch in den Zahlen der Statistik wiederfinden. Auf ein wichtiges Argument im Zusammenhang mit dem Dominanzprinzip – den Verlauf und die Stärke der Wanderungsströme – soll später noch detaillierter eingegangen werden. Seine Verwendung im Zusammenhang mit der bernischen Entwicklungsgeschichte ist nicht möglich, weil genügend aufgeschlüsselte Zahlen erst seit wenigen Jahren zur Verfügung stehen.

Zur Ueberprüfung der Homogenität der statistischen Bezirke der Stadt Bern dient die Graphik 22. Eine Anzahl statistischer Bezirke ist ebenso wie eine Anzahl von Merkmalen zufällig ausgewählt und die jeweilige Merkmalsverteilung anhand der Werte der Quartiere, wie sie von E. Gächter zusammengestellt worden sind (34), graphisch dargestellt worden. Es handelt sich um folgende Merkmale:

Skizze Nr.	Statistischer Bezirk Nr.	Merkmal
o1	8	Einwohner pro ha überbaute Fläche
o2	12	Anteil der weiblichen an der Wohnbevölkerung in %
o3	14	Anteil der ausländischen an der Wohnbevölkerung in %
o4	16	Anteil der römisch-katholischen an der Wohnbevölkerung in %
o5	17	Anteil der Bevölkerung mit Geburtsort Stadt Bern in % der Wohnbevölkerung
o6	2o	Anteil der Personen, die vor 5 Jahren in der Stadt Bern gewohnt haben, in % aller Personen, für die Angaben zur Verfügung stehen
o7	22	Anteil der Personen, die keine oder nur die Primarschule abgeschlossen haben, in % der Personen, die 24 und mehr Jahre alt sind
o8	25	Anteil der Rentner und Pensionierten an der Wohnbevölkerung in %
o9	26	Anteil der im tertiären Sektor Beschäftigten in % aller Erwerbstätigen
lo	27	Anteil der an- und ungelernten Arbeiter in % aller Erwerbstätigen
11	32	Anteil der Einpersonenhaushalte in % aller privaten Haushaltungen

Tabelle 8: Statistische Bezirke und Merkmale, die zur Ueberprüfung der Homogenität der statistischen Bezirke (Graphik 22) verwendet worden sind

Aus dem Ueberblick ergibt sich anschaulich ohne weiteres der Schluss, dass die Homogenität der statistischen Bezirke nicht angenommen werden darf. Das hat zur Konsequenz, dass alle Resultate, die auf dieser Basis gewonnen werden, nur als vorläufige Hinweise interpretiert werden dürfen.

34 E. Gächter: die demographisch-sozioökonomische Struktur der Stadt Bern 1970 in quartierweiser Gliederung, Bern 1974

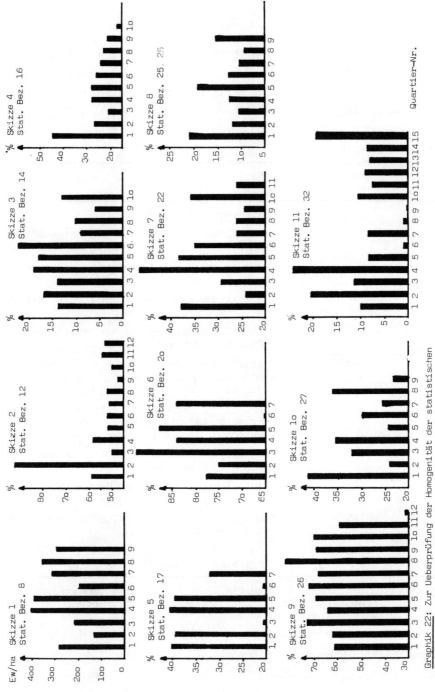

Graphik 22: Zur Ueberprüfung der Homogenität der statistischen Bezirke Berns. Erläuterungen dazu vgl. S. 155

In dieser Phase kann es freilich nur um solche Hinweise gehen. Die
Hauptstudie, deren Arbeitsplan später beschrieben werden soll, wird
demgegenüber ausgehen von den Quartieren, die Gächter ausgeschieden
hat. Das war für die Vorstudie nicht sinnvoll, weil nicht alle Merkmale, die hier verwendet werden sollen, auf dieser Basis aufgearbeitet
sind; darüber hinaus wäre der Rechenaufwand erheblich grösser gewesen und hätte den Rahmen einer Vorstudie wohl schon gesprengt.

Stadtteil		Statistische Bezirke
I	Innenstadt	o1 Schwarzes Quartier
		o2 Weisses Quartier
		o3 Grünes Quartier
		o4 Gelbes Quartier
		o5 Rotes Quartier
II	Länggasse-Felsenau	o6 Engeried
		o7 Felsenau
		o8 Neufeld
		o9 Länggasse
		1o Stadtbach
		11 Muesmatt
III	Mattenhof-Weissenbühl	12 Holligen
		13 Weissenstein
		14 Mattenhof
		15 Monbijou
		16 Weissenbühl
		17 Sandrain
IV	Kirchenfeld-Schosshalde	18 Kirchenfeld
		19 Gryphenhübeli
		2o Brunnadern
		21 Murifeld
		22 Schosshalde
V	Breitenrain-Lorraine	23 Beundenfeld
		24 Altenberg
		25 Spitalacker
		26 Breitfeld
		27 Breitenrain
		28 Lorraine
VI	Bümpliz-Oberbottigen	29 Bümpliz
		3o Oberbottigen (nicht berücksichtigt)
		31 Stöckacker
		32 Betlehem

Tabelle 9 : Stadt Bern, Stadtteile und statistische Bezirke
(vgl. dazu auch Graphik 1o auf S. 133 dieser Arbeit)

3.4.2. Untersuchungshypothesen

Um die Generalisierbarkeit des sozialökologischen Bezugsrahmens zu prüfen, wird zunächst einmal danach gefragt, ob die Ausgangsvariablen der Sozialraumanalyse für Bern das gleiche Faktormuster bilden wie in amerikanischen Grosstädten. Dabei wird, um die Vergleichbarkeit zu gewährleisten, das gleiche methodische Vorgehen gewählt, mit dem <u>Wendell Bell</u> diesen Test für Los Angeles durchgeführt hat, mit dem einzigen Unterschied, dass an die Stelle der Zentroidlösung ein Faktormuster nach der Hauptachsenmethode berechnet wird. Ich übernehme daher auch <u>Bell</u>'s Hypothesen ungeachtet der Neuinterpretation des urbanization-Faktors, jedoch mit einer Modifikation: Es wird nicht erwartet, dass ein ethnic status-Faktor als unabhängige Dimension auftritt; der Ausländeranteil wird mit dem social rank-Faktor assoziiert sein (35).

"H_1: <u>Economic status, family status</u>, (and ethnic status, der hier wegfällt, B.H.), <u>each represent a discrete social factor which is necessary to account for the differences between urban sub-populations with respect to social characteristics.</u> (...)

H_{2a}: <u>Measures of occupation, education, and rent</u> (beizufügen ist hier der Ausländeranteil, B.H.) <u>compose a unidimensional index of the economic status of urban sub-populations.</u>

H_{2b}: <u>Measures of fertility, women in the labor force, and single-family detached dwelling units compose a unidimensional index of the family status of urban sub-populations.</u>"

Erwartet wird also das folgende Faktormuster:

Variable	Faktor I	II
1 Beschäftigung	+	o
2 Ausbildung	+	o
3 -Miete	+	o
4 Fruchtbarkeit	o	+
5 -weibl. Erwerbsquote	o	+
6 Einfamilienhäuser	o	+
7 Ausländeranteil	+	o

wobei I = Economic status
      II = Family status
       o = kleine Faktorladungen
       + = grosse Faktorladungen

<u>Tabelle 1o</u>: Hypothetisches Faktormuster der SAA-Variablen für Bern 197o

Wenn diese beiden Hypothesen bestätigt werden können, dann soll in einem nächsten Schritt die Sozialraumanalyse nach dem von Shevky und Bell (36) vorgeschlagenen Verfahren berechnet und in einem Sozialraumdiagramm dargestellt werden. Da die blosse Berechenbarkeit der Indikatoren wie früher nachgewiesen (37) über den analytischen Wert des Verfahrens nichts aussagt, ist dazu keine spezielle Hypothese zu formulieren; die Darstellung hat nur illustrativen Wert.

Im nächsten Schritt werden die folgenden Hypothesen zur Spezialisierung geprüft:

H_3: Der Bodenpreis korreliert signifikant und negativ mit der ökologischen Distanz;

H_4: Die Ladenflächen pro Einwohner korrelieren signifikant und positiv mit dem Bodenpreis;

H_5: Die Arbeitsplätze pro 100 Einwohner korrelieren signifikant und positiv mit dem Bodenpreis.

Zum Verhältnis zwischen Spezialisierung und Segregation wird die folgende Hypothese formuliert:

H_6: Zwischen Bodenpreis und Mietzins besteht keine signifikante Korrelation.

Die vermutete Abhängigkeit zwischen social rank und Mietzins wird untersucht in

H_7: Social rank und Mietzins korrelieren signifikant und positiv miteinander.

Dabei wird indessen eine weniger hohe Korrelation erwartet, weil der tertiäre Verteilungsmechanismus hier zwar einen Einfluss hat, aber über die morphologische Analyse nicht erfasst werden kann (38). Der Mietzins sollte indessen für einen erheblichen Teil der Varianz der social rank-Variablen verantwortlich sein.

---

35 Die Hypothesen werden übernommen von W. Bell: Economic, Family, and Ethnic Status: An Empirical Test, ASR 20. Jg. (1955) S. 45-52. Es wird noch einmal daran erinnert, dass Shevky und Bell unterschiedliche Bezeichnungen für die Indikatoren bevorzugen. Economic status ist identisch mit social rank, family status entspricht urbanization, jedoch mit umgekehrtem Vorzeichen, und ethnic status heisst bei Shevky segregation

36 E. Shevky und W. Bell: Social Area Analysis, a.a.O., S. 54 ff.

37 Vgl. S. 93 dieser Arbeit

38 Vgl. S. 130 dieser Arbeit

Segregation bedeutet die relative räumliche Isolierung sozialer Gruppen voneinander. Dahinter steht das Argument, dass räumliche Distanz als ein Indiz sozialer Distanz angesehen werden kann. Die Schichtzugehörigkeit, die über social rank erfasst wird, ist ein Kriterium für die Beurteilung sozialer Distanz, von dem wir indessen nicht wissen, wie wichtig es für die Segregation ist und welcher Aspekte sozialer Schicht - Einkommen, berufliche Stellung oder Ausbildung - vor allem auf Segregation einwirkt. Zudem wird es andere Kriterien geben, nach denen soziale Gruppen segregiert wohnen, etwa der Ausländerstatus oder das Migrationsverhalten, möglicherweise auch Merkmale, die für die Stellung im Lebenszyklus stehen. Da hierzu nur wenige Informationen vorliegen, ist ein exploratives Vorgehen angezeigt. Es wird also nicht ein Satz präziser Hypothesen abgeleitet, sondern nur eine allgemeine Hypothese untersucht:

H_8: <u>Räumliche Distanz kann als ein Indiz für soziale Distanz interpretiert werden.</u>

Aus dem Modell der konzentrischen Zonen sind früher bereits (39) Hypothesen über die räumliche Verteilung der Migrationsvariablen abgeleitet worden. Sie werden nun präzisiert:

H_9: <u>Je grösser die ökologische Distanz, desto kleiner ist die Migrationsrate;</u>

H_{10}: <u>Je grösser die ökologische Distanz, desto kleiner sind die Zuzugs- und die Wegzugsrate;</u>

H_{11}: <u>je grösser die ökologische Distanz, desto kleiner ist der Saldo aus grenzüberschreitender Wanderung</u> (die Beziehung ist möglicherweise nicht sehr ausgeprägt, weil auch erhebliche Teile der suburbanen Wanderung grenzüberschreitend sind);

H_{12}: <u>je grösser die ökologische Distanz, desto grösser ist der Saldo der Binnenwanderung.</u>

Schwieriger ist es, die Frage nach der differentiellen Migration, d.h. nach der sozialen Zusammensetzung der Migrationsströme, zu beantworten, ohne dabei einem ökologischen Fehlschluss zum Opfer zu fallen. Oekologische Korrelationen sind daher nur zu werten als Indizien, nicht aber als gültige Prüfung der Hypothesen:

---

39 Vgl. S.57 dieser Arbeit

H_{13}: <u>Je grösser die ökologische Distanz, desto kleiner ist der Anteil der Kleinhaushalte;</u>

H_{14}: <u>je grösser der Anteil der Kleinhaushalte, desto grösser ist auch der Anteil der jungen Erwachsenen an der Wohnbevölkerung;</u>

H_{15}: <u>je grösser die Zahl der Kleinhaushalte, desto grösser ist der Anteil der Alleinstehenden;</u>

H_{16}: <u>je grösser der Anteil der Kleinhaushalte, desto höher ist die mittlere Erwerbsquote;</u>

H_{17}: <u>je grösser der Anteil der Kleinhaushalte, desto tiefer ist die Fruchtbarkeitsziffer, d.h. die Zahl der Kinder.</u>

Hypothese H_5 postuliert, dass mit steigenden Bodenpreisen das Verhältnis zwischen Arbeits- und Wohnplätzen zunimmt. Wenn man die Tagesbevölkerung eines Bezirks - wie das meist recht ungenügend geschieht (4o) - als die Summe aus Wohn- und Arbeitsplätzen definiert, dann lässt sich aus dieser Spezialisierungshypothese auf den Umfang der rekurrenten Mobilität schliessen:

H_{18}: <u>Je höher die Bodenpreise, desto grösser ist das Verhältnis zwischen Tages- und Wohnbevölkerung eines Bezirks;</u>

H_{19}: <u>je grösser die ökologische Distanz, desto kleiner ist das Verhältnis zwischen Tages- und Wohnbevölkerung;</u>

H_{2o}: <u>je grösser die ökologische Distanz, desto kleiner ist der Anteil derer, für die Wohn- und Arbeitsort im selben Bezirk liegen.</u>

Schliesslich soll noch eine letzte Frage diskutiert werden, die für die Planung eine wichtige Rolle spielt, im theoretischen Bezugsrahmen aber nicht angeschnitten wurde. Planer sind häufig der Ansicht, dass die Ausnützungsziffer, d.h. das Verhältnis der Nutzfläche zur Parzellenfläche, ein relevantes Mass darstellt für die Beurteilung der Dichte. Dagegen ist die Auffassung vertreten worden, dass unter den Begriff der Dichte allzu oft sehr verschiedene Phänomene subsummiert werden, die nicht notwendig miteinander zusammenhängen (41). Dieser Frage soll am Ende dieses Kapitels nachgegangen werden.

4o Z.B. von <u>P.M. Randet</u> in seinem Fragenkatalog zur Vorbereitung nationaler Rapporte zu Handen des Comité de l'habitation, de la constuction et de la planification, CEE-Dokument HBP/R.31/ Rev. 1; ungenügend ist diese Definition deshalb, weil der Einkaufs-, Zulieferer- und Besuchsverkehr ausgeschlossen wird

41 <u>P. Atteslander</u>: Dichte und Mischung der Bevölkerung, Berlin, New York 1975

Wenn die Hypothesen H_1 bis H_{20} eine empirische Bestätigung finden sollten, dann wird angenommen, dass der Bezugsrahmen der Sozialökologie gemäss der Ausgangshypothese 3 auch für schweizerische Verhältnisse, jedenfalls aber für eine Stadt wie Bern, generalisierbar ist und zu theoretisch sinnvollen Deskriptoren führt. Das wäre die Voraussetzung für die Beantwortung der Ausgangshyothese 4, die die praktische Relevanz dieses Bezugsrahmens behauptet.

3.4.3. Sozialraumanalyse, Bern 1970

Die Definition der Ausgangsvariablen für die Sozialraumanalyse wird um der Vergleichbarkeit willen genau nach den Angaben bei Shevky und Bell (42) vorgenommen; lediglich bei den Ausländern sind diejenigen mit Spezialbewilligung abgezogen worden, weil es sich in der Regel um diplomatisches Personal handelt.

Variable	Definition und Quelle
Beschäftigung	Arbeiter pro 1'000 Erwerbstätige; VZ Tabelle 2.08, Spalte 22 und 23 (eigene Berechnung)
Ausbildung	Personen, die keine oder nur die Primarschule abgeschlossen haben, pro 1'000 der Wohnbevölkerung 25 Jahre und älter; Gächter, E.: Die demographisch-sozioökonomische Struktur der Stadt Bern 1970, Tabelle 1.3 (eigene Berechnung)
Miete	Mittlerer Mietzins pro Kopf und Jahr; WZ Tabelle 1.51 (eigene Berechnung)
Fruchtbarkeit	Kinder unter 5 pro 1'000 Frauen zwischen 15 und 44 Jahren; VZ Tabelle 4.01 (eigene Berechnung)
weibl. Erwerbsquote	Erwerbstätige Frauen pro 1'000 Frauen über 15 J.; VZ Tabellen 2.03 und 2.04 (eigene Berechnung)
Einfamilienhäuser	Wohnungen in Einfamilienhäusern pro 100 Wohnungen; WZ Tabelle 1.01 und 1.02 (eigene Berechnung)
Ausländer	Ausländer total abzgl. Ausländer mit Spezialbewilligung pro 1'000 der Wohnbevölkerung; Gächter, E.: Die demographisch-sozioökonomische Struktur der Stadt Bern 1970, Tabelle 1.5 (eigene Berechnung)

Tabelle 11: Variablendefinitionen und Quellen für die Sozialraumanalyse Bern 1970

---

42 E. Shevky und W. Bell: Social Area Analysis, a.a.O., S. 54 ff.

Variable	Faktor I	II	h²
1 Beschäftigung	.82o	-.245	.732
2 Ausbildung	.9o7	.231	.875
3 Miete	-.968	-.o45	.939
4 Fruchtbarkeit	.4o9	-.599	.526
5 weibl. Erwerbsquote	.o39	.957	.917
6 Einfamilienhäuser	.o35	-.6o7	.37o
7 Ausländeranteil	.2o3	.9o8	.865
Varianzanteil in %	5o.6	49.4	.

Tabelle 12: Faktormuster (orthogonal rotiert) der SAA-Variablen für Bern 197o

Wie allgemein üblich, werden Faktorladungen, die kleiner als .3o sind, als nicht signifikant angesehen. Das Faktormuster bestätigt zunächst die Annahme, dass zwei Faktoren verantwortlich sind für die Gesamtvarianz, und dass diese Faktoren interpretiert werden können als social rank und urbanization (also nicht als family status, wie im hypothetischen Faktormuster; dieser Unterschied ist jedoch irrelevant, weil lediglich die Vorzeichen sich unterscheiden). Zum Vergleich wird das von Bell für Los Angeles 194o extrahierte Faktormuster gegeben:

Measures	I	II	III	h²
1 Occupation	.482	.193	-.o94	.845
2 Education	.319	-.o44	.282	.873
3 -Rent	.653	-.192	-.189	.763
4 Fertility	.1o9	.562	.176	.877
5 -WLF	.148	.617	-.193	.765
6 SFDU	-.147	.727	.o15	.643
7 SEG	-.1o9	.o44	.576	.613

Tabelle 13: Faktormuster der SAA-Variablen für Los Angeles 194o. Quelle: W. Bell: Economic, Family, and Ethnic Status: An Empirical Test, a.a.O., S. 47

In beiden Faktormustern entspricht auch die Richtung der
Faktorladungen – die wie Korrelationskoeffizienten zwischen
der Variablen und dem Faktor zu interpretieren sind – den
Erwartungen. Insoweit lassen sich also die Hypothesen H_1 und
H_2 bestätigen. Allerdings entspricht die Assoziation der
Variablen Ausländeranteil mit dem 2. Faktor nicht den Erwartungen. Der Grund dafür muss wohl darin gesucht werden,
dass die Jahresaufenthalter, die wegen des verbotenen Familien-
nachzuges meist als Einzelpersonen leben, mit einem Anteil
von 54 % an der ausländischen Wohnbevölkerung die Verteilung
dieses Merkmals wesentlich bestimmen. Die Hypothese H_2 wäre
also in dieser Hinsicht abzulehnen.

Im Vergleich beider Faktormuster fällt auf, dass die beiden
Faktoren den Datenraum für Bern besser trennen als für Los
Angeles, d.h. die Faktorladungen sind in der Regel für Bern
höher, und die beiden Faktoren erklären zusammen 98 % der
Gesamtvarianz (<u>Bell</u> gibt hier nichts genaues an, sagt nur,
dass nach der Extraktion seiner drei Faktoren noch ein kleiner
unerklärter Varianzanteil bleibe). Wenn es sich dabei nicht
einfach um methodische Artefakte handelt, bedeuten diese
Unterschiede, dass die bernische Bevölkerung im Mittel
etwas homogener ist als die von Los Angeles – eine Schlussfolgerung, die kaum erstaunt.

Die Kommunalitäten (h^2) der Berner Lösung zeigen, dass zwei
Variable durch die beiden Faktoren nur ungenügend erklärt
werden können: die Fruchtbarkeitsziffer und der Anteil der
Einfamilienhäuser. Die Fruchtbarkeitsziffer zeigt auf beiden
Faktoren signifikante Ladungen, hängt also auch noch mit
dem social rank zusammen – auch dies ein Zeichen für den
relativ geringeren Grad der Differenziertheit. Der Anteil
der Einfamilienhäuser zeigt nur mit der weiblichen Erwerbsquote eine signifikante negative Korrelation , steht aber
sonst mit keiner der anderen 5o Variablen des gesamten
Datensatzes in einer besonders deutlichen Beziehung. Aller

Wahrscheinlichkeit nach spiegeln sich darin kulturspezifische Wohnformen. Es mag dabei auch erstaunen, dass dieses Merkmal überhaupt nicht mit social rank korreliert, während sich in Los Angeles dafür noch eine schwachnegative Korrelation findet.

Je höher also der social rank (Faktor I, der übrigens in beiden Lösungen negativ definiert ist), desto geringer ist der Anteil derer, die keine oder nur die Primarschule besucht haben, desto geringer ist auch der Anteil der Arbeiter an den Beschäftigten und desto höher ist die Miete pro Kopf und Jahr im Mittel. Je höher urbanization (Faktor II), desto geringer ist die Fruchtbarkeit, desto höher ist die weibliche Erwerbsquote und desto geringer ist der Anteil der Einfamilienhauswohnungen. Je höher schliesslich urbanization, desto grösser ist der Anteil der Ausländer an der Wohnbevölkerung. Dieses Resultat mag als erster Beleg für die Generalisierbarkeit des Bezugsrahmens gelten.

Darauf aufbauend soll nun die Sozialraumanalyse so gerechnet werden, wie dies ursprünglich vorgeschlagen worden war (Tabelle 14). Da deren Indikatoren nicht aus gewichteten Durchschnitten der Ausgangsvariablen gebildet werden - also alle Ausgangsvariablen als gleich bedeutsam angesehen werden - ist ein Vergleich mit den entsprechenden Faktorwerten interessant. Für social rank ergibt sich dabei eine Korrelation von $r = -.985$, also praktisch die Identität von Faktor- und Mittelwert, für urbanization ist $r = .919$, was zweifellos auf den Einfluss des Ausländeranteils im Faktorwert zurückzuführen ist. Beide Berechnungsmethoden messen also dasselbe, und man wird im Zweifelsfall das sehr viel einfachere Verfahren von Shevky und Bell wählen. Das hat zudem den Vorteil, dass über die Konversionsfaktoren - die für die Standardisierung benötigt werden - sehr einfache vergleichende Analysen möglich sind (vgl. Tabelle 15). Am Beispiel Bern 1970 - Los Angeles 1940 soll das Vorgehen dazu illustriert werden; es geht dabei nicht darum, den Vergleich inhaltlich zu strapazieren, was ohne zusätzliche Informationen wenig sinnvoll wäre.

Tabelle 14:
Konstruktion der Indikatoren der Sozialraumanalyse Bern 1970
(nach Shevky & Bell 1955)

Statistischer Bezirk	Arbeiter pro 1'000 Erwerbstätige =Beschäftigung	Personen ohne oder mit Prim'abschluss pro 1'000 Wohnbev. = Ausbildung	mittlerer Mietzins pro Kopf und Jahr= Miete	Social-rank-Indikator	Kinder unter 5 J. auf 1'000 Frauen 15-44 J. Fruchtbarkeit	weibl. Erwerbsquote	Anteil Wohnungen in Einfamilienhäusern	Urbanizat. Indikator	abs. Ausländer	segregation	Ausländer pro 1000 Wohnbev.
	social rank				urbanization				segregation		
01. Schwarzes Quartier	454	724	850	0	213	550	1	74	334		213
02. Weisses Quartier	272	477	1'361	52	163	608	0	84	314		238
03. Grünes Quartier	296	548	1'224	40	124	668	0	92	379		241
04. Gelbes Quartier	111	594	1'304	57	82	708	0	100	205		377
05. Rotes Quartier	184	563	1'211	49	102	620	0	91	406		322
06. Engeried	224	350	1'844	81	178	385	6	59	122		86
07. Felsenau	448	608	960	12	222	479	8	61	709		141
08. Neufeld	354	453	1'385	46	142	529	1	79	1'036		143
09. Länggasse	285	447	1'451	55	144	462	1	73	537		136
10. Stadtbach	372	303	1'565	60	106	502	5	76	269		145
11. Muesmatt	396	537	1'111	27	202	501	3	69	1'057		203
12. Holligen	396	537	1'080	27	176	505	1	73	1'182		126
13. Weissenstein	363	532	1'104	30	240	292	36	18	107		54
14. Mattenhof	365	484	1'239	38	195	486	3	68	1'209		146
15. Monbijou	251	420	1'400	59	158	523	2	76	714		171
16. Weissenbühl	254	372	1'527	66	199	455	3	65	970		114
17. Sandrain	242	368	1'421	64	183	448	2	67	663		137
18. Kirchenfeld	172	235	1'658	88	188	416	9	58	476		107
19. Gryphenhübeli	133	273	1'768	92	244	404	7	53	236		107
20. Brunnadern	159	230	1'660	89	200	400	13	52	403		76
21. Murifeld	366	419	1'105	38	216	445	5	61	444		166
22. Schosshalde	149	254	1'686	89	199	391	9	55	635		75
23. Beundenfeld	383	535	1'118	29	197	327	14	45	401		111
24. Altenberg	307	318	1'546	65	156	582	8	76	312		164
25. Spitalacker	289	424	1'428	56	177	467	0	71	1'292		134
26. Breitfeld	278	448	1'306	51	193	405	4	61	720		80
27. Breitenrain	374	589	1'088	25	206	474	0	69	1'016		130
28. Lorraine	381	622	925	17	211	476	13	56	888		200
29. Bümpliz	423	564	985	18	323	416	11	43	2'420		141
31. Stöckacker	464	668	976	7	275	381	3	52	272		102
32. Betlehem	441	604	1'007	15	422	416	7	37	1'899		137
Stadt Bern (ohne 30. Oberbottigen)	329	475	1'234	.	226	456	5	.	21'778		134

Variable	Konversionsfaktoren Bern 1970		Los Angeles 1940	
	x	o	x	o
Beschäftigung	.28329	111	.13369	0
Ausbildung	.20243	230	.12987	130
Miete	.10060	850	nicht erhoben	
Fruchtbarkeit	.29412	82	.16611	9
w. Erwerbsquote	.24038	292	.21834	86
Einfamilienhäuser	.28089	0	.10064	6

wobei o = der tiefste Wert der Variablen

$$x = \frac{100}{\text{Wertebereich der Variablen}}$$

Tabelle 15: Sozialraumanalyse - Konversionsfaktoren Bern 1970 und Los Angeles 1940

Je höher also der Konversionsfaktor x, desto kleiner ist der Wertebereich und wahrscheinlich auch die Varianz der Verteilung einer Variablen über die statistischen Einheiten; und je kleiner der Konversionsfaktor o, desto kleiner ist der untere Extremwert dieser Verteilung. Hier bestätigt sich also die Vermutung aus der Faktorenanalyse, dass die Bevölkerung Berns bezüglich dieser Variablen homogener sei als die von Los Angeles 1940, und dass die unteren Extreme bei weitem nicht so ausgeprägt sind. Da die statistischen Bezirke Berns und die census tracts von Los Angeles mit jeweils etwa 5'000 Einwohnern gleich gross sind, ist dieser Vergleich auch zulässig.

Man kann nun - wie dies in Graphik 23 geschieht - die Werte der drei Indikatoren, die in der Tabelle 14 enthalten sind, in ein "Sozialraumdiagramm" abtragen, und gewinnt damit eine nützliche Interpretationshilfe. Die 31 statistischen Bezirke Berns bilden offensichtlich drei Punkteschwärme, dazu kommen noch zwei "Aussenseiter". Am klarsten interpretierbar ist die Gruppe, die aus den statistischen Bezirken 6, 18, 19, 20 und 22 besteht: Hier handelt es sich um Gebiete mit überwiegender Oberschichtbevölkerung und mittlerem Urbanisierungsgrad, also um eine ziemlich präzise Beschreibung dessen, was

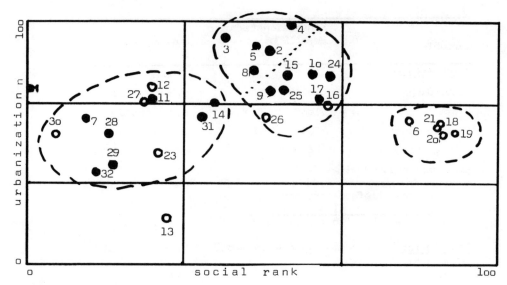

Graphik 23: Sozialraumdiagramm Bern 1970

○ Statistische Bezirke mit unterdurchschnittlichem Ausländeranteil
● Statistische Bezirke mit überdurchschnittlichem Ausländeranteil

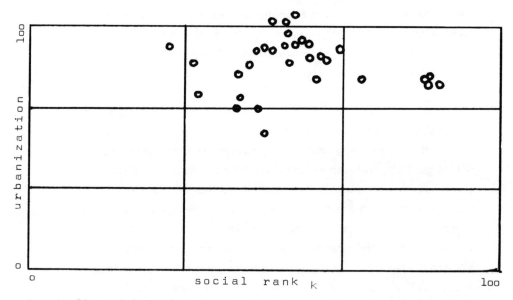

Graphik 24: Sozialraumdiagramm Bern 1970 im Vergleich mit Los Angeles 1940

E.W. Burgess in seinem Modell der konzentrischen Zonen als die
"zone of better residences" dargestellt hat. Alle diese Bezirke
haben einen unterdurchschnittlichen Ausländeranteil. Unter den
Erwerbstätigen finden sich relativ wenige Arbeiter, der Anteil
derer, die keine oder nur die Primarschule besucht haben, ist
gering, die Mietzinse sind hoch und für kleine Einkommen prohi-
bitiv. Man wird kaum fehlgehen in der Annahme, dass dieser Typ
des Wohnquartiers der oberen Mittel- und Oberschicht sich ebenfalls in Muri, Stettlen und Bolligen finden lässt und sich damit
halbkreisförmig um den Ostrand der Stadt legt. Nicht ganz in
dieses sektorale Verteilungsmuster passt der Bezirk 6 (Engeried).
Die Gründe, warum sich hier ein Villenquartier ausgebildet hat,
sind über die Sozial- und Baugeschichte zu eruieren. Die gute
Aussichtslage über der Aare, die Nähe zu Wald- und Grünflächen
und der ehemalige Standort des Berner Tierparks in der Enge mögen
dazu beigetragen haben.

Die zweite Punktewolke zerfällt in zwei Teile: der eine umfasst
die Innenstadtbezirke 2, 3, 4, 5 sowie den Bezirk 8 (Neufeld)
und ist gekennzeichnet durch sehr hohe urbanization-Werte -
also niedrige Fruchtbarkeit, hohe weibliche Erwerbsquote und
geringen Anteil der Einfamilienhäuser - und durch eine mittlere
Position auf der social rank-Skala. Der zweite Teil dieser
Punktewolke liegt etwas höher auf social rank, aber etwas
tiefer auf urbanization. Hier müsste man nach dem Modell der
konzentrischen Zonen eigentlich auf die Uebergangszone stossen,
also eine Gruppe mit sehr hohen urbanization-, aber sehr tiefen
social rank-Werten antreffen. Die bernische zone of transition
ist jedoch zu klein, um in der grobkörnigen Analyse über die
statistischen Bezirke sichtbar werden zu können - sie wäre
zu suchen in den unrenovierten, von den zentralen Gassen ab-
gewandten Häusern der Altstadt. Die Mittelwerte werden jedoch
dadurch verzerrt, dass renovierte und z.T. luxuriös ausgebaute Altstadtwohnungen für sehr hohe Mieten angeboten und
auch bewohnt werden - daher dürfte sich die mittlere Position
auf social rank erklären lassen.

Noch heterogener ist die dritte Punktewolke, die Bezirke mit
relativ tiefen social rank-Werten und mittlerem urbanization-
Grad enthält. Hier liegen offenbar die traditionellen Arbeiter-
wohngebiete mit überwiegend vollständigen Familien, die <u>Burgess</u>
als charakteristisch für die Zone 3 beschrieben hatte (zone of
workingmen's homes). Es mag erstaunen, dass dazu auch die Neu-
baugebiete des Westens gehören sollen, die man spontan vielleicht eher zur Pendlerzone hätte rechnen wollen (Bezirk 32,
Betlehem). Den Ausschlag mag dabei der relativ hohe Anteil an
subventionierten Sozialwohnungen geben.

Bezirke mit überdurchschnittlichem Ausländeranteil haben charak-
teristischerweise auch hohe urbanization-Werte, während sie jedoch auf der social rank-Skala, jedenfalls in ihren unteren
zwei Dritteln, weit streuen. Da die Gruppe der Ausländer, würde
man sie getrennt von den Schweizern analysieren, sehr hohe urbanization-Werte ergeben würde (d.h. bestimmt ist durch hohe weibliche
Erwerbsquote, tiefe Fruchtbarkeit und geringen Anteil Wohnungen
in Einfamilienhäusern), kann darin ein Indiz gesehen werden für
eine Tendenz zur räumlichen Nähe zu Schweizern, die in ähnlichen
Umständen leben.

Den tiefsten urbanization-Wert hat der Bezirk 13 (Weissenstein),
der vor allem geprägt wird durch die Reiheneinfamilienhäuser
der Eisenbahnergenossenschaft. Der Einfluss dieser Siedlung
ist so stark, dass der Bezirk im Sozialraumdiagramm als Aussenseiter auftritt. Auch hier ist eine sozialgeschichtliche Erklärung angebracht. Der zweite Aussenseiter ist der Bezirk 1,
die Matte. Hier leben, neben vielen Ausländern, zahlreiche kinderlose Haushalte, die weibliche Erwerbsquote ist hoch, der Arbei-
teranteil gross und die Mieten und die mittlere Ausbildung der
Bewohner tief. Hier wäre man - auch unter Berücksichtigung der
anderen Variablen (vgl. Anhang) am ehesten geneigt, von einer
zone of transition zu sprechen. Bekannt geworden ist der Bezirk
vor allem durch den für ihn typischen Dialekt, das "Mattenenglisch".
Heute dürfte dort das Zentrum der Berner Untergrundkultur liegen.

Wenn man die Sozialraumanalyse für vergleichende Untersuchungen einsetzen will, dann nimmt man die Bildung der Standardpunktzahlen für die Ausgangsvariablen vor, indem man die Konversionsfaktoren der zum Vergleich heranzuziehenden Stadt verwendet. Das Sozialraumdiagramm der Graphik 24 stellt einen solchen Vergleich zwischen Bern 1970 und Los Angeles 1940 dar. Da die Wertebereiche in Los Angeles sehr viel grösser, die Konversionsfaktoren also kleiner sind als für Bern, liegen die Punkte für die statistischen Bezirke hier näher beieinander, d.h. die Verteilungen sind homogener. Die urbanization-Werte sind im Mittel deutlich höher, und die social rank-Werte streuen weniger weit. Wegen der Verwendung anderer Konversionsfaktoren wird bei Vergleichen nicht notwendig die Skala von 1 bis 100 eingehalten, die Indikatoren können also Werte unter 1 und über 100 annehmen. Shevky und Bell (43) haben den Vergleich am Beispiel von San Francisco mit Daten für 1940 und 1950 durchgeführt und zeigen damit, dass sich die ganze Verteilung innerhalb dieser 10 Jahre in Richtung auf höhere social rank-Werte verschoben hat. Das Verfahren ist also auch geeignet zum Einsatz bei Zeitreihenuntersuchungen.

Ueberträgt man die beiden Indikatoren auf Pläne, wie dies in den Graphiken 25 und 26 geschehen ist, so wird für urbanization klar das erwartete konzentrische Verteilungsmuster sichtbar. Die Verteilung des social rank hat dagegen sektorielle und konzentrische Elemente, ist also nicht klar interpretierbar. Bei der anschaulichen Interpretation vom Plan her wird indessen wieder von der Luftliniendistanz ausgegangen, was, wie früher gezeigt worden ist, in die Irre führt.

Soweit zeigen die Sozialraumdiagramme nur die Verteilung von Indikatoren, die inhaltlich nach der Neuinterpretation der Sozialraumanalyse nicht mehr ganz befriedigen können. Für diesen deskriptiven Zweck hätte man ebensogut andere Verfahren entwickeln können. Interessant ist aber, dass in den USA die Sozialraumanalyse auch zur Untersuchung spezifischer Verhaltensmuster verwendet worden ist, d.h. als Instrument im Zusammen-

---

43 E. Shevky und W. Bell: Social Area Analysis, a.a.O., S. 30 f.

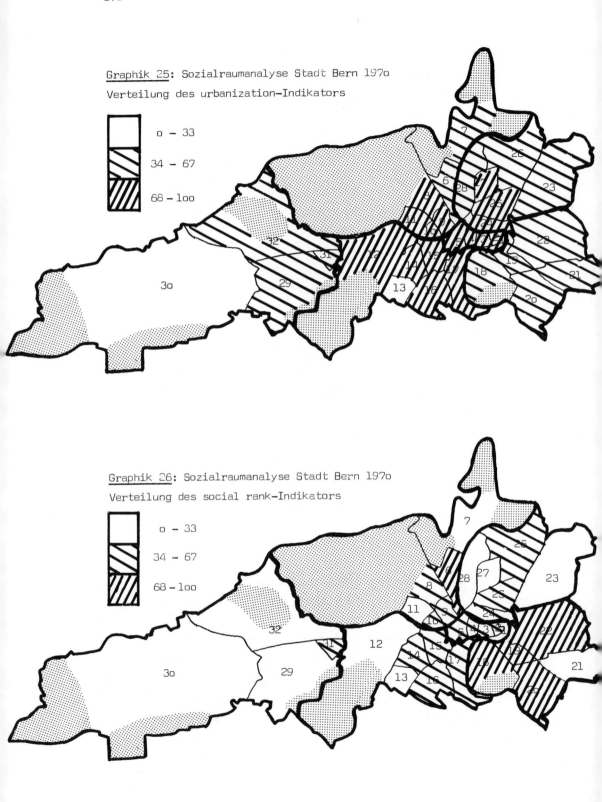

hang mit Mehrebenenanalysen (44). Systematische Variationen mit
dem urbanization-Indikator zeigten sich dabei z.B. für die Geschlechtsproportion, die Altersstruktur, die ökologische Distanz, das Nachbarschaftsverhalten, die Teilnahme an kulturellen
Veranstaltungen, die politische Informiertheit und Partizipation.
Mit social rank variierten Merkmale wie der Umfang des Verkehrs-
kreises, Anomie und soziale "Disorganisationserscheinungen" wie
Jugendkriminalität und Selbstmordhäufigkeit. Auch damit lässt
sich also wieder an die klassische Schule der Sozialökologie
anschliessen, die zahlreiche solche Studien durchgeführt hat (45).
Auf diese Weise kann die morphologische Analyse soziale Phänomene von der Aussenseite her erschliessen.

Die Sozialraumanalyse stellt damit - wenn ihre Indikatoren einmal neu konstruiert sind - ein sehr einfaches und auch sehr
leicht programmierbares Instrument für die Analyse sozialräumlicher Differenzierung dar, dass zudem den grossen Vorteil hat,
theoretisch fundiert zu sein. Deswegen dürfte es sich lohnen,
seiner weiteren Entwicklung genügende Beachtung zu schenken.
Wie das geschehen kann und wo die praktisch-planerischen Anwendungsbereiche liegen, das soll im fünften Abschnitt gezeigt
werden.

---

44 S. Greer: Urbanism Reconsidered: A Comparative Study of Local
Areas, ASR 21. Jg. (1956) S. 19-25; W. Bell und M.T. Force:
Urban Neighborhood Types and Participation in Formal Associa-
tions, ASR 21. Jg. (1956) S. 25-34; W. Bell: Social Areas:
Typology of Urban Neighborhoods, in: Community Structure
and Analysis, hrsg. von M.B. Sussman, New York 1959; S. Greer:
The Social Structure and Political Process of Suburbia, ASR
25. Jg. (1960) S. 514-526; W.C. Kaufman und S. Greer: Voting
in a Metropolitan Community: An Application of Social Area
Analysis, Social Forces 38. Jg. (1960) S. 196-2o4; S. Gold-
stein und K.B. Mayer: Population Decline and the Social and
Demographic Structure of an American City, ASR 29. Jg. (1964)
S. 48-54; B.S.R. Green: Social Area Analysis and Structural
Effects, Sociology 5. Jg. (1971) S. 1-19

45 Zu den bekanntesten dieser Untersuchungen zählen R.E.L Faris
und H.W. Dunham: Mental Disorders in Urban Areas, Chicago
1939; E.R. Mowrer: The Trend and Ecology of Family Disinte-
gration in Chicago, ASR 3. Jg. (1938) S. 344-353; C.R. Shaw
und H.D. McKay: Juvenile Delinquency in Urban Areas, Chicago
1942; vgl. auch die Beiträge in: The Social Fabric of the
Metropolis, hrsg. von J.F. Short jr., Chicago 1971

3.4.4. Spezialisierung

Für die Ueberprüfung der Hypothesen zur Spezialisierung spielt die ökologische Distanz eine zentrale Rolle. Um sie berechnen zu können, muss man zuerst einmal das dominante Zentrum festlegen. Es lag nahe, dazu vom Hautbahnhof auszugehen, zumal sich unmittelbar in dessen Nähe auch der zentrale Terminal der städtischen Verkehrsbetriebe, also der Strassenbahn- und Buslinien des öffentlichen Nahverkehrs befindet. Trägt man auf einem Plan die Standorte der Banken und Warenhäuser ein, so zeigt sich klar, dass das Zentrum östlich von diesem Verkehrsknotenpunkt, und zwar im Bereich der Verkehrsbezirke (46) 1o5, 1o6, 1o7 oder 1o9 befinden dürfte. Zieht man zusätzlich die Zahl der Arbeitsplätze und hier wieder insbesondere jene des Dienstleistungssektors zum Vergleich heran, so zeigt sich, dass die weitaus grösste Zahl der Arbeitsplätze, und dazu der grösste Anteil an tertiären, im Verkehrsbezirk 1o7 liegen. Die höchsten Preise pro m^2 für überbaute Liegenschaften sind zwischen 1969 und 1972 in den Verkehrsbezirken 1o5, 1o9 und 1o7 bezahlt worden. Es scheint daher richtig, das Zentrum am Käfigtum, also am Schnittpunkt Bärenplatz-Waisenhausplatz - Spitalgasse-Marktgasse festzulegen.

Das hätte freilich jeder Bewohner Berns auf Anhieb zu sagen gewusst; und doch ist die Bestimmung dominanter Zentren nicht ganz trivial, und zwar vor allem für methodische und prognostische Fragen. Methodisch gesehen liegt hier das Zentrum allfällig vorhandener konzentrischer Zonen, also auch die Extremwerte der Verteilung der Spezialisierungsvariablen, und es ist keineswegs belanglos, wo dieser Bezugspunkt für die Berechnung der ökologischen Distanz liegt. Für Prognosen ist dieser Ort interessant, weil angenommen wird, dass von hier der stärkste Entwicklungsdruck ausgeht.

---

46 In der Innenstadt sind die Verkehrsbezirke, die sonst nur die Abteilung Verkehrsplanung des Stadtplanungsamtes Bern verwendet, die feinere statistische Einheit als die Bezirke oder auch die neuen Quartiere; deswegen sind sie hier verwendet worden; allerdings sind die Wirtschaftssektoren hier nicht eindeutig definiert. Die Daten sind entnommen aus: Transportplan Stadt und Region Bern, Bd. 1, Bern 1971, S.23

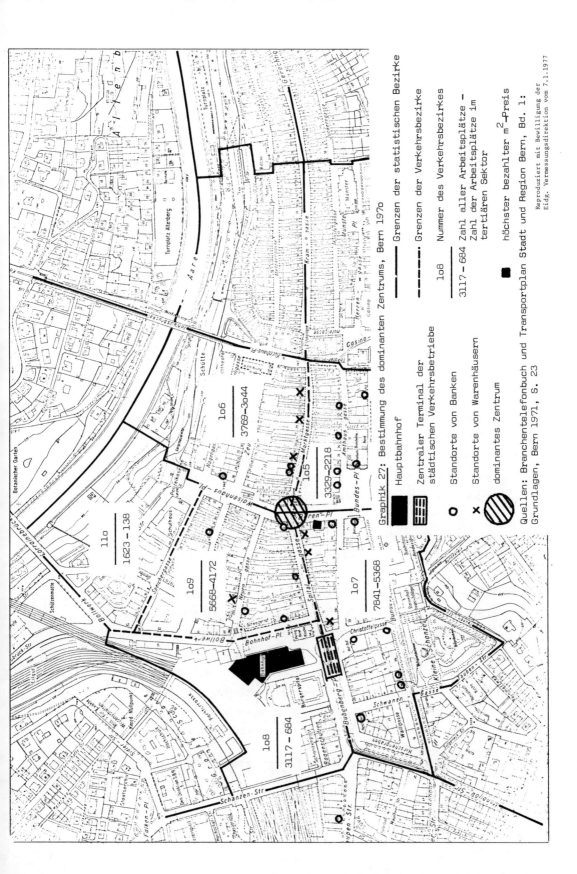

Auch stadtgeschichtlich gesehen ist diese Feststellung nicht trivial: "Bis an die Schwelle der Neuzeit behauptet die Querachse Rathaus – Münster ihre Bedeutung als Lebenszentrum der Stadt; auf die Kreuzgasse (...) konzentrierte sich durch Richterstuhl, Schandpfahl und Pranger die öffentliche Rechtspflege; hier sammelt sich der Auszug um das Stadtpanner, führt die Jungmannschaft der Reformationsjahre die Fasnachtsspiele Niklaus Manuels auf, zieht an Ostermontagen der feierliche Zug der neugewählten 'Rät und Burger' vom Rathaus zum Gottesdienst im Münster, vom politischen zum kirchlichen Mittelpunkt der Stadt" (47). Es ist durchaus nicht selbstverständlich, dass sich mit dem Wachstum der Stadt auch ihr Zentrum verschiebt, zumal nicht um mehr als einen halben Kilometer; - verantwortlich dafür ist nach dem Bezugsrahmen der klassischen Sozialökologie vor allem der Standort des Hauptbahnhofes. Dafür spricht auch, dass das Zentrum sich seither noch weiter nach Westen verschoben hat. Mit dem Bau der "City West", etwa 4oo m westlich des Hauptbahnhofes, hat sich auch in dessen Umgebung bereits eine Umstrukturierung der Nutzungen eingestellt. Dieser Prozess wird verstärkt durch den Neubau eines Geschäftshauses am unteren Ende der Schanzenstrasse. Damit können nur Hinweise auf die weitere Entwicklung gegeben werden, die in der morphologischen Analyse der Daten von 197o noch nicht sichtbar wird - die City West war damals noch nicht bezogen, dürfte sich aber über die Bodenpreisstruktur bereits ausgewirkt haben.

Als beste verfügbare Annäherung an die ökologische Distanz werden die nach dem Modal split gewichteten mittleren Reisezeiten, die auch die Terminalzeiten einschliessen, zum Käfigturm verwendet (48), die im Rahmen der Verkehrszählung von 1968 erhoben worden sind. Der zeitliche Unterschied von zwei Jahren kann in Kauf genommen werden, weil sich in dieser Spanne weder im öffentlichen noch im privaten Verkehr wesentliches geändert hat. Die Matrix der mittleren Reisezeiten

---

47 P. Hofer: Führer durch die Berner Unterstadt, Bern o.J., S. 4
48 auf die Mängel dieses Masses ist früher schon hingewiesen worden, vgl. S.132. Jede andere verfügbare Annäherung war indessen weniger präzis

stellt die Beziehungen zwischen allen Verkehrsbezirken in Minuten dar; hier wurden die Werte für die Verkehrsbezirke 1o5, 1o6, 1o7 und 1o9 gemittelt.

Untersuchen wir zunächst die Hypothese H_3 – auch für die Operationalisierung des Bodenpreises musste dabei ein Näherungswert (49) gesucht werden, weil eine genügend differenzierte Bodenpreisstatistik fehlt – so finden wir in der Korrelationsmatrix im Anhang einen Koeffizienten von $r = -.68o$. Er ist, wie erwartet, signifikant und negativ, d.h. er bestätigt die Hypothese. Verschiedentlich ist jedoch angenommen worden, es handle sich dabei nicht um eine lineare, sondern um eine exponentielle Beziehung, d.h. um einen <u>Gradienten.</u> Dies kann durch die logarithmische Transformation einer Variablen geprüft werden. Tatsächlich erhöht sich nun der Korrelationskoeffizient auf $r = .785$, d.h. etwa 62 % der Varianz des Bodenpreises gehen auf die ökologische Distanz zurück. Der Gradient hat die Form

(6) $\quad \hat{Y} = 9'544 \; e^{-.1294 \, x}$

wobei Y = der Bodenpreis
x = die ökologische Distanz

Graphik 28 veranschaulicht den Verlauf des Gradienten. Wegen der zu geringen Zahl der Werte – bei nur etwa 2oo Handänderungen pro Jahr kommen im Mittel nur ca. 6 Angaben auf einen statistischen Bezirk – war es hier nicht sinnvoll, den Bodenpreisgradienten für jedes Jahr separat zu zeichnen.

Ebenfalls bestätigt werden die Hypothesen H_4 und H_5 (zur Operationalisierung vgl. die Merkmalsdefinitionen im Anhang) mit

---

49 Ein echter Bodenpreis war nicht erhältlich; er hätte allenfalls aus den Handänderungsprotokollen des Grundbuchamtes eruiert werden können. Hier ist statt dessen ein Näherungswert verwendet worden: Für alle Handänderungen zwischen 1969 und 1972 wurden die Preise für überbaute Liegenschaften, die in einer internen Unterlage des Stadtplanungsamtes tabelliert waren, auf die statistischen Bezirke bezogen und daraus ein Mittelwert gebildet. Bei im Mittel 24 Angaben pro Bezirk wurde erwartet, dass die Unterschiede, die von der Art und dem Zustand des Gebäudes herrühren, sich ausgleichen, und dass der Wert als brauchbarer Ersatz für die Bodenpreise angenommen werden könne

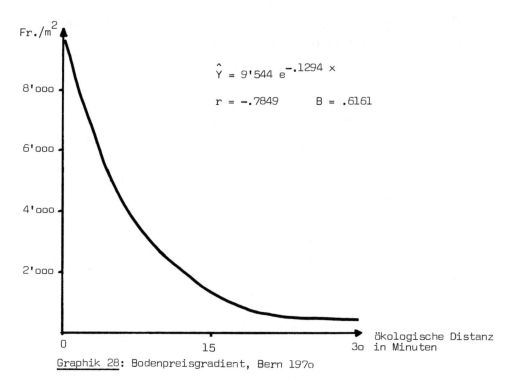

Graphik 28: Bodenpreisgradient, Bern 1970

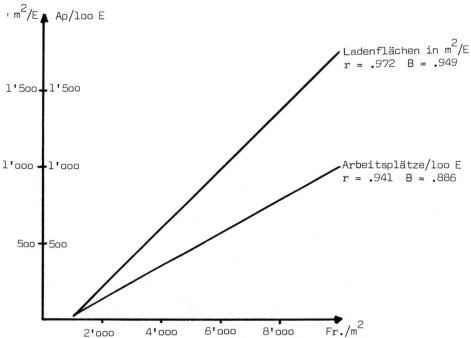

Graphik 29: Zusammenhänge zwischen Bodenpreis und Spezialisierung
(vgl. die Definition der Variablen Nr. 50 und 51 im Anhang)

Korrelationskoeffizienten von r = .972 resp. r = .941 (Graphik 29).
Diese Beziehungen, die den Zusammenhang zwischen Bodenpreis
und Spezialisierung illustrieren, sind überraschend deutlich:
Die Bodenpreise können für 95 % resp. 87 % der Varianz der beiden
Variablen verantwortlich gemacht werden. Auch hier seien die
Funktionsgleichungen explizit angegeben:

(7) $\hat{Y} = .1932 \, x - 171.73$
       wobei Y = m^2 Ladenfläche/Einwohner
             x = Bodenpreis

(8) $\hat{Y} = .1o76 \, x - 73.32$
       wobei Y = Arbeitsplätze/1oo Einwohner
             x = Bodenpreis

Da nun die Tagesbevölkerung definiert ist als die Summe aus
Wohn- und Arbeitsplätzen, und das Verhältnis zwischen Tages-
und Wohnbevölkerung somit nur abhängt von der Zahl der Arbeitsplätze, kann mit diesem Befund auch die Hypothese H_{18} als bestätigt angesehen werden. Das ist auch unmittelbar einsichtig
und bedarf kaum weiterer Erklärung.

Der Korrelationskoeffizient für die Beziehung zwischen Bodenpreisen und Mietzinsen kann wiederum aus der Korrelationsmatrix im Anhang abgelesen werden. Er beträgt r = .oo36, es
besteht zwischen den beiden Merkmalen also entsprechend der
Hypothese H_6 keine signifikante Beziehung. Auch die Suche
nach eventuell sinnvollen Transformationen erwies sich als
aussichtslos, so dass dieser Befund die Hypothese bestätigt.

3.4.5. Segregation

Ebenfalls bestätigt wird die Hypothese H_7. Zu diesem Zweck
wurde der social rank berechnet nach dem Verfahren der Social
Area Analysis, aber unter Ausschluss der Variablen Mietzins,
und dann mit dem Mietzins korreliert:

(9) $\hat{Y} = .o732 \, x - 42.976$ r = .846   B = .715
       wobei Y = social rank
             x = Mietzins

Auch hier ist der Zusammenhang linear und wird durch Transformationen nicht deutlicher. 72 % der Varianz des social rank lassen sich also statistisch erklären durch den Einfluss des Mietzinses, und für den grössten Teil der Restvarianz sollte nach dem theoretischen Bezugsrahmen der tertiäre Verteilungsmechanismus über die symbolische Identifikation verantwortlich sein.

Unter Hypothese H_8 sollte versucht werden, noch genauere Informationen über die relative Nähe oder Distanz zwischen sozialen Gruppen, also über die Segregationsproblematik zu gewinnen. Der folgende Versuch soll zeigen, welche Gruppen am stärksten voneinander isoliert sind (Tabelle 16). Genau genommen meint der Begriff "Segregation" zweierlei: den Zustand der relativen Isoliertheit einerseits, andererseits aber auch den Prozess, der zu solchen Zuständen führt. Im theoretischen Bezugsrahmen stand der Prozessaspekt im Vordergrund. Er lässt sich jedoch ohne geeignete Daten nicht analysieren. Bestenfalls, wenn Daten von verschiedenen Zeitpunkten vorliegen, ist eine komparativ-statische Analyse möglich - aber selbst dies ist hier nicht gegeben (5o). Segregation als der Zustand der räumlichen Trennung sozialer Gruppen voneinander hat demgegenüber der Hypothese nach eher zu tun mit sozialer Distanz. Wenn das richtig ist, müsste z.B. die relative räumliche Distanz zwischen Oberschichtangehörigen und Unterschichtangehörigen sehr gross sein.

Für die Messung sozialer Segregation stehen verschiedene Methoden zur Verfügung (51). Die meisten Segregationsindices

---

5o Die Volkszählungsergebnisse standen erstmals 196o auch für die Zählkreise zur Verfügung, auf dieser Ebene tabellarisch erfasst wurden indessen nur wenige Merkmale (VZ 196o, Tab. 4o)

51 Als Beispiele mögen dienen: W. Bell: A Probability Model for the Measurement of Ecological Segregation, Social Forces 32. Jg. (1954) S. 357-364; O.D. Duncan und B. Duncan: A Methodological Analysis of Segregation Indexes, ASR 2o. Jg. (1955) S. 21o-217; K.E. Taeuber und A.F. Taeuber: Negroes in Cities, Chicago 1965, Appendix A: The Measurement of Residential Segregation, S. 195 ff.

Gruppenmerkmal	1	2	7	11	12	16	17	18	19	20	22	23	26	27	28	29	30	31	37	38
1. erwerbstätige Frauen																				
2. Anteil Frauen	o																			
7. 15-24 jährige	++	o																		
11. Geschiedene, Getrennte	++	−	o																	
12. Rentner, Pensionierte	o	+	o	o																
16. Selbständigerwerbende	+	o	o	o	o															
17. Managers, Professionals, Officials	o	+	o	o	o	++														
18. Arbeiter	++	o	+	o	o	o	−													
19. an- und ungel. Arbeiter	++	−	++	++	o	o	−	++												
20. Besch. 3. Sektor	o	+	++	o	+	+	++	o	o											
22. Eigentümerwohnungen	o	+	o	o	+	o	++	o	−	+										
23. Einfamilienhäuser	o	o	o	o	o	o	o	o	o	o	+									
26. Ohne oder nur mit Primarschulabschluss	−	−	!	+	−	−	−	−	o	o	−	o								
27. Ausländer (ohne 31)	++	!	++	++	o	o	o	o	++	o	o	−	o							
28. Saisonniers	o	o	+	+	o	o	−	+	o	−	o	o	o	+						
29. Jahresaufenthalter	++	o	++	++	o	o	o	++	++	o	o	−	o	++	o					
30. Niedergelassene	+	o	o	o	−	o	o	−	o	−	o	o	o	+	o	+				
31. Ausl. m. Spez'bew.	o	o	o	o	o	o	++	−	−	o	++	o	o	o	o	o	o			
37. Saldo Binnenwanderung	−	o	−	−	o	o	o	−	−	−	o	o	o	o	o	−	o	−		
38. Saldo Aussenwanderung	o	o	++	o	o	o	o	−	++	+	o	o	o	o	o	o	o	o	−	

Tabelle 16: Segregationsmatrix Bern 1970. Die Ordnungsnummern der Variablen entsprechen denen des Definitionskataloges und der Korrelationsmatrix im Anhang, um die Ueberprüfung zu erleichtern. ++ bedeutet, dass $|r| > .5620$, + dass $|r| > .3550$. Die verwendeten Grenzwerte entsprechen den Signifikanzschranken (1 % resp. 5 %) bei einfacher Korrelation zwischen zwei Variablen, dürfen hier aber nicht genau gleich interpretiert werden

orientieren sich dabei in irgendeiner Form am Modell der Lorenzkurve. Dies ist auch angebracht, wenn man sich nur um die relative Isolation einer einzigen Gruppe kümmert; bei der Analyse mehrerer Gruppen wird das Verfahren sofort unübersichtlich. Da es hier nur um einen explorativen Versuch geht, soll dafür ebenfalls der Korrelationskoeffizient verwendet werden. Er wäre dann etwa wie folgt zu interpretieren: Eine signifikante positive Korrelation zwischen den Verteilungen zweier Gruppen bedeutet, dass zwischen beiden eine Affinität besteht in dem Sinn, dass sie häufig in räumlicher Nähe beieinander wohnen. Eine signifikante negative Korrelation weist dagegen darauf hin, dass das Vorhandensein einer Gruppe im Bezirk auf die andere "abstossend" wirkt, d.h. dass die beiden Gruppen in der Regel nicht in räumlicher Nähe beieinander leben. Eine nicht signifikant von Null verschiedene Korrelation lässt darauf schliessen, dass beide Gruppen indifferent zueinander stehen. Bestünde nicht das Problem des ökologischen Fehlschlusses, könnte man daraus auf die subjektiven Segregationsfaktoren schliessen. Um die Interpretation zu erleichtern, sind in der Tabelle 16 nicht die Korrelationskoeffizienten, sondern an ihrer Stelle nur Symbole eingetragen, die die relative Stärke und die Richtung der Beziehung erkennen lassen.

Setzt man einen möglichst strengen Masstab für die Interpretation dieser Matrix, berücksichtigt man also nur ++ oder -- Symbole, so ergibt sich der folgende Befund: Am stärksten isoliert sind Gebiete mit einem positiven Saldo der Binnenwanderung. Da zwischen dem Saldo der Binnenwanderung und der ökologischen Distanz eine signifikant positive Korrelation besteht ($r = .648$) bedeutet dies, dass die suburbanen Wanderer als die am stärksten segregierte Gruppe angesprochen werden müssen; es gibt für diese Gruppe zwar einige nichtsignifikante, aber überhaupt keine positive Korrelation. Dieses Ergebnis ist immerhin einigermassen überraschend und sollte weiter geprüft und spezifiziert werden.

Weiter erweist sich der durchschnittliche Bildungsstand der
Bevölkerung eines Quartiers als wichtiges Segregationsmerkmal. Je grösser der Anteil derer, die keine oder nur die Primarschule abgeschlossen haben, desto grösser ist zwar auch der Anteil der Arbeiter insgesamt und der an- und ungelernten Arbeiter,
desto geringer ist andererseits aber der Anteil der leitenden
Angestellten, freiberuflich Tätigen und hohen Beamten, der
Anteil der Beschäftigten des tertiären Wirtschaftssektors, der
Eigentümerwohnungen und der Ausländer mit Spezialbewilligung,
d.h. des diplomatischen Personals. Bezüglich der sozialen Schicht
kann man also davon sprechen, dass die räumliche Distanz für eine
entsprechend grosse soziale Distanz stehe. Der Befund für den
Saldo der Binnenwanderung kann dagegen etwa so interpretiert
werden, dass die Zugänglichkeit der peripheren Mittelschichtbezirke praktisch beschränkt ist für die jungen Erwachsenen,
die an- und ungelernten Arbeiter, Jahresaufenthalter, erwerbstätige Frauen, Geschiedene und Getrennte sowie für Gruppen, die
gerade erst in die Stadt eingewandert sind. Dies entspräche im
wesentlichen auch der allgemeinen Strukturhypothese: Am Stadtrand und in der Agglomeration (die hier nicht erfasst ist)
befinden sich vor allem Wohnungen für vollständige Familien,
die für kleine Einkommen zu teuer und überdurchschnittlich
gut ausgerüstet sind. Die Wahrscheinlichkeit ist daher gross,
dass die in den peripheren Neubauquartieren Lebenden nach Altersstruktur, Einkommen, Lebensstandard und nach dem Familienzyklus
und dem Stand der beruflichen Karriere ziemlich homogen sind.
Aehnlich stark segregiert und mit faktischen Zuzugsbeschränkungen
versehen sind die zentralen Innenstadtbezirke - allerdings für
die Gruppen, die aus den suburbanen Gebieten ausgeschlossen
sind.

Betrachtet man nun die ++ Symbole, so zeigen sich besondere
Affinitäten vor allem zwischen den an- und ungelernten Arbeitern,
erwerbstätigen Frauen, 15-24jährigen, Geschiedenen und Getrennten
sowie den ausländischen Jahresaufenthaltern. Die Vermutung
aus diesen Segregationsdaten liegt nahe, dass es relativ klar
definierte Wohngebiete für verschiedene soziale Gruppen gibt

und dass Nationalität oder Schichtzugehörigkeit nicht die
einzigen Kriterien der Segregation sind. Weitgehend indifferent
scheinen die Wohnstandorte der Rentner und Pensionierten, der
Saisonniers (die Zahlen sind hier jedoch problematisch, da
Saisonniers in Kollektivhaushalten von der Volkszählung nicht
erfasst worden sind, tatsächlich aber wohl die Mehrheit darstellen; Termin der Volkszählung ist zudem der 1. Dezember,
wenn die Zahl der Saisonniers ohnehin nicht sehr gross ist),
der niedergelassenen Ausländer – woraus man auch räumlich auf
einen Integrationsprozess schliessen mag.

Wer also aus den Befunden ausländischer Untersuchungen vermutet, es gebe auch in Bern zumindest der Tendenz nach Ghetto-
Situationen, der wird aller Wahrscheinlichkeit nach solch
hochsegregierte Bezirke finden können – nur kann er sie nicht
ausmachen, wenn er sich nur am Merkmal Nationalität orientiert.
Offensichtlich wäre es ausserdem falsch, die verschiedenen
Ausländergruppen nicht zu unterscheiden. Die damit vorliegenden
Hinweise sollen uns genügen, um die Hypothese H_8 vorerst einmal zu akzeptieren; ihre echte Prüfung verlangte nach Studien,
die nicht mehr ausschliesslich morphologisch angelegt sein
können.

3.4.6. Migration

Die Daten für die sieben Migrationsvariablen sind in Tabelle 17
noch einmal separat zusammengestellt worden. Aus ihnen lässt
sich auch die räumliche Verteilung erschliessen, die in den
Hypothesen H_9 bis H_{12} postuliert worden ist. Tatsächlich finden
sich für alle Hypothesen die vermuteten Beziehungen signifikant
und in der erwarteten Richtung: für H_9 ist $r = -.7547$, für H_{10}
gilt $r = -.7587$ (Zuzugsrate) resp. $r = -.7524$ (Wegzugsrate),
für H_{11} lautet $r = -.4162$ und H_{12} schliesslich wird bestätigt
mit $r = .6480$. Alle Beziehungen bestätigen also den theoretischen Bezugsrahmen und weisen die konzentrische Verteilung nach.

Tabelle 12: Migrationsdaten Stadt Bern 1970

Statistischer Bezirk	absolute Zahlen							auf 100 Einwohner am 1. Dez. 1970						
	Geburtsort Stadt Bern	Total aller Migranten	Total aller Zuzüger	Total aller Wegzüger	Saldo aus innerstädtischer Migration	Saldo aus grenzüberschreitender Migration	Länger als 8 Jahre in derselben Wohnung	Geburtsort Stadt Bern	Migrationsziffer	Zuzüger	Wegzüger	Saldo aus innerstädtischer Migration	Saldo aus grenzüberschreitender Migration	Länger als 8 Jahre in derselben Wohnung
01.Schwarzes Quartier	657	848	396	452	- 24	- 32	135	41.0	54.1	25.3	28.9	- 1.5	- 2.0	8.6
02.Weisses Quartier	441	747	349	398	- 36	- 13	82	33.3	56.6	26.4	30.1	- 2.7	- 1.0	6.2
03.Grünes Quartier	513	1 433	660	773	- 95	- 18	110	32.6	90.9	41.9	49.1	- 6.0	- 1.1	7.0
04.Gelbes Quartier	98	743	345	398	- 70	17	21	18.0	136.6	63.4	73.2	-12.9	3.1	3.9
05.Rotes Quartier	318	1 630	799	831	- 66	54	39	25.2	129.3	63.4	65.9	- 6.8	4.3	3.1
06.Engeried	525	605	295	310	9	6	66	42.0	28.3	20.8	21.9	0.6	0.4	4.7
07.Felsenau	2 123	1 429	659	770	- 18	-129	245	42.1	44.3	13.1	15.3	0.4	- 2.6	4.9
08.Neufeld	2 510	3 215	1 432	1 733	-160	- 91	481	34.6	45.2	20.4	23.9	- 2.2	- 1.3	2.9
09.Länggasse	1 386	1 788	878	910	- 37	- 69	213	35.1	61.8	22.2	23.0	0.9	- 1.8	5.4
10.Stadtbach	605	1 145	544	601	- 44	- 13	113	32.7	61.8	29.4	32.5	- 2.3	- 0.7	6.1
11.Muesmatt	1 944	2 160	1 109	1 051	100	- 42	255	37.3	41.4	21.4	20.2	1.9	- 0.8	4.9
12.Holligen	4 009	3 542	1 616	1 926	-177	-133	620	42.9	37.9	17.3	20.6	- 1.9	- 1.4	6.6
13.Weissenstein	867	488	226	262	31	5	99	43.4	24.4	11.3	13.1	1.6	0.3	5.0
14.Mattenhof	3 253	1 659	659	877	33	-251	539	39.4	42.8	20.1	22.7	0.4	- 3.0	6.5
15.Monbijou	1 350	2 352	1 067	1 285	-135	- 83	238	32.3	56.2	25.5	30.7	- 3.2	- 2.0	5.7
16.Weissenbühl	3 219	2 939	1 382	1 557	25	-200	569	37.7	34.4	16.2	18.3	0.3	- 2.3	6.7
17.Sandrain	1 769	1 877	912	965	17	- 70	281	36.5	38.7	18.8	19.9	0.4	- 1.4	5.8
18.Kirchenfeld	1 772	1 830	918	912	25	31	628	37.7	41.3	20.7	20.5	0.6	0.7	5.1
19.Gryphenhübeli	843	877	396	481	48	- 37	433	36.5	39.6	17.9	21.7	2.2	- 1.7	5.1
20.Brunnadern	2 166	1 431	654	777	2	-125	289	38.1	26.8	12.3	14.6	0.0	- 2.3	5.4
21.Murifeld	1 063	987	480	507	40	- 67	157	40.6	36.9	18.0	19.0	1.5	- 2.5	5.9
22.Schosshalde	3 438	2 210	1 087	1 123	126	-162	518	39.8	26.1	12.8	13.3	1.5	- 1.9	6.1
23.Beundenfeld	1 204	1 273	593	680	45	- 42	128	33.3	35.2	16.4	18.8	1.2	- 1.2	4.9
24.Altenberg	593	1 126	564	562	34	36	85	31.1	59.1	29.6	29.5	1.8	1.9	4.5
25.Spitalacker	3 582	4 570	2 290	2 280	153	-143	501	37.2	47.5	23.8	23.7	1.6	- 1.5	5.2
26.Breitfeld	3 863	2 279	1 034	1 245	4	-215	628	34.3	25.4	11.5	13.9	0.1	- 2.4	7.0
27.Breitenrain	3 374	2 632	1 306	1 326	114	-134	433	43.3	33.8	16.8	17.0	1.5	- 1.7	5.6
28.Lorraine	1 754	2 347	1 145	1 202	56	- 1	250	39.5	52.8	25.8	27.0	1.3	- 0.0	5.6
29.Bümpliz	7 538	4 567	2 248	2 319	175	-246	765	44.0	26.7	13.1	13.5	1.0	- 1.4	4.5
31.Stöckacker	1 252	756	414	342	2	74	262	47.4	28.5	15.6	12.9	0.1	2.8	7.6
32.Betlehem	6 591	4 102	2 008	2 094	210	-296	847	47.4	29.5	14.2	15.1	1.5	- 2.1	6.1
Stadt Bern (ohne 30.Oberbottigen)	65 191	61 693	29 653	32 040	.	-2 387	9 296	40.1	38.1	18.3	19.8	.	- 1.5	5.7

Die Funktion der Innenstadt als Umschlagplatz der Zuwanderer, soziologisch zu interpretieren als Assimilationskontext, wird ebenfalls bestätigt: Die Migrationsrate ist am höchsten in den beiden zentralen Bezirken 4 und 5, also unmittelbar beim CBD; dort kommen 1970 auf 100 Einwohner 137 Zu- und 129 Wegwanderer. Der Saldo der Binnenwanderung ist wie erwartet negativ, und zwar mit den höchsten Werten, die in der ganzen Stadt auftreten, und der Saldo der grenzüberschreitenden Wanderung ist, ebenfalls mit den höchsten auftretenden Werten, positiv.

Wegen des auffälligen Zusammenhangs in den Verteilungsmustern von Spezialisierung und Migration sind in der folgenden Tabelle 18 noch einmal alle Korrelationen zwischen den Migrationsvariablen sowie mit dem urbanization-Faktor aufgeführt:

	1	2	3	4	5	6	7	8
1. Geb'ort Bern	...							
2. Mig'rate	-.86	...						
3. Zuzug	-.85	.99	...					
4. Wegzug	-.87	.99	.99	...				
5. Saldo Binnen	.78	-.87	-.84	-.89	...			
6. Saldo Aussen	-.46	.60	.64	.57	-.61	...		
7. Wohndauer	.50	-.31	-.31	-.30	.24	-.33	...	
8. urbanization	-.81	.89	.88	.90	-.75	.38	-.17	...

Tabelle 18: Korrelationsmatrix der Migrationsvariablen und urbanization

Vor allem fällt dabei auf der sehr enge Zusammenhang zwischen allen Migrationsvariablen mit Ausnahme der Wohndauer, und der durchgehend etwas schwächere Zusammenhang mit dem Saldo der grenzüberschreitenden Migration. Je grösser der Anteil der Wohnbevölkerung eines Bezirks mit Geburtsort Stadt Bern, desto kleiner sind die Zuzugsrate, die Wegzugsrate und mithin auch die Migrationsrate und desto kleiner ist der Saldo der Aussenwanderung; positiv hängen mit dem Anteil "Geburtsort Stadt Bern" zusammen der Saldo der Binnenwanderung, die Wohndauer, und

negativ wieder der urbanization-Faktor. Es besteht also eine
Tendenz, nach der Personen mit Geburtsort Stadt Bern in Bezirken
leben mit relativ geringen Wanderungsbewegungen, mit einem Zuzugsüberschuss aus der Stadt und einem deutlich geringeren Wanderungsverlust aus grenzüberschreitender Migration (vor allem
wohl in die Agglomerationsgemeinden). Die negative Korrelation
mit urbanization verweist darauf, dass es sich vor allem um
Bezirke an der Peripherie handelt, während im Zentrum nur noch
sehr wenige "Berner" wohnen. Positiv mit urbanization korreliert
sind wie erwartet die Migrationsrate, die Zuzugs- und Wegzugsrate sowie der Saldo der Aussenwanderung. Die hohen Korrelationskoeffizienten zwischen Migrations-, Zuzugs- und Wegzugsrate
sind zu erwarten, weil Zuzugs- und Wegzugsrate nichts anderes
sind als additive Bestandteile der Migrationsrate, also definitionsgemäss miteinander zusammenhängen.

In den letzten 15 Jahren hat die Stadt Bern ständig an Bevölkerung verloren; die Vermutung, der Wanderungsverlust der Stadt
gehe als Wanderungsgewinn vor allem an die Agglomeration, lässt
sich auch für 1970 bestätigen:

	Zuzug	Wegzug	Am Wandergsverlust beteiligt mit
Agglomerationsgemeinden	13.3	18.3	55.9
übriger Kanton Bern	22.8	21.4	11.1
übrige Schweiz	24.8	23.9	17.3
Ausland	39.2	35.3	6.1
Unbekannt	-	1.1	9.6

Tabelle 19: Regionale Herkunft der Migranten in %, Bern 1970

Weiter interessiert hier noch die differentielle Migration,
d.h. die soziale Zusammensetzung der Wanderungsströme. Dafür
sind jedoch nur gesamtstädtische Daten verfügbar, die, da
hier die Migration innerhalb der Stadt selbst im Vordergrund
steht, nur als Indizien für die Wanderungsbereitschaft zu
werten sind. Graphik 30 zeigt deutlich die Altersverteilung

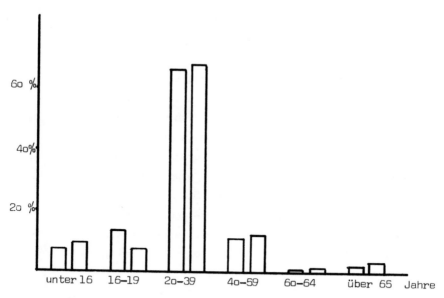

Graphik 3o: Die Wandernden nach Altersgruppen, Bern 197o
(1. Säule Zuwanderer, 2. Säule Wegwanderer)

der Migranten, wenn auch für unseren Zweck zu wenig differenziert. Immerhin ist offensichtlich, dass die Hauptgruppe von den jüngeren Erwachsenen gestellt wird. Das mittlere Alter der Zuwanderer liegt bei 3o Jahren mit deutlich grösserem Gewicht bei der Gruppe 16-19 Jahre, das der Wegwanderer bei 31 Jahren. Tabelle 2o gliedert die Wandernden nach Geschlecht und beruflicher Stellung, wobei der hohe Anteil der Arbeiter und der deutliche Männerüberschuss auffallen. Analysiert man die Wanderungsbilanz nach beruflicher Stellung, so wird deutlich, dass die Arbeiter, obwohl sie den grössten Teil der Migranten ausmachen, mit 19.1 % in geringerem Ausmass daran beteiligt sind als die Angestellten mit 29.1 %. Positiv zur Wanderungsbilanz tragen einzig die Lehrlinge bei (2.1 %). Daraus lässt sich trotz der globalen Daten für die ganze Stadt ein Indiz gewinnen für die Vermutung, die Wanderungsbereitschaft hänge mit dem beruflichen Aufstieg zusammen.

Zunächst sollen aber jetzt noch die Fragen beantwortet werden, die hinter den Hypothesen H_{13} bis H_{17} stehen; sie erlauben ebenfalls einen weiteren Einblick in die differentielle Migration.

	Männlich			Weiblich			Insgesamt		
	Zuzug	Wegzug	total	Zuzug	Wegzug	total	Zuzug	Wegzug	total
	a b s o l u t e Z a h l e n								
Erwerbstätige	8'428	9'345	17'773	5'195	5'434	1o'629	13'623	14'779	28'4o2
Selbständige	99	1o3	2o2	12	16	28	111	119	23o
Angestellte	1'885	2'268	4'153	1'8o9	2'151	3'96o	3'694	4'419	8'113
Arbeiter	6'246	6'791	13'o37	2'9oo	2'83o	5'73o	9'146	9'621	18'767
Lehrlinge	198	183	381	474	437	911	672	62o	1'292
Nicht erwerbstätige	1'615	1'948	3'563	2'699	3'597	6'296	4'314	5'545	9'859
Familienangehörige	631	9o6	1'537	1'552	2'482	4'o34	2'183	3'388	5'571
Schüler, Studenten	818	824	1'642	496	489	985	1'314	1'313	2'627
übrige	166	218	384	651	626	1'277	817	844	1'661
Total	1o'o43	11'293	21'336	7'894	9'o31	16'925	17'937	2o'324	38'261
	r e l a t i v e Z a h l e n								
Erwerbstätige	22.o	24.4	46.5	13.6	14.2	27.8	35.6	38.6	74.2
Selbständige	o.3	o.3	o.5	o.o	o.o	o.1	o.3	o.3	o.6
Angestellte	4.9	5.9	1o.9	4.7	5.6	1o.3	9.7	11.5	21.2
Arbeiter	16.3	17.7	34.1	7.6	7.4	15.o	23.9	25.1	49.o
Lehrlinge	o.5	o.5	1.o	1.2	1.1	2.4	1.8	1.6	3.4
Nicht erwerbstätige	4.2	5.1	9.3	7.1	9.4	16.5	11.3	14.5	25.8
Familienangehörige	1.6	2.4	4.o	4.1	6.5	1o.5	5.7	8.9	14.6
Schüler, Studenten	2.1	2.2	4.3	1.3	1.3	2.6	3.4	3.4	6.9
übrige	o.4	o.6	1.o	1.7	1.6	3.3	2.1	2.2	4.3
Total	26.2	29.5	55.8	2o.6	23.6	44.2	46.9	53.1	1oo.o

Tabelle 2o: Migranten nach Geschlecht und Erwerbszugehörigkeit Bern 197o
berechnet aus: Statistisches Jahrbuch der Stadt Bern 1971, S. 1o1

Auch hier bestätigen sich wieder die Hypothesen – bis auf H_{15}, die eine Tautologie darstellt, wenn die Kleinhaushalte, wie hier, durch den Anteil der Einpersonenhaushalte repräsentiert werden. Die Korrelationskoeffizienten lauten:

H_{13}: r = -.7474; H_{14}: r = .4295; H_{16}: r = .6741; H_{17}: r = -.7211.

Da allgemein die Segregation auf das Verhältnis Miete/Einkommen zurückgeführt worden ist, also – das zeigt sich auch bei den Korrelationen hier wieder – von der Angebotssituation am Wohnungsmarkt abhängt, und da weiter Migration als der dynamische Aspekt von Segregation begriffen werden kann, liessen sich also die Wanderungsströme nur beeinflussen, wenn man auf das Angebot an Wohnungen einwirkt.

Wie schon erwähnt, lässt sich auch die Migrationsrate als die wichtigste der Migrationsvariablen als Gradient darstellen und hat dann die Form

(1o) $\hat{Y} = 1o3.o1\ e^{-..625\ x}$ $r = -.795$ $B = .632$

wobei Y = Migrationsrate
x = ökologische Distanz

Im Zeitraum 1968 bis 1973 ist zwar eine generelle leichte Erhöhung der Migrationsrate zu beobachten, der Kurvenverlauf ist jedoch sehr stabil.

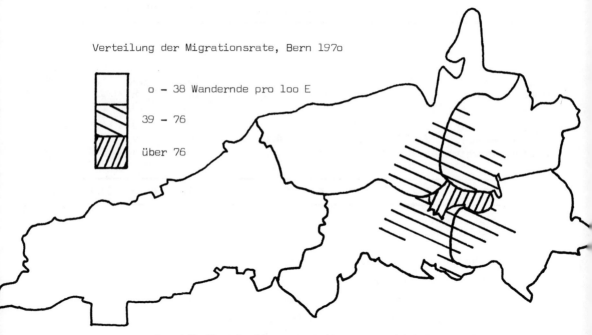

Graphik 31: Räumliche Verteilung der Migrationsrate, Bern 197o

Der generelle Befund aus der Analyse der Wanderungsdaten stützt also ebenfalls den Bezugsrahmen der Sozialökologie. Es wäre interessant, dem noch durch intensivere Zeitreihenuntersuchungen nachzugehen, aber dazu fehlen die Daten, so dass dies hier nicht geschehen kann.

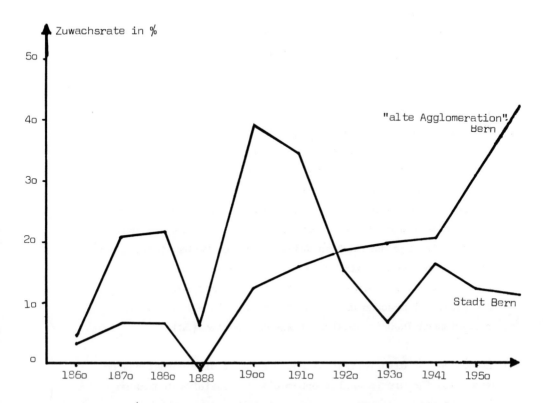

Graphik 32: Entwicklung der Zuwachsraten der Wohnbevölkerung der Stadt Bern und der "alten Agglomeration" Bern 1860 - 1960

3.4.7. Rekurrente Mobilität

Die Hypothesen H_{18}, H_{19} und H_{20} wollten die im theoretischen Bezugsrahmen enthaltene Annahme, rekurrente Mobilität sei vor allem abhängig von der Spezialisierung, präzisieren und überprüfbar machen. H_{18} ist bereits bestätigt worden im Zusammenhang mit der Diskussion des Bodenpreisgradienten. Wegen der negativen Korrelation zwischen ökologischer Distanz und Bodenpreis ist auch Hypothese H_{19} plausibel und wird bestätigt bei einem Korrelationskoeffizienten von $r = -.5722$. Je zentraler also ein Bezirk, desto grösser ist seine Tagesbevölkerung. Am kleinsten ist dagegen die Tagesbevölkerung an der suburbanen Peripherie, deren Bevölkerung sich früher als die am stärksten segregierte erwiesen hat. Diese beiden Umstände zusammen bestimmen die Lage der "Grünen Wittwen" in den Neubausiedlungen am Stadtrand. Und so wird denn konsequenterweise auch noch H_{20} bestätigt: $r = -.5324$. Auch die Befunde zur rekurrenten Mobilität entsprechen damit den Annahmen, die aus der sozialökologischen Theorie abgeleitet werden konnten (52).

Im ganzen ist also festzustellen, dass alle hier vorgetragenen Resultate für die Generalisierbarkeit des sozialökologischen Bezugsrahmens sprechen, und zwar zum Teil weit deutlicher, als es hätte erwartet werden können. Damit wäre auch für die dritte der Ausgangshypothesen eine vorläufige Bestätigung gefunden, die indessen durch intensivere Studien noch besser zu fundieren wäre. Darin kann das wichtigste Resultat dieser Studie gesehen werden. Es wird also sinnvoll sein, auch im schweizerischen Sozialkontext und für Mittelstädte mit diesem Bezugsrahmen zu arbeiten. Und schliesslich dürfte es sich lohnen, die Einsichten der Sozialökologie sehr viel mehr als bisher für die Aufgaben der Stadtplanung fruchtbar zu machen.

---

52 Vgl. S.63 f. dieser Arbeit

3.4.8. Dichte

Unter den vielen Befunden, deren Interpretation anhand der Korrelationsmatrix möglich und interessant wäre, die aber mit den Hypothesen dieser Arbeit zunächst nichts zu tun haben und quasi zufällig dabei abfallen, sei nur ein Merkmal herausgegriffen, dass nach meiner Erfahrung in der Planungspraxis eine besondere Rolle spielt: Architekten und Planer sprechen oft von Dichte, als wisse man ganz genau, was damit gemeint sei und was so eine Zahl aussage, und sie bemühen sich mit aller Sorgfalt um präzise Definitionen. Meist verwenden sie die Ausnützungsziffer, d.h.

$$(11) \quad AZ = \frac{\text{Summe der Geschossflächen}}{\text{Parzellenfläche}}$$

deren Bestandteile dann immer feiner umschrieben werden. Mehr implizit als explizit wird angenommen, diese Grösse sei ein entscheidendes Merkmal für Qualität, vor allem im Wohnungsbau. Dem soll hier gewiss nicht widersprochen werden; ich will vielmehr zu zeigen versuchen, dass der Dichtebegriff sehr unklar ist und ganz verschiedenes enthält. Leider war ausgerechnet die Ausnützungsziffer für die statistischen Bezirke nicht erhältlich; verwendet wurden dagegen die folgenden Werte: die mittlere Zimmerzahl pro Wohnung für die Wohnungsgrösse, da die schweizerische Wohnungszählung keine Quadratmeterangaben erhoben hat; die Zahl der Personen pro Wohnraum; die Einwohner pro Wohnung; die Einwohner pro Hektar überbaute Fläche; und die Einwohner pro ha ohne Wald. Die Korrelationsmatrix dieser fünf Dichtemerkmale untereinander sowie mit den Faktorwerten für social rank und urbanization und schliesslich mit den Variablen Mietzins und Bodenpreis zeigt die Tabelle 21.

Zunächst also zu den Interkorrelationen der Dichtemerkmale: Es fällt sofort auf, dass diese Beziehungen sehr wenig ausgeprägt sind, und zwar selbst bei Merkmalen, zwischen denen man plausible Zusammenhänge vorhergesagt hätte. Unter den zehn Korrelationskoeffizienten sind nur vier signifikant, und nur ein einziger auf dem 1 ‰-Niveau, und der erst noch für eine banale Einsicht: Je mehr Einwohner auf einen ha überbaute

	1	2	3	4	5
1. Zr/Wg	...				
2. Ew/Zr	-.006	...			
3. Ew/Wg	.320	.041	...		
4. Ew/ha üb.	-.604	.299	.042	...	
5. Ew/ha oW	-.370	.312	-.381	.450	...
6. social rank	.735	-.018	-.240	-.483	-.171
7. urbanization	-.277	-.027	-.624	.035	.155
8. Mietzins	.694	-.002	-.283	-.422	-.119
9. Bodenpreis	-.227	-.011	-.408	-.063	-.019

Tabelle 21: Korrelationsmatrix der Dichtemerkmale, zusammen mit social rank, urbanization, Mietzins und Bodenpreis

Fläche kommen, desto kleiner sind im Mittel die Wohnungen. Dieselbe negative Korrelation besteht, wenn auch noch weniger ausgeprägt, zwischen Wohnungsgrösse und Einwohner pro ha ohne Wald. Ew/ha üb. und Ew/ha oW sind folglich auch positiv miteinder korreliert. Besonders interessant in dieser Tabelle ist jedoch, dass es keine signifikante Beziehung gibt zu einem Merkmal, das man aus soziologischer Sicht spontan als besonders aussagekräftig ansehen möchte: der Belegung pro Zimmer. Das liegt nicht etwa daran, dass dieses Merkmal nicht streut (der Variationskoeffizient beträgt V = 1.1146); unter allen 53 Korrelationen in der Gesamtmatrix findet sich keine einzige signifikante Beziehung! Diesem Phänomen wäre weiter nachzugehen.

Im übrigen korreliert die Wohnungsgrösse klar mit dem social rank und dem Mietzins, die Wohnungsbelegung aber mit urbanization und Bodenpreis, und die Ew/ha überbaute Fläche wieder mit social rank und Mietzins. Je höher also der social rank resp. der Mietzins, desto grösser im Mittel die Wohnungen und desto weniger Einwohner kommen auf einen ha überbaute Fläche, oder, da hier von überbauten Parzellen ausgegangen wird, desto grösser sind im Verhältnis zu den Einwohnern die Parzellen. Dagegen zeigt sich kein signifikanter Zusammenhang zwischen dem social rank und den Einwohnern pro Wohnung; die variieren vielmehr mit urbanization resp. Bodenpreis, und zwar negativ.

Je höher also urbanization, oder – wie man wegen der Distanzabhängigkeit dieses Faktors auch sagen kann – je zentraler ein Bezirk, desto kleiner ist im Mittel die Wohnungsbelegung. Das liegt offenbar an der Verteilung der Haushaltsgrössen: Die Korrelation der Wohnungsbelegung mit dem Anteil der Einpersonenhaushalte mit $r = -.9327$ und mit dem Anteil der Grosshaushalte bei $r = .8947$ zeigt dies deutlich.

Wichtig erscheint hier jedenfalls, dass die verschiedenen Dichtemasse nur ausnahmsweise direkt miteinander in Beziehung stehen. Erweitert man dieses Argument in Form einer Hypothese auf die Ausnützungsziffer, dann müsste dies bedeuten, dass die AZ kaum sinnvolle Aussagen über anders definierte Dichtemasse, also z.B. über die Wohnungsbelegung, zulässt. Und schon gar nichts lässt sich daraus sagen über die Beurteilung von Dichten in der Erfahrung der Bewohner, die von ganz anderen, morphologisch nicht erfassbaren Faktoren abhängt. Dagegen hat die Ausnützungsziffer den unbestreitbaren Vorteil, für eine Behörde überprüfbar zu sein und sich über die Zeit nicht zu verändern.

Im übrigen hat die Haushaltsgrösse ständig abgenommen. Während vor 1870 noch mit etwa 5 Personen pro Haushalt gerechnet werden konnte, waren es 1970 nur noch 2.6 Personen. Das hat verschiedene Gründe, dürfte aber vor allem auf den Suburbanisierungsprozess und die differentielle Migration zurückzuführen sein: Einzelpersonen wandern in die Kernstadt ein, vollständige Familien in die Agglomeration ab. Der Suburbanisierungsprozess wird auch in Graphik 12 bei den Dichtegradienten sichtbar: in zentrumsnahen Bezirken nimmt die Wohndichte ab (Wohnungsverdrängung), an der Peripherie nimmt sie zu.

3.5. Zur Ableitung von Stadtentwicklungsindikatoren (53)

Die Ausgangshypothese 4 behauptet, der sozialökologische Bezugsrahmen eigne sich zur Ableitung relevanter und praxisbezogener Stadtentwicklungsindikatoren - mit Praxis ist dabei die gezielte Beeinflussung der Struktur städtischer Gebiete durch die Instrumente der Stadtplanung gemeint. Wenn Stadtplanung dies leisten will, dann setzt sie voraus, es gebe Gesetzmässigkeiten, nach denen Stadtstrukturen sich bestimmen und verändern - gäbe es sie nicht, dann wäre jede Massnahme nur punktuell wirksam und hätte nur zufällige Konsequenzen. Und sie nimmt weiter an, es bestünden gesellschaftpolitische Vorstellungen, aus denen die Ziele der Stadtentwicklungsplanung abgeleitet werden können, d.h. Aussagen darüber, wie die soziale Organisation Stadt in Zukunft aussehen soll. Das aber bedeutet, dass die Tendenzen, nach denen sich die Stadt gemäss den Gesetzmässigkeiten ihrer Entwicklung verändern wird, fortlaufend analysiert und bewertet werden müssen. Formal ist der Entscheidungsspielraum der Stadtplanung begrenzt durch die Instrumente, über die sie verfügen kann; durch Randbedingungen, die ihrer direkten Einflussnahme entzogen sind - das geltende Bodenrecht, die Niederlassungsfreiheit, die Handels- und Gewerbefreiheit, die Kompetenzhierarchie, in der sie steht - und durch die vorgegebenen gesellschaftpolitischen Orientierungen, anhand derer sie Entwicklungstendenzen bewertet. Faktisch ist er indessen noch enger, hängt er doch auch ab von den Informationen, die über die Stadtentwicklung gewonnen werden können; von der Herkunft, Ausbildung und beruflichen Position der Mitarbeiter eines Stadtplanungsamtes und damit den Werthaltungen, die sie implizit vertreten; von der Auseinandersetzung mit Interessengruppen - Aspekte, die eine wissenssoziologische Analyse verdienten.

Die Instrumente, derer Stadtplanung sich bedienen kann - Nutzungs- und Erschliessungsplanung - zielen ab auf die räumliche Allokation von Nutzungen und Aktivitäten. Sie

---

53 Die hier vorgetragene Konzeption von Indikatoren der Stadtentwicklung ist inzwischen noch weiter ausgeführt worden: vgl. B. Hamm: Soziale Indikatoren der Stadtentwicklung, Berlin: Institut für Städtebau 1976

beeinflussen also direkt nur die morphologische Struktur der Stadt. Auswirkungen im institutionellen und semiotischen Bereich müssen als nicht kalkulierbare Nebeneffekte hingenommen werden, solange über ihre Beziehungen zur morphologischen Struktur keine verlässlichen Informationen vorliegen.

Unter dieser Perspektive kann Sozialökologie als eine Theorie der Stadtentwicklung interpretiert werden - sie sagt, unter welchen Bedingungen, d.h. bei welcher Konstellation der Variablen des ökologischen Komplexes, sich die morphologische Struktur einer Stadt verändert und wie dies geschieht. Damit ist einmal abstrakt die Affinität zwischen Stadtplanung und Sozialökologie etabliert. Beide sind auf denselben Gegenstand: die morphologische Struktur einer Stadt gerichtet, und für beide stellen sich dieselben Grundprobleme. Es gilt nun, diese Beziehung zu konkretisieren und fruchtbar zu machen.

Stadtplanung ist angewiesen auf quantitative Informationen über die Entwicklung und Veränderung von Stadtstrukturen - ich will die Einheit dieser Informationen einmal als Indikator bezeichnen. Die Zahl der denkbaren Indikatoren ist grundsätzlich beliebig gross, aber nicht jede Information hat den gleichen Stellenwert. Es stellt sich damit das Problem, einen komplexen Datenraum so zu reduzieren, dass die relevanten Informationen greifbar werden. Die Relevanz eines Indikators für die Stadtplanung lässt sich indessen nur anhand von Theorien der Stadtentwicklung beurteilen.

Ein Indikator hat also, wenn er für Stadtplanung von Nutzen sein soll, bestimmten Anforderungen zu genügen, die aus der allgemeinen Definition sozialer Indikatoren abgeleitet werden können. Nach <u>Christian Leipert</u> (54) stellen "ganz allgemein soziale Indikatoren Kennziffern dar, die Urteile über den Zustand und die Veränderungen wichtiger sozio-ökonomischer

---

54 C. Leipert: Soziale Indikatoren - Ueberblick über den Stand der Diskussion, Konjunkturpolitik 19. Jg. (1973) S. 2o4-256, S. 2o4

Problembereiche der Gesellschaft erleichtern oder erst ermöglichen." Ein sozialer Indikator soll also

1. objektiv messbare Phänomene erfassen (Operationalisierungsproblem);
2. Phänomene beschreiben, die als wichtige Aspekte der Gesellschaft begriffen und bewertet werden (Relevanzproblem);
3. Phänomene betreffen, deren Bedingungskontext erkannt oder doch erkennbar ist, und die sich daraus prognostizieren lassen (Prognoseproblem); und
4. Ansatzpunkte für planende Eingriffe sichtbar werden lassen (Applikationsproblem).

Die Lösung eines einzigen oder eines Teiles dieser Probleme genügt für sich noch nicht, wenn von sozialen Indikatoren gesprochen werden soll.

Das Operationalisierungsproblem kann als gelöst gelten, wenn beobachtbare Erscheinungen der Wirklichkeit in eine Symbolsprache - in Zahlen - so übersetzt werden, dass der damit verbundene Informationsverlust minimal wird. Ein solcher Informationsverlust entsteht immer, weil die vielfältigen Konnotationen der verbalen Sprache in den quantitativen Repräsentanten ihrer Begriffe nur ungenügend erfassbar sind. Es gibt zwei methodische Möglichkeiten, ihn zu reduzieren: Induktion oder Deduktion. Ein deduktives Vorgehen, wie es z.B. Ralph M. Brooks (55) kürzlich vorgeführt hat, geht aus von allgemeinsten, zunächst nicht operablen Kategorien und führt zu einer taxonomischen Aufgliederung in deren einzelne Bestandteile auf Grund eines logischen Kalküls. So geht man etwa vor, wenn man den Begriff Wohnwert am Schreibtisch aufschlüsselt in Bestandteile wie Fläche pro Person, Ausrüstung, Besonnung etc. Ein induktives Vorgehen nimmt dagegen die Realität zunächst als ungeheuer komplex an und versucht dann, diese Komplexität mit Hilfe empirischer Verfahrensweisen schrittweise zu reduzieren. Am Beispiel Wohnwert illustriert: Man befragt eine repräsentative Stichprobe nach den Elementen,

---

55 R. Brooks: Social Indicators for Community Development: Theoretical and Methodological Considerations, Diss. Iowa State University 1971 (unpubliziert)

die als Bestandteile des Wohnwertes gelten sollen, und wertet
die Resultate mittels statistischer Verfahren weiter aus (56).
Faktisch lassen sich indessen beide Ansätze nicht trennen. Deduktion wird sich immer auch an empirischem Wissen orientieren,
und Induktion kommt nicht aus ohne die Formulierung von Begriffen,
denen vorgegebene Bedeutungen zugeschrieben werden. So mögen in
der ursprünglichen Fassung der Sozialraumanalyse deduktive Elemente überwiegen, in der Faktorialökologie induktive.

Das _Relevanzproblem_ verweist auf Bewertungs- und Entscheidungsvorgänge, durch die bestimmte Merkmale der Wirklichkeit ausgewählt und als wichtig deklariert werden. Dazu müssen Kriterien entwickelt werden, über die ein Konsens herzustellen ist.
Zweifellos lassen sich gewisse Kriterien objektiv ableiten, z.B.
dort, wo es um das Verhältnis zwischen Umweltresourcen und den
Bedingungen des physischen Ueberlebens einer Bevölkerung geht:
Wenn feststellbare Grenzwerte im Phosphatgehalt des Wasser
überschritten werden, erzwingen die absehbaren Konsequenzen
für die Gesundheit der Bevölkerung einen solchen Konsens. Nun
ist aber jeder Bewertungsprozess gesellschaftlich vermittelt,
d.h. abhängig vom sozialen Standort des Bewertenden resp. der
Gruppen, denen er angehört. Wenn beispielsweise für eine Gruppe
die Befriedigung existentieller Grundbedürfnisse in Frage steht,
werden ihre Angehörigen kaum grosses Interesse für den Entwicklungsstand der Malerei aufbringen können. Es gibt daher
nur gruppenspezifische Ansichten darüber, was wichtig sei, und
die Divergenzen in der Bewertung hängen entscheidend ab von
der Art und von der Intensität der Gruppenkonflikte in einer
Gesellschaft. Je schärfer solche Konflikte sind, desto abstrakter wird die Ebene sein, auf der ein Konsens möglich ist.
Vor diesem Problem steht auch das social accounting, das über
die Entwicklung sozialer Indikatoren eingeführt werden soll.

In einem etwas anderen Sinn stellt sich dieses Problem auch
noch, wenn einmal angenommen wird, es gäbe einen Konsens über

---

56 Z.B. _K.P. Kistner_: Faktorenanalyse und Wohnwert, Diss. Bonn 1969

diese wichtigen Problembereiche der Gesellschaft. In der Regel
werden diese Problembereiche dann in die Zuständigkeit der
wissenschaftlichen Forschung verschoben. Die aber kann über
die Relevanz bestimmter Merkmale eines Phänomens nur Aussagen
machen, wenn sie über genügend akkumuliertes Wissen, über
Theorien verfügt. Erst dann lässt sich der Stellenwert bezeichnen, in dem die Variablen eines Forschungsfeldes zueinander
stehen. Es gibt also per definitionem keinen sozialen Indikator ohne theoretische Grundlegung und ohne Bezug zum realen
Erfahrungsbereich der Menschen, die mit einem Phänomen konfrontiert sind.

Will man Veränderungen eines sozialen Indikators vorhersagen,
dann kann man zwischen zwei Typen des Vorgehens auswählen:
Entweder betrachtet man das bezeichnete Phänomen als isoliert
und extrapoliert es, verlängert also die Regressionskurve, wobei als unabhängige Variable die Zeit angenommen wird. Jede
so gewonnene Prognose kann nur unter ceteris paribus-Bedingungen
gelten, unter einer Prämisse also, die allenfalls kurzfristig
als erfüllt angenommen werden kann. Das Debakel mit den Bevölkerungs- und Wirtschaftsprognosen der sechziger Jahre zeigt
deutlich die Grenzen dieses Ansatzes, und heute ist man erheblich vorsichtiger bei der Beurteilung solcher Prognosen geworden. Im Gegensatz dazu geht die Systemanalyse davon aus,
das zu prognostizierende Phänomen stehe in mehr oder weniger
komplexen Abhängigkeitsbeziehungen, und versucht, diesen Bedingungskontext aufzudecken. So gewonnene Prognosen haben
die Form von wenn-dann-Sätzen. Im Bereich der Sozialwissenschaften stellen sie hohe Anforderungen an den theoretischen
Erkenntnisstand und an das methodische Instrumentarium (57).
Der dafür nötige Aufwand hat es bislang denn auch verhindert,
dass sie in grösserem Stil unternommen werden konnten.

Die bewusste Veränderung bestehender Zustände durch planendes
Handeln - wessen auch immer - drängt sich dann und nur dann

---

57 Vgl. z.B. die nützliche Einführung von E. Gehmacher: Methoden
der Prognostik, Freiburg 1971

auf, wenn zwischen der erfahrbaren Realität und der gewünschten eine Diskrepanz besteht. Wenn soziale Indikatoren also praxisrelevant sein sollen, dann müssen sie solche Diskrepanzen benennen. Das gilt prinzipiell für alle Träger planenden Handelns, und es ist eine freilich bisweilen vergessene Trivialität, dass Planung ein notwendiges Instrument der Existenzbewältigung jedes Menschen darstellt. Die Auftraggeber und Adressaten der Indikatorenforschung sind indessen im allgemeinen eingeschränkt auf den Kreis der staatlichen Behörden. Die Technokratie-Diskussion innerhalb der Sozialwissenschaften verweist darauf, dass hier eine ganze Reihe besonders wichtiger Fragen aufzuwerfen wäre. Wenn man einmal davon ausgeht, dass darauf eine befriedigende Antwort gefunden wäre (was nota bene keineswegs der Fall ist), dann ist die Entwicklung sozialer Indikatoren nur sinnvoll in Bereichen, in denen mindestens ein Minimum staatlichen Einflusses aktuell oder zukünftig angenommen werden kann. Es gibt also keine sozialen Indikatoren dort, wo ein Missverhältnis zwischen existierenden und gewünschten Zuständen nicht vorliegt, aber auch nicht da, wo diese Diskrepanz nicht durch staatliches Handeln beeinflusst werden kann.

Mit diesen Bemerkungen ist der definitorische Kontext abgesteckt, innerhalb dessen im folgenden die Ableitung von Stadtentwicklungsindikatoren diskutiert werden soll.

3.5.1. Methodisches Vorgehen bei der Ableitung

Mit der Ableitung von Indikatoren auf der Grundlage der sozialökologischen Theorie befassen sich die Sozialraumanalyse und die Faktorialökologie. In der theoretisch konsistenteren Form, in der die Sozialraumanalyse hier interpretiert worden ist, bleibt vorerst die Frage nach der genauen Konstruktion der Indikatoren offen (58), und gegenüber dem akkumulierten Wissen der Faktorialökologie wird man den Vorbehalt anbringen, dass es meist empirizistisch und ohne genügende theoretische Grundlegung zusammengerechnet wurde. Es soll nun hier ein Vorgehen

---

58 Einen Versuch zur empirisch fundierten Neuformulierung dieser Indikatoren habe ich unternommen in **B. Hamm**: Zur Revision der Sozialraumanalyse, Zeitschrift für Soziologie 6 (1977)

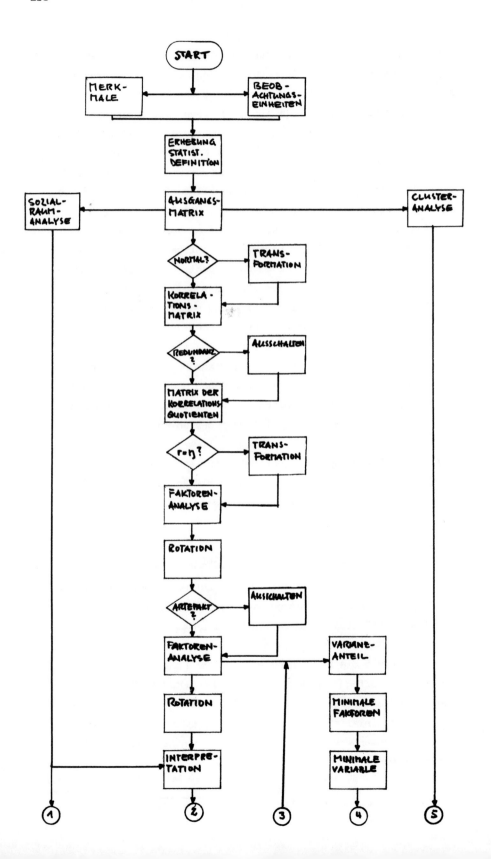

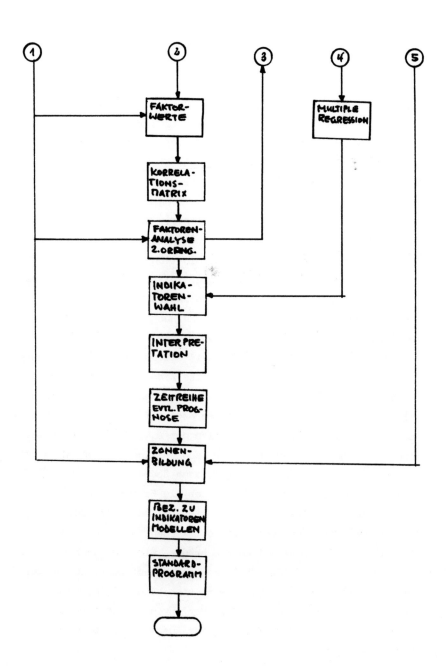

Graphik 33: Flussdiagramm des methodischen Vorgehens der Hauptuntersuchung (Erläuterungen im Text)

vorgeschlagen werden, durch das sich voraussichtlich diese
Mängel beheben lassen werden. Die Graphik 33 beschreibt dieses
Vorgehen in einem Flussdiagramm, dessen wichtigste Elemente
hier kurz kommentiert werden.

Zunächst muss der Merkmalskatalog anhand der Einsichten, die
aus dem Aufbereiten der Literatur und aus der Vorstudie
gewonnen werden konnten, vervollständigt und präzisiert werden.
Diese Merkmale sind dann für geeignete statistische Einheiten
zu erheben, die auch die verstädterten Teile der Agglomerationsgemeinden einbegreifen. Als Voraussetzungen für die Berechnung
der Produktmomentkorrelationen gelten die Normalverteilung und
die Unabhängigkeit der Variablen; beides ist zu prüfen und durch
geeignete Transformation resp. Elimination anzunähern. Die Matrix
der Produktmomentkorrelationen unterstellt stetige und lineare
Beziehungen. Die Stetigkeit kann durch die Schaubilder der
Kurvenverläufe untersucht werden, die auch Auskunft gibt über
die Linearität der Funktionen. Ueber eine mehrstufige Faktorenanalyse lässt sich dann der Merkmalskatalog in seine wichtigsten
Dimensionen auflösen und schrittweise reduzieren. Als Hypothese
wird dabei angenommen, dass statistische Repräsentanten von Spezialisierung und Segregation den grössten Teil der Gesamtvarianz
des Datenraumes erklären. Mit Hilfe der sukzessiven Elimination
schwacher Faktoren und Variabler kann das Indikatorenbündel definiert werden. Es erlaubt klare Aussagen über den relativen Stellenwert der verwendeten Variablen. Ueber die Faktorenwerte einerseits,
die Sozialraumanalyse und die Clusteranalyse andererseits (59)
können dann homogene Zonen gebildet werden, d.h. man kommt
zu einer Typologie städtischer Subräume, wie sie von der
Sozialraumanalyse angestrebt wird, jedoch auf sehr viel weiter
differenzierter Grundlage. Es wird sich dann zeigen, ob das
rechnerisch sehr viel einfachere Verfahren der Sozialraumanalyse durch eine Neudefinition der Ausgangsvariablen verbessert werden kann.

---

59 Die Clusteranalyse ist erstmals zu diesem Zweck verwendet
worden von R.C. Tryon: The Identification of Social Areas
by Cluster Analysis, Berkely 1955; in Deutschland wurde
sie vom Battelle-Institut Frankfurt zur Typologisierung
der deutschen Städte eingesetzt: Krampe, G.: Cluster-Analyse
zur Städtetypisierung in der BRD (verv. Manuskript)

Mit Hilfe weiterer Verfahren lassen sich dann die räumliche
Struktur der Indikatoren und ihre Bestimmungsgrössen identi-
fizieren. So weit der Datenstand es erlaubt, lässt sich diese
Strukturanalyse dann auch dynamisieren.

3.5.2. Anwendungsbereiche der Indikatoren

Da die Indikatoren für die allgemeinen Gesetzmässigkeiten der
Stadtentwicklung stehen, lassen sich aus ihnen auch Hinweise
darüber gewinnen, an welchen Erscheinungen Stadtentwicklungsplanung sinnvollerweise ansetzen muss, wenn sie eine bestimmte
Wirkung erzielen will. Sie dienen zur Auswahl und Dosierung der
Planungsinstrumente und erlauben nach erfolgtem Einsatz eine
Erfolgskontrolle. Die Indikatoren können auch zum Aufbau eines
stadtplanerischen Informationssystems verwendet werden. Sie
dienen der Vereinheitlichung kommunalstatistischer Erhebungen.
Ihre kurzfristige Beobachtung erlaubt es zusammen mit dem Wissen
über die Regelmässigkeiten der Stadtentwicklung, bessere Prog-
nosen zu entwickeln und Planungsmassnahmen auf einem aktuellen
Informationsstand zu begründen. Sie stellen eine wichtige
Grundlage für die Bildung formalisierter Stadtmodelle zur
Verfügung und erlauben es, mit relativ geringem Aufwand vergleichende Studien zu betreiben.

Eine Typologie städtischer Subräume dient einmal der kurz-
fristigen Beobachtung und Prognose von Funktionsänderungen
städtischer Subräume. Sie charakterisiert diese Einheiten
durch relativ wenige Merkmale und dient damit vor allem auch
der weiteren Forschung. Sie erleichtert die Bestimmung der
Standorte, an denen stadtentwicklungspolitische Massnahmen
ansetzen sollten.

Indikatoren und Typologie sind indessen regelmässig daraufhin
zu prüfen, ob sich nicht wichtige Beziehungen geändert haben
und ob die Voraussetzungen noch gelten, unter denen sie entwickelt worden sind.

Die Ausgangshypothese 4 kann damit vorerst einmal akzeptiert
werden. Zu einer fundierteren Beurteilung wird man erst kommen
können, wenn die neuen Instrumente einmal eine zeitlang im
Einsatz waren und konkrete Erfahrungen darüber vorliegen. Es
handelt sich um einen Versuch, über die bisher meist sehr vagen
und pauschalen Deklarationen wegzukommen, nach denen Soziologie
eine für die Stadtplanung unerlässliche Grundlagendisziplin
sei. Bis jetzt ist ihr konkreter Beitrag zur Lösung von Planungs-
problemen eher als gering zu veranschlagen.

Aus der Kenntnis der sozialökologischen Einsichten in die Prozesse
der Stadtentwicklung, aber auch der Randbedingungen, unter denen
Stadtplanung arbeitet, und der Instrumente, die ihr zur Verfügung
stehen, lassen sich die Wirkungsrichtung und -grenzen stadtent-
wicklungspolitischer Massnahmen ungefähr abschätzen. Bisher
gibt es jedenfalls keinen Grund für die Annahme, durch Stadtentwicklungsplanung liessen sich die ökologischen Prozesse
der Strukturbildung ausser Kraft setzen. Allerdings kann sie
diese Vorgänge modifizieren, Entwicklungstrends beeinflussen,
indem sie verstärkend oder hindernd eingreift. Als wichtiges
Instrument dazu kann die Erschliessungsplanung, und hier vorab
die Verkehrsplanung, angesehen werden. Sie verändert ökologische
Positionen dadurch, dass sie auf Erreichbarkeiten einwirkt
und so die Grundrentenerwartungen von Standortnachfragern und
folglich auch die Bodenpreisstruktur beeinflusst. Aus dem
Dominanzprinzip folgt, dass jeder direkte oder indirekte Ein-
griff in die Entwicklung des Geschäftszentrums Konsequenzen
für die Nutzungsstruktur des ganzen städtischen Gebietes nach
sich ziehen muss, auch wenn diese unter Umständen nur gering-
fügig sind und erst nach einer gewissen Zeitspanne sichtbar
werden (Sukzession). Eine Aufzonung im Bereich des Zentrums,
d.h. das Zugestehen höherer Ausnützungsziffern, wird aller
Wahrscheinlichkeit nach die Uebergangszone entlasten und den
Prozess der Wohnungsverdrängung verlangsamen, eine Abzonung
dagegen umgekehrte Effekte haben. Als direkte Eingriffe wirken
auch die Einführung von Wohnschutzzonen oder von Fussgänger-
bereichen, während indirekt sich auswirkt, ob man z.B. die

Entwicklung von Einkaufszentren an der Peripherie fördert oder
behindert. Dagegen wird man den Einfluss solcher Massnahmen
auf die Segregation sozialer Gruppen kaum sehr hoch einschätzen
wollen, weil die Grundrente nur zu einem geringen Teil an der
Mietpreisbildung beteiligt ist. Die kann alleine durch die
Instrumente der Stadtplanung kaum nachhaltig beeinflusst werden,
wenn man einmal von den Zonenvorschriften für Entwicklungsge-
biete absieht. Hier spielen Massnahmen zur Wohnbauförderung
und zur Sanierung von Altbaugebieten eine gewichtigere Rolle.
Die Ausgestaltung und Interpretation von Zonenvorschriften
hat weiter einen Einfluss auf die symbolische Identifikation,
soweit diese für Entscheide über den Wohnstandort überhaupt
zum Tragen kommt.

Bis jetzt ist man zur Beurteilung solcher Konsequenzen weitgehend auf Vermutungen angewiesen. Wir wissen noch relativ
wenig Genaues über die Wirkungsweise einzelner Planungsinstrumente, und beobachten daher auch immer wieder Unsicherheiten
bei ihrem Einsatz und ihrer Dosierung am konkreten Objekt.
Dieser für die Stadtplanung so wichtige Bereich wird sich nur
über systematische Nachfolgeuntersuchungen und Erfolgskon-
trollen erschliessen lassen.

Immerhin lässt sich mit Hilfe des sozialökologischen Bezugsrahmens zeigen, dass stadtentwicklungspolitische Zielformu-
lierungen, die sich an statischen Vorstellungen künftiger
Zustände orientieren, verfehlt sind. Sie ignorieren die
Dynamik sozialräumlicher Differenzierung und ihre Begrün-
dungszusammenhänge im ökologischen Komplex, und sie lassen
sich nicht einfach auf technische Fragen reduzieren. Schliesslich sind sie auch wegen der darin enthaltenen ideologischen
Implikationen kaum wünschbar (60). Das wird in Diskussionen
um Planungsleitbilder, hierarchische Siedlungsstrukturen oder
optimale Stadtgrössen immer wieder übersehen.

---

60 H. Berndt: Das Gesellschaftsbild bei Stadtplanern, Stuttgart 1968 hat für deren Nachweis den wichtigsten Beitrag
   geleistet

4. Sozialökologie und Siedlungssoziologie

Es ist schon früher darauf verwiesen worden, dass Sozialökologie nicht den Anspruch erhebt, Soziologie schlechthin zu sein (1). Sie repräsentiert auch nicht den ganzen Bereich der Siedlungssoziologie, obgleich sie hier als der Ansatz betrachtet werden kann, von dem aus die wichtigsten und die konsistentesten Beiträge zur siedlungssoziologischen Theoriebildung ausgegangen sind. So wie diese Eingrenzung, so ist andererseits auch eine sehr viel grössere Allgemeinheit des sozialökologischen Bezugsrahmens zu betonen. Es handelt sich dabei um einen Ansatz, der disziplinmässig nur insoweit lokalisiert werden kann, als sein zentraler Erkenntnisgegenstand soziale Organisation ist. Das Konzept des ökologischen Komplexes umgreift also den ganzen Bereich der Sozialwissenschaften, und es erlaubt darüber hinaus auch noch den theoretisch stringenten Einbezug von Elementen, die den Naturwissenschaften und den technischen Wissenschaften zugeordnet werden. Die in hohem Masse angelegte Fähigkeit, wissenschaftliche Erkenntnisse der verschiedensten Sparten unter einem gemeinsamen Erkenntnisinteresse zu integrieren, ist in der sozialökologischen Forschung indessen bisher nicht vollumfänglich zum Tragen gekommen. Ihr Schwerpunkt liegt nach wie vor auf der Analyse sozialräumlicher Verteilungen in städtischen Gebieten, und man hat selbst in der neueren amerikanischen siedlungssoziologischen Literatur bisweilen den Eindruck, Sozialökologie werde als ein etwas esoterisches Randgebiet behandelt, das zusehends an Gewicht verliere (2). Verantwortlich dafür ist m.E. die oftmals ungenügende theoretische Orientierung, die Sozialökologie auf eine blosse deskriptive Methode reduziert.

Handelt es sich bei der Sozialökologie nun um einen interdisziplinären Ansatz? Oder um eine Art erweiterter Bindestrich-Soziologie, die sich nur mit einem eng definierten Ausschnitt

---

1 Vgl. S. 83 f.

2 Diesen Eindruck hat man z.B. bei: Neighborhood, City, and Metropolis - An Integrated Reader in Urban Sociology, hrsg. von R. Gutman und D. Popenoe, New York 1970

aus der sozialen Wirklichkeit beschäftigt? Offenbar ist weder das eine noch das andere richtig. Interdisziplinarität müsste bedeuten, dass man sich der Konzepte, Methoden und Erkenntnisse der Nachbardisziplinen ohne weitere Umformung bedienen kann. Das ist hier aus logischen Gründen abzulehnen, und zwar nicht etwa, weil solche Anleihen grundsätzlich nicht möglich wären, sondern weil sie nicht unverändert in einen soziologischen Bezugsrahmen überführt werden können, ohne dass dabei ideologische Verzerrungen auftreten. Die bekannte __Durkheim__'sche Regel, nach der soziale Tatsachen durch soziologische Kategorien zu erklären seien, meint ja weniger, was als "Soziologismus" daran kritisiert worden ist (3): die Etablierung der Soziologie als einer Art Ueberwissenschaft, die für jedes beliebige Problem einen erklärenden Bezugsrahmen parat hat, solange es nur um Menschen geht. Sie enthält allerdings, und dies scheint mir sehr wichtig, die Aufforderung, Konzepte aus anderen – und das heisst auf andere Erkenntnisgegenstände gerichtete – Wissenschaften immer auf ihren __soziologischen__ Gehalt hin zu prüfen und in ihrer __soziologischen__ Substanz zu interpretieren.

Ein Beispiel mag dies verdeutlichen: Das aus der Nationalökonomie bekannte __Marshall__'sche Modell von Angebot und Nachfrage und ihrem Ausgleich nach Preis und Menge einer getauschten Ware sagt soziologisch nichts, wenn als Anbieter und Nachfrager nicht verschiedene soziale Gruppen mit unterschiedlichen Durchsetzungschancen, also Macht, gesehen werden. Ideologisch verzerrt wird ein Bezugsrahmen dann, wenn die Begriffe Angebot und Nachfrage ohne Rücksicht auf den Inhalt, der ihnen soziologisch zukommt, eingeführt werden. Mit ihnen verbindet sich implizit die Vorstellung eines quasi naturgesetzlichen Ausgleiches gegensätzlicher Interessen und weiter die Fiktion eines konfliktfreien Raumes, in dem alle Bezüge letztlich statischen Charakter haben. Die Erklärung dafür, dass es zu solchen Verzerrungen kommt – und ähnliches liesse sich an einer beliebigen Zahl anderer Beispiele ebenfalls demonstrieren –

---

3 __G.E. Marica__: Emile Durkheim – Soziologie und Soziologismus, Jena 1932

liegt in den unterschiedlichen Erkenntnisinteressen, aus denen
heraus Wissenschaftler ihre Konzepte formulieren. Für den Oekoromen ist es wichtig zu wissen, dass ein Ausgleich zwischen
entgegengesetzten Interessen zustande kommt. Ihn interessiert
mehr, welche Konsequenzen ein Kompromiss hinsichtlich Preis
und Menge der getauschten Ware hat, und er konstruiert dafür
ein statisches Modell, das nicht mehr als heuristischen Wert
haben soll. Er unterstellt, dass Anbieter und Nachfrager am
Erwerb einer Ware interessiert sind, und dass sie im Prinzip
etwa die gleichen Durchsetzungschancen haben.

Vergleichbare Schwierigkeiten treten immer dann auf, wenn man
sich - meist unbewusst und metaphorisch - Vokabeln bedient,
die in anderen Wissenschaften einen ganz spezifischen Inhalt
haben. Beispiele dazu aus der Sozialökologie sind ja bereits
erwähnt worden. Von dort her ist das Misstrauen zu erklären,
das die Soziologie regelmässig Bezügen entgegenbringt, die
"natürlich", "organisch" oder ähnlich sein sollen; dem "Gleichgewicht", der Gruppen"kohäsion", dem in Institutionen"geronnenen"
oder "kristallisierten" Verhalten, und was dergleichen Begriffsbildungen mehr sind. Damit wird regelmässig, wenn auch meist
implizit, vorgegeben, die so bezeichneten Tatbestände bedürften
keiner weiteren Erklärung mehr. Ganz besonders gilt dies für
die in der Soziologie und vor allem in ihren systemtheoretisch
orientierten Richtungen häufig anzutreffende Vorstellung vom
"Gleichgewicht". Hier schwingen all die aus der Umgangssprache
übernommenen Konnotationen mit, die den sozial definierten
Gehalt des Wortes ausmachen: Harmonie, Gleichwertigkeit von
Interessen, konfliktfreie Verständigung etc., je nach dem Kontext, in dem das Wort auftritt. Selten wird der Begriff so
verwendet, dass man nachher einigermassen genau weiss, was
eigentlich wem gleich sein soll.

Diese Ueberlegungen führen zu einem wichtigen, aber noch
ungelösten Problem der Siedlungssoziologie: zur <u>Definition
des Raumes</u>. Die Siedlungssoziologie hat im allgemeinen ihren

Raumbegriff unkritisch übernommen, sei es von der Geographie, sei es von einem Auftraggeber aus dem Bereich der Raumplanung. Deren Raumbegriffe aber stellen Abstraktionen dar, die soziologisch gesehen keinen oder verschiedenste Inhalte haben können. Die Soziologie muss Raum analysieren, so wie er von den Menschen, deren Verhalten sie beobachtet, erfahren wird (4). Dann ist er nicht einfach Randbedingung, Gefäss, Voraussetzung für soziale Organisation, sondern eine der Variablen des Forschungsfeldes, deren Relevanz erst dadurch gegeben ist, dass Raum instrumentalisiert, durch Verhalten angeeignet, sozial definiert und symbolisiert wird. Raum hat also kommunikative, instrumentelle und Vermittlungsfunktionen (5), über deren genauen Charakter wir erst relativ vage Vorstellungen haben. Aus reiner Verlegenheit habe ich daher bisher von sozialem Raum, von sozialräumlicher Verteilung gesprochen; die soziale Signifikanz des Raumes wäre erst noch präzise herauszuarbeiten. Begreifen lässt sie sich jedenfalls nur, wenn man institutionelle Bezüge in die Betrachtung einführt, und wenn man sich Klarheit darüber verschafft, welche kognitiven Prozesse zu sozialen Definitionen der physischen Umwelt führen. Nur so kann der theoretische Dualismus zwischen Mensch und Umwelt aufgehoben werden.

Sozialökologie, die von der morphologischen Aussenseite der Phänomene her argumentiert, kann dies nicht leisten, solange nicht andere Ansätze zur Ergänzung mit herangezogen werden. Insofern ist ihr Aussagewert für die Siedlungssoziologie begrenzt.

---

4 Vgl. dazu den wichtigen Beitrag von G. Simmel: Der Raum und die räumlichen Ordnungen der Gesellschaft, in: ders.: Soziologie, Berlin 1968 (org. 1908): "Nicht der Raum, sondern die von der Seele her erfolgende Gliederung und Zusammenfassung seiner Teile hat gesellschaftliche Bedeutung" (S. 461)

5 Institut Wohnen und Umwelt: Expertise über den Zusammenhang von gebauter Umwelt und sozialem Verhalten (Zwischenbericht, vervielfältigt), Darmstadt 1975, S. 13 f.

In ihrem Vorschlag zur Konzeptualisierung der Siedlungssoziologie (6) haben Peter Atteslander und Bernd Hamm das Raum-Verhalten-System als den Erkenntnisgegenstand der Siedlungssoziologie bezeichnet. Entsprechend der früher geschilderten Konzeption der Soziologie bei Duncan und Schnore (7) werden darin drei Subsysteme unterschieden: das morphologische (Ecology), dessen Beschreibung Gegenstand dieser Arbeit ist; das institutionelle (Behavior), das relativ dauernde und über Zeit tradierte Verhaltensmuster samt ihrer formalen oder informellen Formen behandelt; und das semiotische (Culture), das annimmt, konkrete Formen des Verhaltens seien mitbestimmt durch die kognitive Interpretation von Situationen (8), mithin also auch von Räumen. Jede sozialräumliche Situation, so wird behauptet, sei durch diese drei Subsysteme notwendig und hinreichend bestimmt. Andererseits kann keine sozialräumliche Situation nur von einem dieser Subsysteme her adäquat begriffen werden. Wenn Siedlungssoziologie also nach den Zusammenhängen zwischen physischem Raum und sozialem Verhalten fragt, dann muss sie immer alle drei Elemente einbeziehen.

Funktional gesehen stehen das morphologische, das institutionelle und das semiotische Subsystem in einer Interdependenzbeziehung zueinander: Die Morphologie sozialräumlicher Situationen wird geprägt und gestaltet durch institutionalisierte Bezüge – durch Arbeitsteilung, durch soziale Rangordnungen, durch deren Uebertragung mittels Sozialisation etc., d.h. durch das, was im ökologischen Komplex als soziale Organisation figuriert. Andererseits sind solche Bezüge undenkbar ohne die physische Existenz, das "materielle Substrat" von Räumen und Menschen sowie der Instrumente, die für die Raumaneignung zur Verfügung

---

6 Materialien zur Siedlungssoziologie, hrsg. von P. Atteslander und B. Hamm, Köln, Berlin 1974, Einleitung

7 Vgl. oben S.84

8 E. Goffman: Verhalten in sozialen Situationen, Gütersloh 1971, S. 24 ff.

stehen - also ohne Beachtung der Variablen des ökologischen
Komplexes. Die Beziehung zwischen morphologischem und semiotischem Subsystem ist gegeben durch die soziale Definition,
die kognitive Wahrnehmung des materiellen Substrates und die
Interpretation seiner sozialen Symbolik durch Verhalten oder
auch durch Sprache. Das institutionelle Subsystem hängt mit
dem semiotischen dadurch zusammen, dass durch soziales Lernen
und soziale Erfahrung erst die Gliederung und Organisation
von kognitiv wahrgenommenen Situationen möglich wird.

Indem wir annehmen, dass jedes Raum-Verhalten-System diese
drei Aspekte aufweist, unterstellen wir, dass zwischen den
drei Subsystemen eine Beziehung der Synomorphie besteht (9),
d.h. dass strukturelle Aehnlichkeiten vorliegen.

Dabei ist es theoretisch völlig unerheblich, ob als Raum-Verhalten-System eine Wohnung, eine Stadt oder ein nationaler
Siedlungsraum definiert wird - das ist einzig eine Frage der
Problemstellung in einer konkreten Untersuchung. Auch die
Sozialraumanalyse geht implizit von der Annahme der Synomorphie aus, wenn sie von den sozialen Räumen, die sie ausscheidet, behauptet, nach ihnen variierten auch die Lebensstile der Bewohner. Die Stadt als das hervorragende Objekt
siedlungssoziologischer Analyse hat deswegen so grosse Bedeutung, weil sie in gesellschaftlichen Bewertungsprozessen
als besonders problematisch ausgewählt worden ist. Es gibt
keinen Grund zu der Annahme, dass diese Gewichtung sich in
absehbarer Zukunft wesentlich verschieben wird. Und es ist
auch eine blosse Frage der Konvention, ob wir von Raum-Verhalten-Systemen, von "symbolic communities" (Hunter),
von "behavior settings" (Barker), von "natural areas" oder
von "moral regions" (Park) sprechen wollen - das Raum-Verhalten-System hat gegenüber anderen Begriffsbildungen einzig
den Vorteil, dass es unmittelbar zu forschungsleitenden
Hypothesen führt; inhaltlich aber benennen alle diese Begriffe dasselbe Phänomen.

---

9 R. Barker und H.F. Wright: Midwest and Its Children, New York
   1955; R. Barker: Ecological psychology, Stanford 1968, S. 18 ff.;
   L. Kruse: Räumliche Umwelt. Die Phänomenologie des räumlichen
   Verhaltens als Beitrag zu einer psychologischen Umwelttheorie,
   Berlin, New York 1974

Für die Existenz von Synomorphien zwischen den drei Subsystemen des Raum-Verhalten-Systems haben wir zahlreiche empirische Belege. Am eindrücklichsten mag eine Studie sein, die Albert Hunter gerade vorgelegt hat (1o) und die, obgleich völlig unabhängig von dieser Arbeit entstanden, implizit von denselben theoretischen Vorstellungen ausgeht. Hunter hat nachgewiesen, dass die von Burgess in den zwanziger Jahren in Chicago abgregrenzten "natural areas" auch heute noch eine signifikante Bedeutung für die Partizipation in "local voluntary associations" und für die kognitive Begrenzung alltäglicher Handlungsfelder besitzen. L. Festinger, S. Schachter und K. Back sowie T. Caplow und R. Foreman (11) konnten zeigen, dass in homogen strukturierten Wohngebieten die Intensität der Nachbarschaftsbeziehungen als Funktion der räumlichen Distanz beschrieben werden kann. Zahlreiche Untersuchungen der klassischen Sozialökologie weisen Zusammenhänge zwischen der ökologischen Position eines Gebietes und den dort anzutreffenden Verhaltensmustern nach (12). Auch wenn bis heute keine befriedigende Konzeptualisierung dessen vorliegt, was hier als institutionelles und als semiotisches Subsystem bezeichnet wird, kann man doch davon ausgehen, dass die mit dem Raum-Verhalten-System unterstellten Beziehungen genügend etabliert sind, um für eine Rekonstruktion der Siedlungssoziologie eine tragfähige Basis abzugeben. Darin beschreibt

---

1o A. Hunter: Symbolic Communities, Chicago 1974

11 L. Festinger et al.: Social Pressures in Informal Groups, Evanston 195o; T. Caplow und R. Foreman: Neighborhood Interaction in an Homogeneous Community, ASR 15 (195o) S. 357-366

12 Viele Beispiele dafür finden sich in: Contributions to Urban Sociology, hrsg. von E.W. Burgess und D.J. Bogue, Chicago 1964; Studies in Human Ecology, hrsg. von G.A. Theodorson, Evanston 1961; Cities and Society, hrsg. von P.K. Hatt und A. Reiss, New York, London 1951. Das bereits sehr breite Spektrum wäre ohne weiteres zu ergänzen, wenn man den ganzen Umfang der Arbeiten über schicht- und gruppenspezifische Verhaltensweisen und Einstellungen hier einbezöge und nach der Kenntnis der Verteilungsprinzipien dieser Gruppen im Raum noch einmal durchginge

allerdings die Sozialökologie nur das morphologische Subsystem, verweist auf seine funktionale Struktur und gibt Hinweise auf den Kontext, der zur Erklärung heranzuziehen ist. Als morphologische Analyse, die von der "Aussenseite" her argumentiert, erweitert sie allerdings das methodische Spektrum beträchtlich, und zwar in einer Richtung, die bislang in der deutschsprachigen Soziologie stark vernachlässigt worden ist. Und sie verschafft uns schliesslich einen unmittelbaren Zugang zu den Problemen der Planungspraxis - ein Aspekt, zu dessen richtiger Beurteilung uns freilich noch die breite Erfahrungsbasis fehlt.

Wir wissen heute, dass alle Städte aus relativ homogenen sozialräumlichen Einheiten organisiert sind, und dass die Selektionskriterien, die dahinter stehen, offenbar zusammenhängen mit den Rangordnungssystemen einer Gesellschaft. Haushalte, die in ihren Rangordnungsmerkmalen - sei das nun Kaste, Stamm, Stand oder soziale Schicht - übereinstimmen, wohnen räumlich näher beieinander als im Verhältnis zu solchen, zu denen sie auf dem betreffenden Merkmal wesentlich differieren (13). Die soziale Rangordnung einer Gesellschaft, die Privilegien, die sie an verschiedene Gruppen in unterschiedlichem Ausmass verteilt, hängen also offensichtlich auch zusammen mit den jeweiligen Wohnstandorten der Gruppen. Die soziale Organisation bildet sich in der räumlichen Verteilung quasi am Boden ab und kann durch die morphologische Analyse sichtbar gemacht werden.

Das aber hat Konsequenzen für die räumliche Verteilung von Verhaltensmustern. Wir wissen genug über die Schichtabhängigkeit von Gesellschaftsbildern, Sozialisationsstilen, kommunikativen Kompetenzen und Verhaltensweisen bis in die Sexualsphäre hinein, um daraus folgern zu können, dass homogene Gruppen, die in räumlicher Nähe zueinander wohnen, Gemein-

---

13 A.H. Hawley: Urbanisierung und Modernisierung, in: Sozialanthropologie, hrsg. von H.G. Gadamer und P. Vogler, Stuttgart, München 1972, S. 288-313

samkeiten auf diesen Merkmalen aufweisen und sie über soziale
Kontrolle auch perpetuieren. Daher erklären sich jene Verteilungsmuster, für deren Beschreibung die Sozialökologie so
viel geleistet hat, und nicht aus der Funktion des Raumes
als Raum an sich. Deswegen zeigen Scheidungshäufigkeiten,
Kriminalitätsraten, verschiedene Geisteskrankheiten (14), aber
auch typische Verhaltensweisen im Nachbarschaftsbereich und
im Verkehrskreis diese räumlichen Muster. Und zweifellos sind
hier auch die Ursachen dafür zu suchen, dass die instrumentelle
und kognitive Aneignung von Räumen sich in verschiedenen sozialräumlichen Situationen unterscheidet, und das heisst: nach dem
sozialen und dem räumlichen Standort eines Menschen.

"Natural areas" — das sind kleine, mehr oder weniger deutlich
in sich geschlossene soziale Welten, die ihre Einheit gewinnen
aus der Homogenität ihrer Bevölkerung, aus der Aehnlichkeit
der Verhaltensmuster und folglich der Gemeinsamkeit von Verhaltenserwartungen, aus gemeinsamen Institutionen wie Nachbarschaft, Schule, Verkehrskreis, Versorgungseinrichtungen,
Vereinen etc., aber auch aus der Gemeinsamkeit der räumlichen
Orientierung an Symbolen und der jeweils spezifischen Sprache
und den Begriffen, mit denen diese Symbole belegt werden. Oder
allgemeiner: <u>Raum-Verhalten-Systeme sind relative Einheiten</u>
mit den folgenden Eigenschaften:
1. sie besetzen spezifische ökologische Positionen in ihrer
   Subsistenzorganisation;
2. sie bilden eine Basis für institutionalisiertes Verhalten;
3. sie stellen relative Einheiten hinsichtlich ihrer symbolischen und kognitiven Struktur dar.

Sie entstehen im individuellen Bewusstsein nicht durch soziales
Handeln, sondern als Figurationen (15), die als vorgegeben, bisweilen auch als zwanghaft auferlegt erfahren werden. Und sie sind

---

14 Vgl. z.B. <u>R. Bastide</u>: Soziologie der Geisteskrankheiten,
    Köln, Berlin 1973, S. 94 ff. (franz. 1965); dazu auch
    <u>H. Berndt</u>: Zur Soziogenese psychiatrischer Erkrankungen,
    Soziale Welt 19. Jg. (1968)

15 <u>N. Elias</u>: Was ist Soziologie? München 1971, S. 23

als synomorphe Situationen relativ stabil über die Zeit (16). Daher ist die grosse Bedeutung zu begründen, die diesen Einheiten für die sozialwissenschaftliche Analyse zukommt.

Die sozialökologische Perspektive innerhalb der Siedlungssoziologie kann dazu beitragen, diese Spezialdisziplin aus der engen Optik herauszulösen und sie theoretisch zu öffnen für den Zusammenhang mit der allgemeineren sozialen Organisation, den Einfluss von Umwelt und Technologie und die Wandlungen in der Bevölkerungsbewegung. Hier liegt wohl ihr wichtigster Beitrag.

---

16 Dies wurde kürzlich nachgewiesen von A. Hunter: Symbolic Communities, Chicago 1974, Teil 1; ausserordentlich interessant dafür ist auch die Analyse von Wohnformen der höfischen Gesellschaft bei N. Elias: Die höfische Gesellschaft, Neuwied 1969, S. 68-lol, der zeigt, dass sich in dieser Figuration Verhaltensmuster, gestützt durch Baustrukturen, perpetuiert haben, obwohl die ökonomische Basis dafür immer mehr dahinschwand

5. Zusammenfassung und Schlussfolgerungen

Die Untersuchung hat damit ihre Ziele erreicht. Ueber eine breite Literaturanalyse, die die Rezeption der Sozialökologie in der deutschsprachigen Soziologie fördern will, und über die empirische Studie zur ökologischen Struktur der Stadt Bern konnte die Geschlossenheit des sozialökologischen Bezugsrahmens und seine Generalisierbarkeit für eine schweizerische Mittelstadt nachgewiesen werden. Die Ueberlegungen zur Ableitung von Stadtentwicklungsindikatoren haben die Vermutung bestätigt, dass sozialökologische Theoreme unmittelbar für die Planungspraxis umgesetzt und verwendet werden können. Und durch die Gegenüberstellung von Sozialökologie und Siedlungssoziologie konnte die Aussagekraft des Bezugsrahmens präziser herausgearbeitet werden.

Wegen der Schwierigkeiten, den sozialökologischen Theorieansatz vom Begriff des sozialen Handelns her zu erschliessen, schien die ausführliche Darstellung der Sozialökologie, ihrer wissenschaftshistorischen und sozialgeschichtlichen Entstehungsbedingungen, ihrer klassischen Formulierung und der Kritik daran sowie der revidierten Ansätze der neoklassischen Position, der Sozialraumanalyse und der sozio-kulturellen Schule gerechtfertigt. Der knappe Ueberblick über vergleichende Untersuchungen hat die Tendenz bestätigt, nach der mit fortschreitender Industrialisierung die sozialräumlichen Verteilungsmuster in städtischen Gebieten auf ein Modell hin konvergieren.

Im Vergleich mit anderen sozialmorphologischen Theorieansätzen ist das methodische Prinzip der Sozialökologie besser sichtbar geworden, soziale Phänomene von ihrer materiellen Aussenseite her zu erschliessen, und die Sozialökologie konnte im Kreis der sozialmorphologischen Disziplinen situiert und in ihrem Stellenwert gewichtet werden.

Die Prüfung der Ausgangshypothesen begann mit der Formulierung eines theoretischen Bezugsrahmens, der sich auf die vorange-

gangene Literaturübersicht abstützt und ein Dreistufenmodell
sozialräumlicher Differenzierung vorschlägt. Die Sozialraumanalyse erwies sich mit diesem Modell als konsistent und
liess sich auf die Argumentation der klassischen Sozialökologie zurückführen.

Die empirische Untersuchung der sozialökologischen Struktur
der Stadt Bern wurde eingeleitet durch einen Vergleich dieser
Stadt mit den anderen schweizerischen Grosstädten und durch
einen kurzen Abriss über die Baugeschichte. Aus dem theoretischen Bezugsrahmen sind dann zwanzig Untersuchungshypothesen
abgeleitet worden, die durch die statistische Analyse von Daten
der Volks- und Wohnungszählung 1970 für die statistischen Bezirke mit einer Ausnahme bestätigt werden konnten - und auch
diese Ausnahme liess sich erklären. Als methodische Instrumente sind dazu die Sozialraumanalyse, die Faktorenanalyse
und die Korrelationsanalyse eingesetzt worden. Ein kurzer
Seitenblick auf die Frage nach der Vergleichbarkeit verschiedener Dichtemasse zeigte, dass die von Planern meist verwendeten Definitionen der Dichte wahrscheinlich eine sehr fragwür-
dige soziologische Relevanz haben.

Die Planungsrelevanz von Stadtentwicklungsindikatoren ist ausführlich diskutiert und ihre verschiedenen Anwendungsbereiche
sind dargestellt worden. Die theoretischen Einsichten und
methodischen Erfahrungen der Untersuchung führten zu einem
Vorschlag, wie bei der Ableitung solcher Indikatoren vorge-
gangen werden könnte.

Und schliesslich wurde der Beitrag der Sozialökologie zur
Analyse von Raum-Verhalten-Systemen spezifiziert: Sie ist
in ihrem Aussagewert beschränkt auf die Analyse morphologischer
Phänomene, bietet für diese aber einen geschlossenen Bezugsrahmen an, aus dem deskriptive Kategorien ebenso abgeleitet
werden können wie funktionale Bezüge und Elemente zur wissenschaftlichen Erklärung.

Es liegt nahe, daraus eine Reihe von Schlussfolgerungen für
die weitere Entwicklung der Sozialökologie zu ziehen:
An erster Stelle wäre zu wünschen, dass zusätzliche Erfahrungen mit der praktisch-planerischen Verwertung sozialökologischer Erkenntnisse gewonnen werden könnten. Planungsämter auf allen Stufen sollten sich das Wissen der Sozialökologie zunutze machen und entsprechend ausgebildete Soziologen zur Vorbereitung und Erfolgskontrolle ihrer Planungsprojekte heranziehen. Wenn über die damit gemachten Erfahrungen regelmässig berichtet würde, könnte daraus erheblicher Gewinn für die Planung ebenso wie für die Theoriebildung gezogen werden.
Das setzt freilich voraus, dass in den Ausbildungsprogrammen für Planer und Architekten, aber auch für Regionalpolitiker, Kommunalwissenschaftler, und selbstverständlich für Siedlungssoziologen dieser Disziplin ein entsprechendes Gewicht eingeräumt wird.

Für die weitere Forschung stellen sich interessante Aufgaben, wenn die noch offenen Fragen und schwachen Stellen des sozialökologischen Bezugsrahmens beantwortet und aufgefüllt werden sollen. Vorab wären einmal die Bedingungen zu klären, unter denen typische Strukturmuster auftreten - eine Antwort darauf lässt sich nur in vergleichenden Untersuchungen gewinnen. Wenn wir brauchbare Prognosen für die Veränderungen sozialräumlicher Verteilungsmuster erarbeiten wollen, müssen wir die Sukzessionsfolgen von Spezialisierung und Segregation genauer studieren und untersuchen, durch welche Umstände sie ausgelöst werden und wie sie verlaufen. Der Begriff der Subsistenzorganisation, der bisher erst in wenigen Arbeiten entwickelt ist, weist in Richtung auf die Erforschung funktionaler Zusammenhänge in Raum-Verhalten-Systemen und wäre noch besser anzuschliessen an das Konzept des ökologischen Komplexes.
Dazu ist eine Verbreiterung des Forschungsfeldes über den Rahmen der Siedlungssoziologie hinaus vonnöten.

Aber auch die Beziehungen im Raum-Verhalten-System bedürfen weiterer Klärung. Von welchen soziologischen Variablen ist die Perzeption räumlicher Umwelt abhängig? Unter welchen Voraussetzungen sind räumlich repräsentierte Symbole interpretierbar und wie wirken sie auf Verhalten? Welche Konsequenzen hat soziale Segregation für die Erfahrung der Stadtbenützer? Wie wird sie von ihnen beurteilt? Mit welchen anderen Faktoren hängt sie noch zusammen? Lassen sich die Beziehungen zwischen Erschliessungssystem und Bodenpreisen noch präziser fassen? Welche Beziehungssysteme finden sich in potentiellen Sanierungsgebieten? Wir verläuft der Assimilationsprozess für die Zuwanderer? Gibt es für bestimmte soziale Gruppen spezifische Infrastrukturbedürfnisse und wie werden sie befriedigt? Welche strukturellen Konsequenzen hätte die Einführung unkonventioneller Nahverkehrssysteme? – damit sind nur einige Fragen aus dem umfangreichen Katalog genannt, auf die die weitere Forschung Antworten suchen sollte. Bei all den Problemen, die sich der Verwaltung und Planung unserer Städte heute stellen, darf nicht vergessen werden, dass wir erst über besseres Wissen auch zu rationalerem Handeln kommen können. Wenn jetzt unter dem Eindruck der allgemeinen Finanzknappheit an der Forschung gespart wird, entstehen daraus unweigerlich langfristig soziale Kosten, die den derzeitigen Investitionsbedarf bei weitem übersteigen dürften.

Anhang 1

Variablendefinitionen und
Quellen

Definition und Quellen der Variablen

o1. Weibliche Erwerbsquote = erwerbstätige Frauen pro 1oo Frauen über 14 Jahren. VZ, Tabelle 4.o1

o2. Geschlechtsproportion = Zahl der Frauen pro 1oo Männer der Wohnbevölkerung. VZ, Tabelle 4.o1

o3. Fruchtbarkeitsziffer = Zahl der Kinder unter 5 Jahren pro 1oo Frauen im Alter zwischen 14 und 44 Jahren. VZ, Tabelle 4.o1

o4. Einpersonenhaushalte = Einpersonenhaushalte pro 1oo private Haushaltungen. VZ, Tabelle 4.o1

o5. Grosshaushalte = Haushalte mit 5 und mehr Personen pro 1oo private Haushaltungen. VZ, Tabelle 4.o1

o6. Personen unter 15 = Personen im Alter zwischen o und 14 Jahren pro 1oo der Wohnbevölkerung. VZ, Tabelle 4.o1

o7. Jugendliche = Personen im Alter zwischen 15 und 24 Jahren pro 1oo der Wohnbevölkerung. VZ, Tabelle 4.o1

o8. Alte = Personen über 65 Jahre alt pro 1oo der Wohnbevölkerung. VZ, Tabelle 4.o1

o9. Teilzeitbeschäftigte = in einer Teilzeitbeschäftigung Erwerbstätige pro 1oo der Erwerbstätigen des Bezirks. Gächter *, Tabelle 1.3, VZ, Tabelle 4.o1

1o. Arbeitsort = Personen mit Arbeitsort im selben statistischen Bezirk pro 1oo der Erwerbstätigen des Bezirks. Gächter *, Tabellen 1.3 und 1.4

11. Geschiedene und Getrennte = Personen mit Zivilstand "Geschieden" oder "Getrennt" pro 1oo der Wohnbevölkerung über 2o Jahren. VZ, Tabelle 4.o1

12. Rentner und Pensionierte = Rentner und Pensionierte ohne Erwerbstätigkeit pro 1oo der Wohnbevölkerung. Gächter *, Tabelle 1.3

13. Mortalität = Gestorbene 197o pro 1'ooo der Wohnbevölkerung. Stat. Jahrbuch Bern 1971

14. Eheschliessungen = 197o geschlossene Ehen pro 1'ooo der Wohnbevölkerung. Stat. Jahrbuch Bern 1971

15. Fertilität = Lebendgeborene 197o pro 1'ooo der Wohnbevölkerung. Stat. Jahrbuch Bern 1971

16. Selbständige = selbständig erwerbende Personen pro 1oo der Erwerbstätigen. VZ, Tabelle 2.o8

17. MPO = Freie Berufe, Direktoren und leitende Angestellte pro 1oo der Erwerbstätigen. VZ, Tabelle 2.o8

18. Arbeiter = gelernte Arbeiter, an- und ungelernte Arbeiter, Heimarbeiter und Dienstpersonen pro 1oo der Erwerbstätigen. VZ, Tabelle 2.o8

19. An- und ungelernte Arbeiter = an- und ungelernte Arbeiter, Heimarbeiter und Dienstpersonen pro 1oo der Erwerbstätigen. VZ, Tabelle 2.o3

20. Beschäftigte des 3. Sektors = Erwerbstätige in tertiären Wirtschaftszweigen pro 100 der Erwerbstätigen. VZ, Tabelle 4.01

21. Erwerbsquote = Erwerbstätige pro 100 der Wohnbevölkerung. VZ, Tabelle 2.08

22. Eigentümerwohnungen = Eigentümerwohnungen pro 100 aller Wohnungen. WZ, Tabelle 1.51

23. Einfamilienhäuser = Wohnungen in Einfamilienhäusern pro 100 aller Wohnungen. WZ, Tabelle 1.01

24. Wohnungsausrüstung = Index. Zunächst wurden die Prozentwerte der Wohnungen ermittelt, die über eigenes Bad oder Dusche; Warmwasser; eigene Toilette mit Wasserspülung; Etagen-, Zentral- oder Fernheizung; Kühlschrank; Tiefkühltruhe; vollautomatische Waschmaschine verfügen. Jedes der 7 Merkmale wurde dann auf eine Skala von 0 bis 100 standardisiert und dann der Mittelwert der Standardpunktzahlen berechnet. WZ, Tabelle 1.51

25. Mietzins = mittlerer Mietzins pro Person und Jahr. WZ, Tabelle 1.51

26. Ausbildung = Personen, die keine oder nur die Primarschule abgeschlossen haben, pro 100 der Wohnbevölkerung. Gächter *, Tabelle 1.3

27. Ausländer = Ausländer abzüglich der Ausländer mit Spezialbewilligung pro 100 der Wohnbevölkerung. Gächter *, Tabelle 1.5

28. Saisonniers = Ausländer mit Ausweis A pro 100 der Wohnbevölkerung. Gächter *, Tabelle 1.5

29. Jahresaufenthalter = Ausländer mit Ausweis B oder D pro 100 der Wohnbevölkerung. Gächter *, Tabelle 1.5

30. Niedergelassene = Ausländer mit Ausweis C pro 100 der Wohnbevölkerung. Gächter *, Tabelle 1.5

31. Spezialbewilligungen = Ausländer mit Spezialbewilligungen pro 100 der Wohnbevölkerung. Gächter *, Tabelle 1.5

32. Segregationsindex = relative Isolierung aller Ausländer, berechnet anhand der Zählkreisdaten nach der Formel

$$I = \sum_{i=1}^{k} \left(\frac{a_i a_i'}{b_i} \middle/ \frac{A A'}{A+A'} \right)$$

wobei K = Zahl der Zählkreise des statistischen Bezirks

a_i = Ausländer im i-ten Zählkreis

a_i' = Restbevölkerung (Schweizer) im i-ten Zählkreis

b_i = Wohnbevölkerung im i-ten Zählkreis

A = Gesamtzahl der Ausländer im statistischen Bezirk

A' = Gesamte Restbevölkerung (Schweizer) im Bezirk

(Nach W. Bell: A Probability Model for the Measurement of Ecological Segregation, in: Social Forces 1954, Quelle VZ, Zählkreistabelle 2.10)

33. Geburtsort Stadt Bern = Personen mit Geburtsort Stadt Bern pro 100 der Wohnbevölkerung. Gächter *, Tabelle 1.2

34. Migrationsrate = Total aller 1970 wandernden Personen (Zuzüger + Wegzüger) pro 100 der Wohnbevölkerung. Stat. Jahrbuch Bern 1971

35. Zuzugsrate = die 1970 in den Bezirk zugezogenen Personen pro 100 der Wohnbevölkerung. Stat. Jahrbuch Bern 1971

36. Wegzugsrate = die 1970 aus dem Bezirk weggezogenen Personen pro 100 der Wohnbevölkerung. Stat. Jahrbuch Bern 1971

37. Saldo der Binnenwanderung = aus der Stadt in den Bezirk Zugezogene abzüglich der aus dem Bezirk in die Stadt Weggezogenen pro 100 der Wohnbevölkerung des Bezirks. Stat. Jahrbuch Bern 1971

38. Saldo der Aussenwanderung = von ausserhalb der Stadt in den Bezirk Zugezogene abzüglich der aus dem Bezirk in andere Gemeinden Weggezogenen pro 100 der Wohnbevölkerung. Stat. Jahrbuch Bern 1971

39. Wohndauer = Wohnungen, die seit 1962 vom selben Inhaber belegt sind, pro 100 aller Wohnungen mit Angabe. WZ, Tabelle 1.04

40. Wohnungsgrösse = mittlere Zahl der Zimmer pro Wohnung. WZ, Tabelle 1.51

41. Einwohner pro Zimmer = mittlere Zahl der Personen pro Wohnraum. WZ, Tabelle 1.51

42. Wohnungsbelegung = mittlere Zahl der Personen pro Wohnung. WZ, Tabelle 1.03

43. Einwohner pro ha überbaute Fläche. Gächter *, Tabelle 1.1

44. Einwohner pro ha ohne Wald. Stat. Jahrbuch Bern 1971

45. ökologische Distanz = mittlere Reisezeiten zum Zentrum inklusive Terminalzeiten, gewichtet nach Modal split (Zentrum ist der Käfigturm). Matrix der mittleren Reisezeiten, Verkehrszählung 1968

46. Preise überbauter Liegenschaften = bezahlte Landpreise für überbaute Liegenschaften für alle im Zusammenhang mit dem Nutzungszonenplan erfassten Handänderungen im Zeitraum 1969-1972, für den stat. Bezirk und für den Zeitraum gemittelt, in Fr./m^2

47. Bauperiode vor 1947 = Gebäude mit Wohnungen, die vor 1947 erstellt worden sind, pro 100 aller Gebäude mit Wohnungen. WZ, Tabelle 1.01

48. Bauperiode nach 1960 = Gebäude mit Wohnungen, die nach 1960 erstellt worden sind, pro 100 aller Gebäude mit Wohnungen. WZ, Tabelle 1.01

49. Geschosszahl = Gebäude mit 5 und mehr Geschossen pro 100 aller Gebäude mit Wohnungen. WZ, Tabelle 1.01

50. Arbeitsplätze = Arbeitsplätze pro Einwohner. P. Michel: Arbeitsplätze und berufstätige Wohnbevölkerung, in: Berner Beiträge zur Stadt- und Regionalforschung 1967, Heft 1. Da die Angaben über die Zahl der Arbeitsplätze sich auf die Betriebszählung 1965 beziehen, ist die auf Ende 1965 fortgeschriebene Zahl der Wohnbevölkerung des Stat. Jahrbuches Bern 1966 zur Gewichtung verwendet worden.

51. Ladenflächen für täglichen Bedarf = Nettoverkaufsfläche für den täglichen Bedarf (Kat. A) pro 100 der Wohnbevölkerung. H. Furrer: Bestandesaufnahme Ladenflächen, SPA 1974. Die Angaben für den dort nicht erfassten Stadtteil I sind Schätzungen nach K. Vonesch: Vorschläge für die Innerstadt von Bern zur Stärkung der Kauf-

attraktivität. Die Schätzungen sind ausserordentlich grob und nur vorgenommen worden, weil bei Computer-Berechnungen wegen des missing-data-Schlüssels sonst der ganze Stadtteil I herausgefallen wäre. Soweit dies in Einzelberechnungen sichtbar geworden ist, spielt jedoch die Verteilung der Ladenflächen über die 5 statistischen Bezirke der Innenstadt für korrelative Beziehungen keine wichtige Rolle.

52. Social rank = nach der Faktorenanalyse berechnete Faktorwerte für die Bezirke (zusammengesetzt aus Beschäftigung, Ausbildung, Miete). Die Werte sind z-transformiert, d.h. auf eine Verteilung mit Mittelwert o und Standardabweichung 1 gebracht.

53. Urbanization = nach der Faktorenanalyse berechnete Faktorwerte für die Bezirke (zusammengesetzt aus Fruchtbarkeitsziffer, weibliche Erwerbsquote, Einfamilienhäuser und Ausländeranteil). Die Werte sind z-transformiert, d.h. auf eine Verteilung mit Mittelwert o und Standardabweichung 1 gebracht. Der Faktor misst urbanization negativ, für die Interpretation ist es daher einfacher, die Vorzeichen umzukehren. Im Text ist dies schon geschehen.

Abkürzungen:

VZ = Volkszählung 1970

WZ = Wohnungszählung 1970

* Gächter = E. Gächter: Die demographisch-sozioökonomische Struktur der Stadt Bern 1970 in quartierweiser Gliederung. Berner Beiträge zur Stadt- und Regionalforschung 1974, Heft 1

Anhang 2

Datenmatrix

Merkmal Nr.	1	2	3	4	5	6	7
01. Schwarzes Quartier	55	117	21	44	4	12	14
02. Weisses Quartier	61	88	16	48	4	9	17
03. Grünes Quartier	67	1oo	12	45	5	9	2o
04. Gelbes Quartier	71	91	8	47	8	6	28
05. Rotes Quartier	62	92	1o	41	9	7	28
06. Engeried	39	14o	18	4o	6	12	16
07. Felsenau	48	122	22	16	11	2o	18
08. Neufeld	53	132	14	3o	5	11	18
09. Länggasse	46	12o	14	36	7	11	18
1o. Stadtbach	5o	142	11	36	1o	11	23
11. Muesmatt	5o	1o8	2o	29	7	13	19
12. Holligen	51	123	18	25	7	16	18
13. Weissenstein	29	116	24	21	9	17	15
14. Mattenhof	49	118	2o	32	7	13	16
15. Monbijou	52	128	16	33	9	1o	18
16. Weissenbühl	46	128	2o	3o	6	13	14
17. Sandrain	45	127	18	37	5	12	15
18. Kirchenfeld	42	126	19	29	11	13	17
19. Gryphenhübeli	4o	122	24	3o	1o	14	19
2o. Brunnadern	4o	135	2o	27	9	14	16
21. Murifeld	45	123	22	29	8	16	14
22. Schosshalde	39	137	2o	33	6	14	15
23. Beundenfeld	33	97	2o	15	12	14	15
24. Altenberg	58	2o6	16	33	8	1o	18
25. Spitalacker	47	115	18	27	7	11	17
26. Breitfeld	41	112	19	22	6	16	13
27. Breitenrain	47	116	21	39	7	14	16
28. Lorraine	48	111	21	33	7	12	17
29. Bümpliz	42	1o5	32	16	12	23	13
31. Stöckacker	38	1o1	28	19	12	21	16
32. Betlehem	42	95	42	1o	18	3o	17

Merkmal Nr.	8	9	1o	11	12	13	14
o1. Schwarzes Quartier	17	17	19	12	16	17	11
o2. Weisses Quartier	14	16	28	11	11	14	15
o3. Grünes Quartier	12	12	35	1o	9	11	21
o4. Gelbes Quartier	1o	8	75	11	1o	9	18
o5. Rotes Quartier	16	8	73	1o	14	2o	33
o6. Engeried	29	15	29	5	24	2o	5
o7. Felsenau	1o	11	28	5	8	7	11
o8. Neufeld	18	13	22	5	14	1o	12
o9. Länggasse	18	15	17	7	15	14	9
1o. Stadtbach	16	13	28	5	13	16	9
11. Muesmatt	15	13	18	5	11	8	12
12. Holligen	11	12	26	6	9	9	7
13. Weissenstein	21	12	5	4	17	17	11
14. Mattenhof	17	13	17	7	13	12	11
15. Monbijou	2o	13	32	7	15	12	9
16. Weissenbühl	17	14	19	6	14	1o	7
17. Sandrain	16	12	14	6	14	14	11
18. Kirchenfeld	19	15	27	6	14	11	7
19. Gryphenhübeli	19	14	21	5	15	1o	8
2o. Brunnadern	19	14	24	5	14	11	6
21. Murifeld	17	14	16	7	14	14	8
22. Schosshalde	19	13	15	5	15	11	7
23. Beundenfeld	15	12	28	11	23	12	8
24. Altenberg	21	9	49	6	16	17	7
25. Spitalacker	17	13	19	6	13	12	12
26. Breitfeld	12	14	14	5	1o	9	6
27. Breitenrain	17	14	11	7	13	13	9
28. Lorraine	16	13	12	7	14	12	9
29. Bümpliz	9	12	29	5	7	7	9
31. Stöckacker	1o	12	5	6	9	9	8
32. Betlehem	4	14	18	5	3	3	8

Merkmal Nr.	15	16	17	18	19	20	21
01. Schwarzes Quartier	19	7	3	61	46	51	58
02. Weisses Quartier	17	13	11	48	41	66	65
03. Grünes Quartier	13	12	7	53	47	66	69
04. Gelbes Quartier	6	8	4	70	67	87	78
05. Rotes Quartier	10	6	4	73	66	84	69
06. Engeried	6	8	11	41	32	78	44
07. Felsenau	11	4	3	57	42	61	52
08. Neufeld	11	5	5	48	34	70	57
09. Länggasse	9	6	7	42	32	67	53
10. Stadtbach	7	9	11	47	32	75	56
11. Muesmatt	14	5	4	53	39	59	55
12. Holligen	9	3	4	53	36	65	54
13. Weissenstein	10	2	4	45	31	66	40
14. Mattenhof	12	6	5	48	34	61	55
15. Monbijou	11	9	8	43	33	68	57
16. Weissenbühl	10	7	10	35	25	65	52
17. Sandrain	10	6	9	35	25	68	53
18. Kirchenfeld	7	10	15	32	26	76	49
19. Gryphenhübeli	9	12	19	30	23	78	42
20. Brunnadern	8	10	17	29	23	78	47
21. Murifeld	10	5	8	53	40	66	50
22. Schosshalde	9	9	15	24	17	75	46
23. Beundenfeld	6	3	5	49	35	64	44
24. Altenberg	11	6	11	58	40	84	57
25. Spitalacker	10	6	7	41	30	67	55
26. Breitfeld	6	4	5	36	25	67	51
27. Breitenrain	11	5	2	51	37	60	54
28. Lorraine	11	5	3	53	39	60	55
29. Bümpliz	14	4	4	50	35	51	49
31. Stöckacker	12	2	2	55	39	52	48
32. Betlehem	23	4	2	54	37	53	46

Merkmal Nr.	22	23	24	25	26	27	28
01. Schwarzes Quartier	2	1	22	850	72	21	2
02. Weisses Quartier	6	0	20	1361	48	24	1
03. Grünes Quartier	7	0	14	1224	55	24	4
04. Gelbes Quartier	6	0	45	1304	59	38	1
05. Rotes Quartier	4	0	40	1211	56	32	1
06. Engeried	15	6	82	1844	35	9	1
07. Felsenau	9	8	71	960	61	14	1
08. Neufeld	6	1	73	1385	45	14	1
09. Länggasse	5	1	62	1451	45	14	1
10. Stadtbach	12	5	67	1565	30	15	1
11. Muesmatt	7	3	55	1111	54	20	1
12. Holligen	3	1	67	1080	54	13	1
13. Weissenstein	7	36	71	1104	53	5	0
14. Mattenhof	8	3	67	1239	48	15	2
15. Monbijou	5	2	67	1400	42	17	1
16. Weissenbühl	7	3	77	1527	37	11	1
17. Sandrain	5	2	74	1421	37	14	1
18. Kirchenfeld	20	9	77	1658	24	11	0
19. Gryphenhübeli	19	7	80	1768	27	11	0
20. Brunnadern	18	13	83	1660	23	8	0
21. Murifeld	9	5	45	1105	42	17	2
22. Schosshalde	12	9	84	1686	25	8	0
23. Beundenfeld	16	14	80	1118	54	11	3
24. Altenberg	16	8	62	1546	32	16	1
25. Spitalacker	5	0	68	1428	42	13	2
26. Breitfeld	6	4	84	1306	45	8	1
27. Breitenrain	4	0	53	1088	59	13	1
28. Lorraine	17	13	46	925	62	20	3
29. Bümpliz	11	11	77	985	56	14	2
31. Stöckacker	6	3	58	976	67	10	1
32. Betlehem	4	7	87	1007	60	14	2

Merkmal Nr.	29	3o	31	32	33	34	35
o1. Schwarzes Quartier	14	5	o	.9o	41	54	25
o2. Weisses Quartier	16	6	o	.95	33	57	26
o3. Grünes Quartier	2o	6	1	.91	33	91	42
o4. Gelbes Quartier	32	4	o	.86	18	137	63
o5. Rotes Quartier	26	3	o	.89	25	129	63
o6. Engeried	4	3	o	.98	37	43	21
o7. Felsenau	8	5	o	.83	42	28	13
o8. Neufeld	9	4	o	.94	35	44	2o
o9. Länggasse	8	4	o	.92	35	45	22
1o. Stadtbach	7	5	o	.97	33	62	29
11. Muesmatt	13	6	o	.89	37	41	21
12. Holligen	8	4	o	.84	43	38	17
13. Weissenstein	3	3	o	.96	43	24	11
14. Mattenhof	8	5	o	.89	39	43	2o
15. Monbijou	1o	5	o	.92	32	56	26
16. Weissenbühl	7	4	o	.9o	38	34	16
17. Sandrain	9	4	1	.86	37	39	19
18. Kirchenfeld	6	3	3	.95	4o	41	21
19. Gryphenhübeli	5	5	2	,92	38	4o	18
2o. Brunnadern	3	3	3	.92	41	27	12
21. Murifeld	8	6	2	.93	4o	37	18
22. Schosshalde	4	3	2	.94	41	26	13
23. Beundenfeld	5	3	o	.75	33	35	16
24. Altenberg	11	4	o	.97	31	59	3o
25. Spitalacker	8	3	o	.92	37	48	24
26. Breitfeld	3	3	o	.84	43	25	12
27. Breitenrain	7	4	o	.9o	43	34	17
28. Lorraine	11	6	o	.83	4o	53	26
29. Bümpliz	7	5	o	.87	44	27	13
31. Stöckacker	6	3	o	.91	47	29	16
32. Betlehem	6	6	o	.91	47	3o	14

Merkmal Nr.	36	37	38	39	40	41	42
01. Schwarzes Quartier	29	− 2	− 2	9	2.25	.89	2.0
02. Weisses Quartier	30	− 3	− 1	6	2.57	.74	1.9
03. Grünes Quartier	49	− 6	− 1	7	2.44	.82	2.0
04. Gelbes Quartier	73	−13	3	4	3.00	.70	2.1
05. Rotes Quartier	66	− 7	4	3	2.84	.81	2.3
06. Engeried	22	− 1	0	5	3.49	.63	2.2
07. Felsenau	15	0	− 3	5	3.15	.89	2.8
08. Neufeld	24	− 2	− 1	3	3.03	.76	2.3
09. Länggasse	23	1	− 2	5	2.97	.74	2.2
10. Stadtbach	33	− 2	− 1	6	3.75	.64	2.4
11. Muesmatt	20	2	− 1	5	2.89	.63	2.4
12. Holligen	21	− 2	− 1	7	2.75	.91	2.5
13. Weissenstein	13	− 2	0	5	3.33	.78	2.6
14. Mattenhof	23	0	− 3	7	2.88	.80	2.3
15. Monbijou	31	− 3	− 2	6	3.38	.71	2.4
16. Weissenbühl	18	0	− 2	7	3.19	.72	2.3
17. Sandrain	20	0	− 1	6	2.82	.78	2.2
18. Kirchenfeld	21	− 1	1	5	4.31	.58	2.5
19. Gryphenhübeli	22	− 2	− 2	6	4.39	.57	2.5
20. Brunnadern	15	0	− 2	5	3.97	.63	2.5
21. Murifeld	19	2	− 3	6	3.08	.78	2.4
22. Schosshalde	13	2	− 2	6	3.38	.68	2.3
23. Beundenfeld	19	− 1	− 1	4	3.18	.88	2.8
24. Altenberg	30	− 2	2	5	3.87	.62	2.4
25. Spitalacker	24	2	− 2	5	3.33	.72	2.4
26. Breitfeld	14	0	− 2	7	2.91	.86	2.5
27. Breitenrain	17	2	− 2	6	2.64	.87	2.3
28. Lorraine	27	− 1	0	6	2.77	.83	2.3
29. Bümpliz	14	1	− 1	5	3.12	.93	2.9
31. Stöckacker	13	0	3	8	2.84	.95	2.7
32. Betlehem	15	2	− 2	6	3.17	1.04	3.3

Merkmal Nr.	43	44	45	46	47	48	49
01. Schwarzes Quartier	3o9	1o4	13.5	1566	76	7	2o
02. Weisses Quartier	311	129	9.6	39o4	95	5	42
03. Grünes Quartier	25o	1o5	1o.3	3296	87	7	5o
04. Gelbes Quartier	1o1	39	6.6	97o9	9o	6	71
05. Rotes Quartier	174	43	8.3	8663	85	8	64
06. Engeried	127	21	18.4	875	59	27	15
07. Felsenau	147	17	21.6	44o	37	5	1
08. Neufeld	3o4	11	18.1	1847	68	9	48
09. Länggasse	254	128	13.o	1o43	65	16	39
1o. Stadtbach	129	77	15.3	991	76	3	11
11. Muesmatt	274	129	2o.7	1338	73	19	2o
12. Holligen	22o	26	17.7	827	48	16	13
13. Weissenstein	117	55	18.7	495	8o	6	1
14. Mattenhof	238	135	13.9	1135	67	6	21
15. Monbijou	188	82	11.9	25o6	86	5	57
16. Weissenbühl	21o	1o4	11.6	1122	62	1o	22
17. Sandrain	159	59	16.6	933	54	17	5
18. Kirchenfeld	1o2	34	13.3	11o6	91	3	3
19. Gryphenhübeli	92	62	17.5	1199	83	2	5
2o. Brunnadern	112	4o	25.3	653	46	2	6
21. Murifeld	171	23	19.8	747	75	16	7
22. Schosshalde	15o	42	19.5	782	56	17	7
23. Beundenfeld	132	16	22.2	667	27	2	6
24. Altenberg	76	48	12.2	73o	65	11	6
25. Spitalacker	3o9	144	13.2	17o5	8o	12	59
26. Breitfeld	295	55	18.9	1177	42	9	23
27. Breitenrain	279	173	16.o	929	7o	8	27
28. Lorraine	172	66	15.3	94o	71	8	6
29. Bümpliz	2oo	55	22.7	54o	32	29	6
31. Stöckacker	212	1o8	18.1	491	34	9	2
32. Betlehem	422	34	22.5	593	11	59	11

Merkmal Nr.	50	51	52	53
01. Schwarzes Quartier	0.45	60	-1.79	-0.51
02. Weisses Quartier	0.84	350	0.08	-1.38
03. Grünes Quartier	1.37	570	-0.41	-1.71
04. Gelbes Quartier	8.81	2100	-0.08	-2.86
05. Rotes Quartier	11.36	1300	-0.29	-1.88
06. Engeried	0.76	9	1.64	0.44
07. Felsenau	0.17	11	-1.23	0.32
08. Neufeld	0.14	43	0.13	-0.39
09. Länggasse	0.63	27	0.42	-0.02
10. Stadtbach	0.60	5	0.86	-0.29
11. Muesmatt	0.52	9	-0.71	-0.27
12. Holligen	0.39	12	-0.77	0.10
13. Weissenstein	0.08	7	-0.41	1.95
14. Mattenhof	0.39	22	-0.26	0.02
15. Monbijou	2.34	29	0.37	-0.51
16. Weissenbühl	0.35	32	0.77	0.15
17. Sandrain	0.33	8	0.56	0.16
18. Kirchenfeld	0.68	25	1.50	0.40
19. Gryphenhübeli	0.36	17	1.70	0.36
20. Brunnadern	0.18	21	1.55	0.68
21. Murifeld	0.12	3	-0.43	0.36
22. Schosshalde	0.18	40	1.57	0.67
23. Beundenfeld	0.46	6	-0.52	1.31
24. Altenberg	0.34	1	0.82	-0.86
25. Spitalacker	0.86	18	0.39	0.01
26. Breitfeld	0.31	55	0.13	0.79
27. Breitenrain	0.32	19	-0.84	0.23
28. Lorraine	0.31	17	-1.22	0.05
29. Bümpliz	0.36	19	-1.05	0.79
31. Stöckacker	0.07	29	-1.33	1.09
32. Betlehem	0.20	46	-1.17	0.81

Anhang 3

Korrelationsmatrix

CORRELATION MATRIX

ROW	COL. 1	COL. 2	COL. 3	COL. 4	COL. 5	COL. 6	COL. 7	COL. 8
1	1.0000	-0.0886	-0.5944	0.6828	-0.3790	-0.5872	0.6573	-0.2102
2	-0.0886	1.0000	-0.1625	0.0380	-0.1627	-0.1545	-0.1601	0.5635
3	-0.5944	-0.1625	1.0000	-0.7211	0.6295	0.9293	-0.5677	-0.3767
4	0.6828	0.0380	-0.7211	1.0000	-0.7130	-0.8267	0.4295	0.3768
5	-0.3790	-0.1627	0.6295	-0.7130	1.0000	0.6951	0.0722	-0.4422
6	-0.5872	-0.1545	0.9293	-0.8267	0.6951	1.0000	-0.4888	-0.5090
7	0.6573	-0.1601	-0.5677	0.4295	0.0722	-0.4888	1.0000	-0.1238
8	-0.2102	0.5635	-0.3767	0.3768	-0.4422	-0.5090	-0.1238	1.0000
9	-0.2102	-0.0454	-0.2839	0.0466	-0.2069	0.1663	-0.6090	0.2378
10	0.6900	-0.0261	-0.3305	0.3972	-0.0355	-0.4855	0.7910	-0.0702
11	0.5911	-0.4372	-0.3958	0.5472	-0.2642	-0.4870	0.3221	-0.1498
12	-0.2892	-0.3570	-0.3589	0.2574	-0.3219	-0.4780	-0.1305	0.8557
13	0.1027	0.3228	-0.5153	0.5723	-0.4431	-0.5935	0.1515	0.7248
14	0.6512	-0.2572	-0.4478	0.4464	-0.1463	-0.4411	0.7075	-0.1946
15	0.1902	-0.2617	-0.5940	-0.0744	0.1684	0.4211	-0.1712	-0.4392
16	-0.3898	-0.2772	-0.3976	-0.0340	-0.3115	-0.5163	0.2576	-0.2969
17	-0.1557	-0.4338	-0.1905	0.2139	-0.1250	-0.2754	-0.0464	-0.5244
18	0.5936	-0.2661	-0.1126	0.1580	-0.1210	-0.9787	0.5316	-0.4048
19	0.7195	-0.3880	-0.3141	0.3632	0.0200	-0.2817	0.6883	-0.3379
20	0.2757	-0.3910	-0.6508	0.4296	-0.1747	-0.6241	0.5741	-0.4744
21	0.9609	-0.2400	-0.6458	0.6741	-0.3778	-0.6220	0.6869	-0.2557
22	-0.3491	0.3911	0.0417	-0.1444	0.2277	-0.0317	-0.0947	0.3948
23	-0.6295	0.1143	0.3530	-0.4694	0.3323	0.3353	-0.2992	-0.2020
24	-0.7169	0.3187	0.3875	-0.6591	0.4378	0.4608	-0.3282	0.1323
25	-0.0884	0.4972	-0.3694	-0.2971	-0.2059	-0.4083	0.1023	0.6288
26	0.2379	-0.5915	0.2277	-0.0912	0.1072	0.2476	0.0781	-0.5690
27	0.8780	-0.3744	-0.4692	0.5957	-0.1756	-0.5025	0.7377	-0.2912
28	0.2766	-0.3284	0.0562	0.0123	-0.0126	0.0193	-0.0590	-0.3448
29	0.8806	-0.3133	-0.5333	0.6158	-0.2275	-0.5525	0.7645	-0.2532
30	0.3894	-0.1878	0.1853	0.1358	-0.3084	0.1161	-0.0399	-0.3521
31	-0.2336	-0.1752	0.0347	0.0151	0.0514	-0.0111	-0.1318	0.2345
32	-0.0383	-0.0897	-0.0922	0.3321	-0.1404	-0.1567	0.0495	0.5138
33	-0.6877	0.4434	0.7828	-0.6199	0.2619	0.7952	-0.7010	-0.1685
34	0.8147	0.0111	-0.2321	0.6431	0.1708	-0.6463	0.8682	-0.0779
35	0.8029	-0.2127	-0.6373	0.6375	-0.1627	-0.6447	0.8669	-0.0623
36	0.8201	-0.2307	-0.6556	0.6556	-0.1450	-0.6541	0.8627	-0.0777
37	-0.6790	-0.2151	-0.5946	-0.5272	-0.1238	0.5634	-0.7530	0.0791
38	0.3010	-0.0535	-0.2831	0.2165	-0.1238	-0.2792	0.5775	-0.0135
39	-0.0627	-0.0184	0.2647	0.0532	-0.1804	0.2337	-0.4513	-0.1743
40	-0.3861	0.5115	0.0656	-0.2570	0.3967	0.0401	-0.3411	0.4011
41	-0.0201	-0.0897	0.0133	-0.1178	-0.0380	-0.0373	-0.0448	-0.0299
42	-0.5728	-0.0740	0.7601	-0.9327	0.8947	0.0558	-0.2259	0.4469
43	0.1494	-0.4255	-0.3108	-0.0670	-0.0495	0.2840	-0.2110	0.4422
44	-0.1873	-0.1885	-0.0710	-0.3442	-0.3260	-0.2065	-0.0740	0.0016
45	-0.7349	0.0629	0.6401	-0.7474	0.4257	0.7234	-0.5471	-0.1166
46	-0.7249	-0.4080	-0.5587	0.5581	-0.1515	-0.5589	0.8079	-0.1546
47	0.5190	0.0250	-0.6564	0.7607	-0.5361	-0.7804	0.4325	0.4459
48	-0.1710	-0.3293	0.6375	-0.3507	0.4803	-0.6307	-0.1838	-0.3295
49	0.7017	-0.3379	-0.5817	0.5411	-0.3369	-0.5949	0.5830	-0.0427
50	0.5749	-0.4038	-0.4776	0.5581	-0.0104	-0.4468	0.8179	-0.1034
51	0.0660	-0.4038	-0.3436	0.4747	-0.0606	-0.4610	0.7870	-0.4459
52	-0.1535	0.4978	0.6711	-0.2410	-0.1783	-0.3816	-0.0621	0.6311
53	-0.9703	0.1080	0.6711	-0.7547	0.3787	0.6883	-0.7453	0.0969

ROW	COL. 9	COL. 10	COL. 11	COL. 12	COL. 13	COL. 14	COL. 15	COL. 16
1	-0.3506	0.6900	0.5911	-0.2892	0.1027	0.6512	0.1902	0.3898
2	-0.0454	-0.3261	-0.4372	-0.3570	0.3228	-0.4572	-0.2617	0.0772
3	0.2839	-0.5305	-0.3956	-0.3589	-0.5153	-0.4478	-0.5490	-0.3976
4	0.0466	0.3972	0.5472	0.2574	0.5723	0.4464	-0.0744	0.6340
5	-0.2069	-0.0359	-0.2642	-0.3219	-0.4431	-0.1463	0.1684	-0.3115
6	0.1603	-0.4855	-0.4780	-0.5935	-0.5935	-0.4411	0.4211	-0.5163
7	-0.6090	0.7910	0.3221	-0.1305	0.1515	0.7075	-0.1712	0.2576
8	0.2378	-0.0702	-0.1498	0.8557	0.7248	-0.1946	-0.4392	0.2969
9	1.0000	-0.6601	-0.0738	0.1502	-0.0004	-0.5089	-0.1849	0.2711
10	-0.6601	1.0000	-0.0085	-0.0085	0.2069	0.6394	0.2644	0.1849
11	-0.0738	-0.0085	1.0000	0.1274	0.2705	-0.5089	-0.1642	0.2702
12	0.1502	-0.0085	0.1274	1.0000	0.7134	0.5461	-0.5050	0.2544
13	-0.0004	0.6394	0.2705	0.7134	1.0000	-0.1621	0.1642	0.1138
14	-0.5089	-0.1849	0.5461	-0.5050	0.2564	0.2648	-0.2648	0.1760
15	0.2644	0.2702	0.1642	0.1138	0.1760	0.1322	1.0000	0.1573
16	0.2711	-0.0085	0.2544	-0.5050	-0.2648	0.0414	-0.0414	1.0000
17	0.2542	0.0234	-0.2225	0.1138	0.1841	-0.2726	-0.3579	-0.7337
18	-0.5188	0.5427	0.5234	-0.2595	0.1048	0.5942	0.3158	-0.3343
19	-0.5434	0.7145	0.0539	-0.2128	0.1572	0.7538	0.1960	-0.0830
20	-0.4029	0.6337	0.0222	0.3887	0.4167	0.2371	-0.6296	0.4717
21	-0.4088	0.6946	0.6486	-0.2764	0.1145	0.7248	0.0922	0.3062
22	-0.0410	0.0157	-0.2472	0.4072	0.0674	-0.3778	-0.4243	0.3136
23	-0.0542	-0.2777	-0.3606	0.2602	-0.3079	-0.1324	-0.1324	-0.2814
24	0.0277	0.2789	-0.7390	0.1260	-0.2740	-0.6017	-0.3544	-0.2724
25	0.1332	0.1408	-0.4389	0.2843	-0.1084	-0.2092	-0.5166	0.6303
26	-0.1606	-0.0179	0.7456	-0.3625	-0.1842	0.3479	-0.4941	-0.5262
27	-0.4311	0.7076	0.4727	-0.2333	-0.1107	0.7661	0.1903	-0.2539
28	-0.0398	-0.0260	-0.4727	-0.1129	-0.0917	0.2213	0.3066	-0.1340
29	-0.5124	0.7820	0.1671	-0.4285	0.1391	0.8161	0.1176	0.2495
30	0.1891	-0.0658	0.1772	-0.0975	-0.2686	0.0923	0.6130	-0.2092
31	0.2219	-0.0979	-0.1772	0.0975	-0.0620	0.1953	-0.2473	0.4860
32	0.2616	-0.0461	-0.2968	0.1372	0.3980	-0.0705	0.0971	0.4371
33	0.5069	-0.8243	-0.5493	-0.2584	-0.3679	-0.6003	0.3162	-0.3952
34	-0.5525	0.8588	0.6317	-0.0332	0.3039	0.8057	-0.0927	0.3265
35	-0.5659	0.8550	0.6145	-0.0255	0.3251	0.8104	-0.0957	0.3034
36	-0.5419	0.8610	0.6385	-0.0300	0.2095	0.7939	-0.1039	0.3460
37	-0.5336	0.7961	0.5728	-0.0061	0.2852	0.6278	-0.2008	0.3202
38	-0.6112	0.5904	0.2450	0.0519	0.1058	0.4670	-0.1871	-0.0767
39	-0.4730	-0.4985	0.5136	-0.2274	-0.3339	0.3465	0.3465	0.0514
40	-0.0135	-0.0669	-0.5136	0.2669	-0.0375	0.3891	-0.4260	0.3021
41	-0.0028	-0.0911	-0.4875	-0.0582	-0.0631	0.0631	0.0187	-0.0396
42	-0.1391	-0.2053	-0.1183	-0.3367	-0.5560	-0.3336	0.1646	-0.5440
43	-0.4086	-0.3163	-0.1875	-0.1297	-0.3386	0.0903	0.2955	-0.1722
44	0.3036	-0.2871	-0.5772	-0.4175	0.0662	0.1040	0.0380	-0.1508
45	-0.2154	-0.5324	0.0605	-0.0475	-0.3932	0.5625	-0.0885	-0.4175
46	-0.5209	-0.2988	0.3421	-0.1034	-0.1782	0.8130	0.1495	0.2811
47	0.0234	0.3016	-0.3421	-0.2450	0.4929	-0.4350	0.5848	0.5848
48	0.0982	-0.1288	-0.2988	-0.3682	-0.1674	-0.1674	0.5157	-0.2934
49	-0.2353	0.5558	0.4952	-0.0843	0.1202	0.6582	0.0024	0.2801
50	-0.6216	0.8476	0.4677	-0.0350	0.2477	0.8050	-0.1677	0.1201
51	-0.5900	0.8177	0.5617	-0.1622	0.0749	0.7261	-0.1358	-0.2025
52	0.1175	0.1118	-0.3169	0.4475	-0.2626	-0.2307	-0.0580	-0.6038
53	0.3696	-0.7690	-0.0114	0.1593	-0.1864	-0.6866	-0.0648	-0.4814

248

NOM	COL. 17	COL. 18	COL. 19	COL. 20	COL. 21	COL. 22	COL. 23	COL. 24
1	-0.1557	0.5936	0.7195	0.2757	0.9609	-0.3491	-0.6295	-0.7169
2	-0.4538	-0.2861	-0.3880	0.3910	-0.2400	-0.3911	0.1143	-0.3187
3	-0.1905	-0.1326	-0.3141	-0.6508	-0.6456	0.0417	0.3530	0.3875
4	-0.2139	0.1580	0.3632	-0.4296	0.6741	-0.1444	-0.4694	-0.6591
5	-0.1250	0.0200	0.0200	-0.1747	-0.3778	-0.2277	-0.3323	-0.4378
6	-0.2754	-0.1747	-0.2817	-0.6241	-0.6220	-0.1031	-0.3353	0.4608
7	-0.0464	0.5316	0.6883	0.5741	0.6869	-0.0947	-0.2992	0.1323
8	0.5244	-0.0408	-0.3379	0.4744	-0.2557	0.3948	0.2020	0.3282
9	0.2542	-0.5188	-0.5434	-0.4029	-0.4088	0.0410	-0.0542	-0.0277
10	0.0234	0.5427	0.7145	0.6337	0.6946	0.0157	-0.2777	-0.2789
11	-0.2225	0.5234	-0.6539	0.3837	0.6486	-0.4072	-0.3606	-0.7390
12	0.3500	-0.2595	-0.2128	0.0222	-0.2764	-0.4072	0.2602	-0.1266
13	0.1841	0.1048	0.1572	0.4167	0.1145	-0.0674	0.0837	-0.3079
14	-0.2726	0.5942	0.7538	0.2371	0.7248	-0.3778	-0.2727	-0.6017
15	-0.3579	0.3158	0.1960	-0.6296	0.0922	-0.4243	-0.1324	-0.3544
16	0.7337	-0.3343	-0.0830	0.4717	0.3062	0.3136	-0.2814	-0.2724
17	1.0000	-0.7083	-0.5403	0.5945	-0.2509	0.6464	0.0752	0.2840
18	-0.7083	1.0000	0.9359	-0.1160	0.6101	-0.2509	-0.2185	-0.5978
19	-0.5403	0.9359	1.0000	0.0994	0.7615	-0.4148	-0.2917	-0.6764
20	0.5945	-0.1160	0.0994	1.0000	0.2648	-0.3653	-0.0232	0.1044
21	-0.2509	0.6101	0.7615	0.3879	1.0000	-0.3879	-0.5941	-0.7162
22	0.2648	-0.4148	-0.3653	-0.0232	-0.4115	1.0000	0.4325	0.3609
23	0.0752	0.6101	-0.2917	0.3879	-0.5941	0.4325	1.0000	0.3624
24	0.0752	-0.4148	-0.4768	0.1044	-0.7162	0.3609	0.3609	1.0000
25	0.2840	-0.5978	-0.6764	-0.6327	-0.7162	-0.4849	-0.0603	0.3960
26	0.8703	-0.6553	-0.4768	-0.6327	-0.3047	-0.4849	-0.0922	-0.4929
27	-0.9095	0.7522	0.6367	0.7351	0.9078	-0.3086	-0.4723	-0.7220
28	-0.4810	0.4166	0.3491	0.2245	0.2860	-0.1484	0.1934	-0.4417
29	-0.2831	0.7030	0.8790	-0.4379	0.9237	-0.3356	-0.4360	-0.7065
30	-0.1741	0.2947	0.8781	0.2983	0.2653	0.5617	0.2158	0.1880
31	0.7352	-0.5656	-0.4054	-0.3949	-0.2789	-0.1330	0.1577	-0.4691
32	-0.4732	-0.2372	-0.1918	0.3429	-0.0631	-0.0944	0.3129	-0.0424
33	-0.1152	-0.3706	-0.5736	-0.3211	-0.7301	0.0118	-0.3850	0.3653
34	-0.1144	0.6136	0.8128	0.5141	0.8636	-0.1859	-0.3896	-0.5790
35	-0.1205	0.6204	0.8141	0.5203	0.8543	-0.1831	-0.3784	-0.5760
36	-0.1016	0.5987	0.8015	0.5147	0.8660	-0.0843	0.1478	0.4510
37	0.0495	-0.4977	-0.6971	-0.5287	-0.7260	0.0843	0.1478	0.4510
38	-0.1253	0.4803	0.5629	0.4094	0.3812	0.0729	0.0196	-0.2248
39	-0.0633	-0.1309	-0.2222	-0.5262	-0.1137	-0.2402	-0.1795	-0.2291
40	0.7396	-0.5208	-0.4707	0.5629	-0.4624	0.7483	0.3643	0.6203
41	-0.0964	-0.0557	-0.0695	-0.0864	0.0311	-0.1996	-0.1514	0.0327
42	-0.2106	-0.0218	-0.2042	-0.3421	-0.5803	0.1592	0.4210	0.0242
43	-0.4965	0.1539	0.0597	-0.6203	0.1474	-0.6776	-0.4268	-0.2216
44	-0.1577	-0.0032	-0.0080	-0.3565	-0.2258	-0.3872	-0.3540	-0.4087
45	0.0040	-0.3326	-0.5001	-0.3719	-0.7644	0.2807	0.4563	0.5989
46	-0.1321	0.5410	0.2614	0.4887	0.5166	-0.2817	-0.3579	-0.4835
47	0.2764	0.0713	0.2614	0.4464	0.8164	-0.0148	-0.1762	-0.5633
48	-0.2485	0.0658	-0.0443	-0.3341	-0.2360	-0.2280	-0.0346	0.2755
49	-0.1943	0.3516	0.5347	-0.2855	0.1723	-0.5085	-0.5589	-0.4449
50	-0.1622	0.5560	0.7564	0.5082	0.6751	-0.2258	-0.2640	-0.3270
51	-0.1664	0.5555	0.7821	0.4739	0.7664	-0.2233	-0.2655	-0.4223
52	0.8992	-0.7020	-0.5215	0.7445	-0.1981	0.5350	0.0321	-0.4364
53	0.0349	-0.5287	-0.7127	-0.4305	-0.9520	0.2604	0.6173	0.6652

ROW	COL. 25	COL. 26	COL. 27	COL. 28	COL. 29	COL. 30	COL. 31	COL. 32
1	-0.0864	0.2379	0.8780	0.2766	0.8806	0.3894	-0.2336	0.0383
2	0.4972	-0.5915	-0.3744	-0.3284	-0.3528	-0.1878	0.1752	0.4484
3	-0.3694	0.2277	-0.4692	0.0562	-0.5333	0.1853	0.0347	-0.0922
4	0.2971	-0.0912	0.5997	0.0123	0.6162	0.1158	0.0151	0.3321
5	-0.2059	0.1072	-0.1756	-0.0126	-0.2275	0.0084	0.0514	-0.1404
6	-0.4083	0.2476	-0.5025	0.0193	-0.5525	0.1161	-0.0111	-0.1567
7	0.1023	0.0781	0.7377	-0.0590	0.7645	0.0399	-0.1318	0.0499
8	0.6288	-0.5690	-0.2912	-0.3448	-0.2532	-0.3521	0.2345	0.5138
9	0.1332	-0.1606	-0.4311	-0.0398	-0.5124	0.1891	0.2219	0.2616
10	-0.1408	0.0179	0.7456	0.0260	0.7820	-0.0658	-0.0979	-0.0461
11	-0.2843	0.4349	0.7076	0.4727	0.6970	0.1671	-0.1772	-0.2968
12	-0.4389	-0.3625	-0.2333	0.0398	-0.2038	-0.4285	-0.0975	-0.1372
13	-0.2740	0.1842	0.1107	-0.0917	0.1391	-0.2686	-0.0620	0.3980
14	-0.2092	0.3479	0.7661	0.2213	0.8161	0.0923	-0.1953	-0.0705
15	-0.5166	0.4941	0.1903	0.3066	0.1176	0.6130	-0.2473	0.0971
16	0.6303	-0.5262	0.2539	-0.1340	0.2495	0.2092	-0.4800	0.4371
17	0.8703	-0.9095	-0.2831	-0.4810	-0.2660	-0.1741	-0.7352	-0.4732
18	-0.4768	0.7522	0.7287	0.4166	0.7030	0.2947	-0.4054	-0.2372
19	0.7351	-0.6367	0.2245	-0.3491	0.2983	-0.2330	-0.2789	-0.1918
20	-0.1426	0.3047	0.8790	0.2860	0.8781	0.3949	0.0631	0.3211
21	0.4849	-0.5759	0.3086	-0.1934	0.3237	0.2653	0.5617	0.0944
22	-0.0603	-0.0922	-0.4723	-0.1484	-0.3356	-0.1330	0.1577	-0.0631
23	0.3960	-0.4929	-0.7220	-0.4417	-0.4360	-0.2158	0.1880	-0.0353
24	1.0000	-0.9115	-0.2525	-0.5185	-0.1978	-0.4691	0.4701	-0.0424
25	-0.9115	1.0000	0.4041	0.5180	0.3831	-0.3775	-0.6359	0.5357
26	-0.2522	0.4041	1.0000	0.3218	0.9748	0.2971	-0.2429	-0.4863
27	-0.5185	0.5180	0.3218	1.0000	0.2569	0.3899	-0.3338	-0.4290
28	-0.1978	0.3831	0.9748	0.2569	1.0000	0.4652	-0.2317	-0.1126
29	-0.3775	0.2971	0.3899	0.4652	0.2454	0.2454	-0.2454	-0.0238
30	-0.4701	-0.6359	-0.2429	-0.3338	-0.2317	-0.1295	1.0000	0.2367
31	0.5357	-0.4863	0.3899	-0.4290	-0.7682	-0.0238	0.1437	1.0000
32	-0.2907	0.1012	-0.2429	-0.0638	0.9342	0.0168	-0.1703	-0.0188
33	0.0171	0.1914	0.8995	0.1996	0.9280	0.0798	-0.1715	-0.0008
34	0.0172	0.1883	0.8926	0.1916	0.9300	0.0576	-0.1633	0.0143
35	-0.0252	0.1821	0.8948	0.2016	0.8093	0.0887	-0.1309	-0.0116
36	-0.0446	-0.1727	-0.7336	-0.0545	-0.2196	0.0233	0.1309	0.0562
37	0.0017	0.1583	0.4411	-0.1212	-0.4072	-0.3495	-0.1375	0.0789
38	-0.2377	0.1984	-0.1949	-0.1813	-0.0416	-0.2696	0.0134	0.0013
39	0.6935	-0.7757	-0.4164	-0.5402	-0.4777	-0.3051	0.5531	0.3817
40	-0.0021	0.0194	-0.0586	-0.2030	-0.4777	-0.1943	-0.1411	0.0076
41	-0.2834	0.1146	-0.4380	-0.0225	0.0190	-0.0611	-0.0172	-0.2606
42	-0.4221	0.4668	0.0719	0.3535	0.0190	0.3391	-0.4046	-0.0555
43	-0.1190	0.2046	0.1006	0.1477	0.0900	0.2113	-0.2743	0.1458
45	-0.1447	-0.0639	-0.6622	-0.0969	-0.7103	-0.0572	0.2308	-0.2019
46	0.0036	0.2126	0.8692	0.0248	0.9096	-0.0271	-0.1501	-0.0638
47	0.2885	-0.1924	0.4727	-0.1219	-0.4968	-0.1437	-0.1379	0.4403
48	-0.1641	0.1774	-0.0988	0.1740	-0.1531	0.2272	-0.1721	0.0761
49	0.0566	0.1920	0.6638	0.1740	0.7036	0.0159	-0.3160	-0.0545
50	-0.0109	0.2491	0.7669	-0.0335	0.8125	-0.1618	-0.1448	-0.1067
51	-0.0391	-0.9486	0.8277	-0.0446	0.8868	-0.0525	-0.1133	-0.1272
52	0.9884	-0.1282	-0.2943	-0.5475	-0.2405	-0.4017	0.5520	-0.4992
53	-0.0657	-0.1282	-0.9049	-0.1826	-0.9154	-0.2888	0.1642	-0.0782

ROW	COL. 33	COL. 34	COL. 35	COL. 36	COL. 37	COL. 38	COL. 39	COL. 40
1	-0.6877	0.8147	0.8029	0.8201	-0.6790	0.3010	-0.0627	-0.3861
2	-0.0111	-0.2321	-0.2127	-0.2307	0.2151	-0.0535	-0.0184	-0.5115
3	0.7828	-0.6431	-0.6373	-0.6556	0.5946	-0.2831	0.2847	0.0656
4	-0.6199	-0.6435	-0.6375	-0.6459	-0.5272	0.2165	0.0532	-0.2570
5	0.2619	-0.1708	-0.1627	-0.1817	0.1450	0.1238	0.1804	0.3967
6	0.7952	-0.0463	-0.0447	-0.0541	0.5634	-0.2792	-0.2337	0.0481
7	0.7610	0.8682	0.8669	0.8627	-0.7530	0.5775	-0.4513	0.0411
8	-0.1685	-0.0779	-0.0623	-0.0777	0.0791	-0.0135	-0.1743	-0.4011
9	0.5069	-0.5525	-0.5659	-0.5419	0.5336	0.6112	-0.4730	-0.0135
10	-0.8243	0.8588	0.8550	0.8610	-0.7961	0.5904	-0.4985	-0.0669
11	-0.5493	0.6317	0.6145	0.6385	-0.5728	0.2450	0.0702	-0.5136
12	-0.2584	-0.0332	-0.0255	-0.0300	0.0061	0.0519	-0.2274	0.2669
13	-0.3679	-0.3039	-0.3251	0.2928	-0.2095	0.2852	-0.1098	0.0053
14	-0.6003	0.8057	0.8104	0.7939	-0.6278	0.4670	-0.3339	-0.3891
15	-0.3162	-0.0927	-0.0957	-0.1039	0.2008	-0.1871	-0.3465	-0.4260
16	-0.3952	-0.3265	-0.3034	-0.3460	-0.3202	-0.0767	-0.0514	0.3021
17	-0.1152	-0.1144	-0.1205	-0.1016	0.0495	-0.1253	-0.0633	0.7390
18	-0.3706	0.8128	0.8141	0.5987	-0.4977	0.4803	-0.1309	-0.5208
19	-0.5736	0.6136	0.6204	0.8015	-0.6971	0.5629	-0.2222	-0.4707
20	-0.6803	0.5141	0.5147	0.5203	-0.5287	0.4094	-0.5262	-0.5429
21	-0.7301	0.8636	0.8543	0.8660	-0.7260	0.6112	-0.1137	-0.7483
22	-0.0118	-0.1859	-0.1783	-0.1831	0.0843	0.3812	-0.2402	0.3643
23	0.3129	-0.3850	-0.3896	-0.5780	0.1478	0.0729	-0.2291	0.6203
24	-0.3653	0.0171	0.0172	0.0252	-0.0446	-0.0196	-0.1795	0.6935
25	-0.2907	0.1914	0.1883	0.1821	-0.1127	-0.2248	-0.2377	-0.7757
26	0.1012	0.8995	0.8926	0.8948	-0.7356	0.0017	0.1984	-0.4164
27	-0.0638	0.1996	0.1916	0.2016	-0.0545	0.1583	-0.1949	-0.5402
28	-0.7355	0.9342	0.9280	0.9300	-0.8093	0.4411	-0.1212	-0.4072
29	-0.7682	0.0798	0.0576	0.0887	0.0233	0.5290	-0.1813	-0.3051
30	0.0168	-0.1703	-0.1715	-0.1633	0.1309	0.3495	-0.2696	0.5531
31	0.1437	-0.0008	-0.0143	-0.0116	0.0562	-0.1375	-0.1134	0.3817
32	-0.0188	-0.8582	-0.8485	-0.8850	0.7760	0.0789	0.0013	-0.0124
33	1.0000	1.0000	1.0000	0.6019	-0.8696	-0.4590	0.5026	-0.1987
34	-0.8582	0.9966	0.9966	0.9977	-0.8900	0.6019	-0.3052	-0.1919
35	-0.8485	0.9977	0.9894	0.9894	-0.8415	0.6307	-0.3131	-0.1932
36	-0.8650	0.8696	0.8415	1.0000	-0.8900	0.5724	-0.2965	0.1001
37	-0.7780	0.6019	0.6307	-0.8900	1.0000	-0.0050	-0.2429	0.0364
38	-0.4590	-0.3052	-0.3131	0.5724	-0.6050	1.0000	0.3262	-0.3219
39	0.5026	-0.1987	-0.1919	-0.2965	0.2429	0.3262	1.0000	-0.0055
40	-0.0124	-0.0142	0.0014	0.0297	0.1001	0.0304	-0.3219	-0.3200
41	0.5152	-0.4715	-0.4645	-0.4783	0.4005	-0.1272	-0.0643	-0.5042
42	0.3064	-0.1391	-0.1440	-0.1457	0.3023	-0.0883	-0.1269	-0.3604
43	0.0523	-0.0056	-0.0208	-0.0107	0.1971	-0.3499	0.2933	0.2174
44	0.6849	0.9271	0.9181	0.9261	-0.6480	0.1857	-0.4095	-0.0260
45	-0.8022	-0.7547	-0.7587	-0.7524	0.8486	-0.4162	-0.3684	-0.2266
46	-0.5606	0.5483	0.5466	0.5538	-0.4740	0.5747	-0.0931	-0.0394
47	0.3484	-0.2175	-0.2070	-0.2388	0.3577	-0.1912	0.0134	-0.1088
48	-0.6862	0.7222	0.7106	0.7280	-0.5710	-0.1131	-0.2871	-0.3331
49	-0.7355	0.8826	0.8884	0.8728	-0.7590	0.6374	-0.4403	-0.1289
50								
51	-0.7473	0.8955	0.8826	0.8957	-0.8639	0.5968	-0.3427	-0.2053
52	-0.2551	-0.0260	-0.0256	-0.0169	-0.0145	-0.0163	-0.2569	-0.7350
53	0.8084	-0.8931	-0.8835	-0.8963	0.7488	-0.3818	0.1712	0.2772

ROW	COL. 41	COL. 42	COL. 43	COL. 44	COL. 45	COL. 46	COL. 47	COL. 48
1	-0.0201	-0.5728	0.1494	0.1873	-0.7349	0.7249	0.5190	-0.1710
2	-0.0897	-0.5740	-0.4255	-0.1885	0.0629	-0.4080	0.0250	-0.0943
3	-0.0133	-0.7601	-0.3108	-0.0710	0.6461	-0.5567	-0.6564	-0.6375
4	-0.1178	-0.9327	-0.0670	-0.3442	-0.7474	-0.5581	-0.7607	-0.3507
5	-0.0373	-0.8947	-0.8558	-0.3260	-0.4257	-0.1515	-0.5361	0.4083
6	-0.0380	-0.8558	-0.2840	-0.2065	0.7234	-0.5589	-0.7804	0.6307
7	-0.0448	-0.2259	-0.2110	-0.0740	-0.5471	0.8079	0.4325	-0.1838
8	-0.0299	-0.4469	-0.4422	0.0016	-0.1166	-0.1546	0.4459	-0.3295
9	0.0028	-0.1391	-0.4086	0.3036	-0.2154	-0.5209	0.0234	0.0982
10	-0.0919	-0.2053	-0.3163	-0.2871	-0.5324	0.8299	0.3016	-0.1288
11	-0.0396	-0.4875	0.1183	-0.1875	-0.5772	0.6065	0.3421	-0.2988
12	-0.0582	-0.3367	-0.4752	-0.1297	-0.1034	-0.2450	0.4929	-0.3682
13	-0.0375	-0.5560	-0.3386	0.0662	-0.3932	-0.1782	-0.4350	-0.3372
14	-0.0631	-0.3336	0.0903	0.1040	-0.5625	0.8130	-0.1495	-0.1674
15	0.0187	0.1646	0.0831	0.2955	0.0380	-0.0885	0.5848	0.5157
16	-0.0996	-0.5440	0.1722	0.1508	-0.4040	0.2811	0.2764	-0.2934
17	-0.0964	-0.2106	-0.4965	0.1577	-0.3326	-0.1321	0.0713	-0.2485
18	-0.0557	-0.0218	0.1539	-0.0032	-0.5001	0.5410	0.2614	-0.0658
19	-0.0695	-0.2042	0.0597	-0.0080	-0.4646	0.7763	0.4464	-0.0443
20	-0.0864	-0.3421	-0.6203	-0.3565	-0.3719	0.4887	-0.0148	-0.3341
21	0.0311	-0.5803	-0.1474	-0.2258	-0.7644	0.8164	-0.1762	-0.2360
22	-0.1996	0.1592	-0.6776	-0.3872	0.2807	-0.2817	-0.5633	-0.0346
23	-0.1514	0.4210	-0.4268	-0.4563	0.4563	-0.3579	0.2885	-0.2280
24	0.0327	0.6242	-0.2216	-0.4087	0.5989	-0.4835	-0.1924	0.2755
25	-0.0021	-0.2834	-0.4221	-0.1190	-0.1447	0.0036	-0.4727	0.1641
26	0.0194	0.1146	0.4668	-0.0639	-0.2046	0.2126	-0.1219	0.1572
27	-0.0586	-0.4380	-0.0719	0.1006	-0.6622	0.8632	-0.4968	-0.0988
28	0.2030	-0.4477	0.3535	0.1477	-0.3969	0.0248	0.1437	-0.1526
29	-0.0416	-0.0611	0.0190	0.0900	-0.7103	0.9096	0.2272	-0.1531
30	-0.1943	-0.0172	0.3391	0.2113	-0.0572	-0.1501	0.1379	-0.1721
31	-0.1411	-0.2606	-0.4046	-0.2743	-0.2308	-0.0638	0.4403	0.0761
32	0.0076	-0.5152	-0.0555	0.1458	0.2019	-0.5606	-0.3484	-0.2175
33	-0.0289	0.3064	-0.3064	0.0523	-0.7547	0.8022	0.5483	-0.2070
34	-0.0142	-0.4715	-0.1391	0.0208	0.9181	0.9271	0.5466	-0.2388
35	-0.0297	-0.4783	-0.1457	-0.0107	-0.7524	0.9261	0.5538	-0.2577
36	0.0014	0.4005	0.3023	0.1971	-0.6480	-0.8486	-0.4740	-0.1131
37	0.2054	-0.0883	-0.3499	-0.1857	-0.4162	-0.5747	-0.1912	0.0134
38	-0.1272	-0.1269	0.2933	-0.4095	-0.0266	-0.3684	-0.0931	-0.1088
39	-0.0643	-0.3200	-0.6042	0.0394	0.2174	-0.2266	0.0394	-0.0499
40	-0.0055	0.0410	-0.2994	-0.3118	-0.0951	-0.0110	0.0737	0.4817
41	1.0000	0.0410	-0.0423	-0.4078	-0.0048	-0.0626	-0.7453	0.4613
42	0.0410	1.0000	0.4503	-0.3807	0.6790	-0.3736	-0.1772	-0.1507
43	0.2994	-0.3807	1.0000	-0.3736	0.6790	-0.0193	0.3277	-0.3487
44	0.3118	0.6790	0.0048	1.0000	-0.6800	-0.6800	-0.7330	-0.1942
45	-0.0951	-0.4078	-0.0026	-0.3736	1.0000	-0.6800	0.4884	-0.5331
46	-0.0110	-0.1772	0.4613	-0.0193	-0.6800	1.0000	-0.1942	1.0000
47	0.0737	0.6790	-0.1772	-0.3277	-0.6800	-0.1942	1.0000	-0.1423
48	0.0499	-0.4817	0.3184	-0.1507	-0.3487	0.4484	0.4884	-0.1423
49	0.3212	-0.4848	0.4848	-0.2942	-0.6903	0.7689	0.5166	-0.5331
50	-0.0251	-0.2360	-0.1719	-0.1209	-0.5722	0.9406	0.3614	-0.1319
51	-0.0640	-0.3101	-0.1437	-0.0987	-0.5875	0.9599	0.3645	-0.1365
52	-0.0175	-0.2402	-0.4830	-0.1705	-0.0880	-0.0256	0.2761	-0.1928
53	0.0266	0.6236	-0.0352	-0.1549	0.7825	-0.8229	-0.5931	0.2090

	COL. 49	COL. 50	COL. 51	COL. 52	COL. 53	COL.	COL.	COL.	COL.
1	0.7017	0.5749	0.6680	-0.1535	-0.9703				
2	-0.3293	-0.3379	-0.4038	0.4978	-0.1080				
3	-0.5817	-0.4615	-0.4476	-0.3436	0.6711				
4	0.5411	-0.4119	-0.4747	-0.2410	-0.7547				
5	-0.3369	0.0104	-0.0604	-0.1783	0.3787				
6	-0.5949	-0.4610	-0.4468	-0.3816	0.6883				
7	0.5830	0.8179	0.7870	0.6311	-0.7453				
8	-0.0427	-0.1034	-0.2477	-0.0621	-0.0964				
9	-0.2353	-0.6216	-0.5900	-0.1116	0.3696				
10	0.5558	0.8476	0.8177	0.3169	-0.7696				
11	0.4952	-0.4877	0.5617	-0.3169	-0.6114				
12	-0.0843	-0.0350	-0.1622	0.4475	-0.1593				
13	0.1202	0.2477	0.0749	0.2626	-0.1861				
14	0.6582	0.8056	0.7261	-0.2307	-0.6886				
15	0.0024	-0.1677	-0.1353	-0.5580	-0.0648				
16	0.2801	0.1201	-0.2025	-0.6038	-0.4814				
17	0.1943	0.1622	0.1654	0.8992	-0.0349				
18	0.3516	0.5560	0.5555	-0.7020	-0.5287				
19	0.5347	0.7564	0.7821	-0.5215	-0.7127				
20	0.2855	0.5082	0.4739	0.7445	-0.4305				
21	0.7723	0.6751	0.7664	-0.1991	-0.9520				
22	-0.5085	-0.2258	-0.2233	0.5350	-0.2004				
23	-0.4449	-0.2640	-0.2655	0.0321	0.6173				
24	0.5589	-0.3270	-0.4223	0.4364	0.6652				
25	0.0566	-0.0109	0.0504	0.9884	-0.0657				
26	0.1774	0.1920	0.2491	-0.2943	-0.1282				
27	0.6638	0.7669	0.8277	-0.5475	-0.9045				
28	0.1740	-0.0335	0.0446	-0.2405	-0.1826				
29	0.7036	0.8125	0.8868	-0.4017	-0.9154				
30	-0.0159	-0.1618	-0.0525	0.5520	-0.2888				
31	-0.3160	-0.1448	-0.1135	0.4992	0.1642				
32	-0.0545	-0.1067	-0.1272	-0.2551	-0.0782				
33	-0.6802	-0.7355	-0.7473	-0.0253	0.8084				
34	0.7222	0.8826	0.8955	-0.0256	-0.8931				
35	0.7106	0.8884	0.8826	0.0169	-0.8835				
36	0.7280	0.8728	0.8957	-0.0145	-0.8963				
37	-0.5710	-0.7590	-0.8639	-0.0103	0.7488				
38	0.2106	0.6374	0.5968	-0.2569	0.3818				
39	-0.2871	-0.4403	-0.3427	0.1712	-0.2772				
40	-0.3331	-0.1289	-0.2053	-0.0135	0.0266				
41	0.3212	-0.0251	-0.0640	0.7350	0.6236				
42	-0.4848	-0.2360	-0.3161	-0.2402	-0.0352				
43	0.3184	-0.1719	-0.1437	-0.4830	-0.1545				
44	0.2942	-0.1209	0.0987	-0.0840	0.7825				
45	-0.6903	-0.5722	-0.5875	-0.0680	-0.8229				
46	0.7689	0.9406	0.9599	-0.0256	0.5931				
47	0.5166	0.3614	0.3645	0.2781	0.2090				
48	-0.1423	-0.1319	-0.1365	-0.1928	-0.7513				
49	1.0000	0.6579	0.6522	-0.0072	-0.6865				
50	0.6579	1.0000	0.9003	-0.0242	-0.7595				
51	0.0522	0.0242	1.0000	-0.0618	-0.0002				
52	-0.0072	-0.0242	-0.0618	1.0000	0.0002				
53	-0.7513	-0.6865	-0.7595	-0.0002	1.0000				

Anhang 4

Faktorenanalyse

FAKTORENANALYSE NACH DER HAUPTACHSENMETHODE
===

EINGABEPARAMETER

PROBLEM..   7
ZAHL DER VARIABLEN   =   31
ZAHL D.PROB.(FAKT.)   =   0
EINGABEBAND J, IBIN   =
MISSING-DATA-SCHLUESSEL   =   0
DATEN SCHREIBEN BINAER AUF   0
               BCD AUF   0

ZURUECKSPULEN   0   0
FALL NR.   1
ZAHL D.ZU EXTRAHIER.FAKT.=   0
GRENZE =   0.0
ZAHL DER ZUSAETZL.ITERAT.=   0
UNROTIERTE MATRIX SCHREIBEN AUF   0   0   0   0   0   0
ROTIEREN   99 0   0
SCHREIBEN AUF   0 0
STANZEN BEI ROTATION   -1

EINGELESENES FORMAT FUER NAMEN DER VARIABLEN
(15A1)

EINGELESENES FORMAT FUER DATEN
(7F10.1,D8.2)

MITTELWERTE

	0	1	2	3	4	5	6	7	8	9
1		0.3089E+03	0.4577E+03	0.1300E+04	0.1947E+03	0.4749E+03		0.5674E+01	0.1524E+03	

	0	1	2	3	4	5	6	7	8	9

VARIANZEN

	0	1	2	3	4	5	6	7	8	9
1		0.1042E+05	0.1754E+05	0.7279E+05	0.4186E+04	0.8755E+04		0.4805E+02	0.4910E+04	

	0	1	2	3	4	5	6	7	8	9

KORRELATIONSMATRIX   SEITE 1

	1	2	3	4	5	6	7	8	9	10	VARIABLE
1	0.79126										1 A
2	0.65882	0.86808									2 B
3	-0.78313	-0.91009	0.90834								3 C
4	0.46959	0.23851	-0.37225	0.53309							4 D
5	-0.16430	0.23675	-0.08198	-0.58691	0.87660						5 E
6	0.09312	-0.08912	-0.05659	0.34536	-0.63318	0.46703					6 F
7	-0.13836	0.42361	-0.26778	-0.45108	0.87768	-0.47324	0.88601				7 G

FAKTOR	EIGENWERT	VAR.PR. EINZELN	VAR.PR. KUMULATIV
1	2.6436	49.5940	49.5940
2	2.5807	48.4147	98.0087

DIE SPUR IST   5.3304

DIE SUMME DER ERSTEN   2 EIGENWERTE IST   5.2243

FAKTORENMATRIX
==============

		1	2
1	A	0.7872	-0.3358
2	B	0.9269	0.1274
3	C	-0.9660	0.0540
4	D	0.3394	-0.6411
5	E	0.1461	0.9461
6	F	-0.0338	-0.6069
7	G	0.3037	0.8793

ZEILENQUADRATSUMMEN (2 FAKTOREN)

0.73240 0.87541 0.93805 0.52616 0.91653 0.36950 0.86532

ROTIERTE FAKTOREN-MATRIX
++++++++++++++++++++++++++

ROTATION VARIMAX BIMD 19 (VERSION DRZ/VARV)

AUFGABE
ZAHL DER FAKTOREN = 2

VARIABLE		A	B
VARIABLE	1	0.8200	-0.2450
VARIABLE	2	0.9067	0.2399
VARIABLE	3	-0.9679	-0.0452
VARIABLE	4	0.4094	-0.5988
VARIABLE	5	0.0386	0.9566
VARIABLE	6	0.0348	-0.6069
VARIABLE	7	0.2028	0.9079

KOMMUNALITAETEN (ZEILENQUADRATSUMMEN)

0.7324   0.8754   0.9390   0.5262   0.9165   0.3695   0.8653

SPALTENQUADRATSUMMEN

2.6428   2.5615

IN PROZENT EINZELN

50.5865   49.4135

IN PROZENT KUMULATIV

50.5865   100.0000

NR.	VARIANZ
1	0.36859767
2	0.38211499
3	0.38211499
4	0.38211499

FAKTORENLADUNGEN BIS ZUR GROESSE 0.1500
==

FAKTOR 1

-0.9679(3) 0.9067(2) 0.8200(1) 0.4094(4) 0.2028(7) 0.0386(5)

FAKTOR 2

0.9566(5) 0.9079(7) -0.6069(6) -0.5988(4) -0.2450(1) 0.2309(2) -0.0452(3)

GEAENDERT: &STDDR.BD4 (0001,00)
GEAENDERT: &STDDR.STANZ (0001,00)
STOP

ENDE STDHP (7504.16) 1.59
¤STANZE,GERAET=KS-KC3,INFORMATION=STANZ

AUFTRAG ALS TEILAUFTRAG 00001 AUSGEFUEHRT

¤ENDE STANZE (21.06) 0.07

260

BERECHNUNG DER FAKTOREN-SCORES
=============================

EINGABEPARAMETER

PROBLEM.. METHODEN ABC FAKS 34ㅡ?), ͜   METHODEN ABC FAKS 34ㅡ0
ZAHL DER VARIABLEN =   7   3,V
ZAHL DER PROBANDEN = (31)
ZAHL DER FAKTOREN =   ?
DATENEINGABE VON EINHEIT = ?
BCD / BINAER
MISSING-DATA-SCHLUESSEL   0
DATEN SCHREIBEN BINAER AUF   0
            BCD AUF   0

ZURUECKSPULEN

EINGELESENES FORMAT FUER DATEN
(7F10.1,D8.2)

REGRESSIONSMETHODE UNTER BENUTZUNG DER KORRELATIONSMATRIX

K.UEBERLA, FAKTORENANALYSE, KAP. 5.2
H.H.HARMAN, MODERN FACTOR ANALYSIS, KAP. 16.3

PROBAND   FAKTOREN-SCORES

   1   1.787   0.505
   2   -0.383   1.384
   3   0.412   1.712
   4   0.080   2.059
   5   0.299   1.883
   6   -1.643   -0.440
   7   1.234   -0.320
   8   -0.134   0.393
   9   -0.424   0.021
  10   0.860   0.291
  11   0.710   0.259
  12   0.768   0.098
  13   -0.407   -1.046
  14   0.264   -0.017
  15   -0.367   0.513
  16   -0.772   -0.151
  17   0.559   -0.160
  18   -1.497   -0.305
  19   -1.704   -0.356
  20   -1.554   -0.675
  21   0.425   -0.353
  22   -1.566   -0.772
  23   0.522   -1.310
  24   -0.322   0.859
  25   -0.388   0.014
  26   -0.126   -0.793
  27   0.835   -0.234
  28   1.217   -0.053
  29   1.054   -0.789
  30   1.325   -1.090
  31   1.167   -0.844

Literaturverzeichnis

1. Sammelwerke (Einzelbeiträge daraus sind nur ausnahmsweise noch separat unter 3 aufgeführt)
2. Buchveröffentlichungen
3. Beiträge in Zeitschriften und Sammelwerken (Zitierweise: Autor: Titel, Zeitschrift, Jg. (Jahr) Seiten)
4. Statistische Quellen
5. Unpubliziertes und anderes Material, das nicht über den Buchhandel erhältlich ist

1. Sammelwerke

1. Atteslander, P. und R. Girod (Hrsg): Soziologische Arbeiten I, Bern, Stuttgart: Huber 1966
2. Atteslander, P. und B. Hamm (Hrsg): Materialien zur Siedlungssoziologie, Köln, Berlin: Kiepenheuer & Witsch 1974 (Neue Wissenschaftliche Bibliothek Bd. 69)
3. Bartels, D. (Hrsg): Wirtschafts- und Sozialgeographie, Köln, Berlin: Kiepenheuer & Witsch 1970 (Neue Wissenschaftliche Bibliothek Bd. 35)
4. Burgess, E.W. (Hrsg.): The Urban Community, Chicago, London: University of Chicago Press 1926
5. Burgess, E.W. und D.J. Bogue (Hrsg.): Contributions to Urban Sociology, Chicago, London: University of Chicago Press, 2nd printing 1967 (zuerst 1964)
6. Dobriner, W.N. (Hrsg.): The Suburban Community, New York: Putnam's 1968
7. Duvignaud, J. (Hrsg.): Anthologie des sociologues français contemporains, Paris: Presses Universitaires de France 1970
8. European Cultural Foundation (Hrsg.): Citizen and City in the Year 2000, Deventer: Kluwer 1971
9. Faris, R.E.L. (Hrsg.): Handbook of Modern Sociology, Chicago: Rand McNally 1964
10. Fochler-Hauke, G. (Hrsg.): Geographie, Frankfurt: Fischer 1959 (Fischer Lexikon)
11. Gadamer, H.G. und P. Vogler (Hrsg.): Sozialanthropologie, Stuttgart: Thieme 1972 (Neue Anthropologie Bd. 3)
12. Gibbs, J.P. (Hrsg.): Urban Research Methods, Princeton etc.: Van Nostrand, 3rd printing 1967 (zuerst 1961)
13. Glaser, H. (Hrsg.): Urbanistik - Neue Aspekte der Stadtentwicklung, München: Beck 1974 (Beck'sche Schwarze Reihe Bd. 115)
14. Greer, S. und D. McElrath, D.W. Minar, P. Orleans (Hrsg.): The New Urbanization, New York: St. Martin's Press, 2nd printing 1969 (zuerst 1968)
15. Gurvitch, G. (Hrsg.): Traité de sociologie, Paris: Presses Universitaires de France 1958
16. Gutman, R. und D. Popenoe (Hrsg.): Neighborhood, City, and Metropolis, New York: Random House 1970

17. Hartmann, H. (Hrsg.): Moderne amerikanische Soziologie, Stuttgart: Enke, 2. Aufl. 1973 (dtv Wissenschaftliche Reihe)
18. Haseloff, O.W. (Hrsg.): Die Stadt als Lebensform, Berlin: Colloquium 1970 (Forschung und Information Bd. 6)
19. Hatt, P.K. und A. Reiss (Hrsg.): Cities and Society, New York: Free Press, 8th printing 1967 (zuerst 1951)
20. Hauser, P.M. und O.D. Duncan (Hrsg.): The Study of Population, Chicago, London: University of Chicago Press, 7th printing 1972 (zuerst 1959)
21. Hauser, P.M. (Hrsg.): Handbook for Social Research in Urban Areas, Paris: UNESCO 1964
22. Hauser, P.M. und L.F. Schnore (Hrsg.): The Study of Urbanization, New York etc.: Wiley 1965
23. Herlyn, U. (Hrsg.): Stadt- und Sozialstruktur, München: Nymphenburger 1974
24. König, R. (Hrsg.): Soziologie, Frankfurt: Fischer, 1. Aufl. 1958 und 2. Aufl. 1967 (Fischer Lexikon)
25. König, R. (Hrsg.): Handbuch der empirischen Sozialforschung, Bd. 1, Stuttgart: Enke 1967
26. Korte, H. (Hrsg.): Soziologie der Stadt, München: Juventa 1972 (Grundfragen der Soziologie Bd. 11)
27. Kurzrock, R. (Hrsg.): Probleme der Umweltforschung, Berlin: Colloquium 1973 (Forschung und Information Bd. 14)
28. Park, R.E. und E.W. Burgess, R.D. McKenzie (Hrsg.): The City, Chicago, London: University of Chicago Press, 6th printing 1970 (zuerst 1925)
29. Pehnt, W. (Hrsg.): Die Stadt in der Bundesrepublik Deutschland, Stuttgart: Reclam 1974
30. Proshansky, H.M. und W.H. Ittelson, L.G. Rivlin (Hrsg.): Environmental Psychology, New York etc.: Holt, Rinehart & Winston 1970
31. Sargent, F. II (Hrsg.): Human Ecology, Amsterdam, New York: Elsevier 1974
32. Schwirian, K.P. (Hrsg.): Comparative Urban Structure, Lexington etc.: Heath 1974
33. Short, J.F. jr. (Hrsg.): The Social Fabric of the Metropolis, Chicago, London: University of Chicago Press 1971 (The Heritage of Sociology)
34. Sills, D.L. (Hrsg.): International Encyclopedia of the Social Sciences, Bd. 4, New York: Free Press 1968
35. Sussman, M.B. (Hrsg.): Community Structure and Analysis, New York: Crowell 1959
36. Theodorson, G.A. (Hrsg.): Studies in Human Ecology, Evanston, New York: Harper & Row 1961

2. Buchveröffentlichungen

37. Albrecht, G.: Soziologie der geographischen Mobilität, Stuttgart: Enke 1972
38. Alihan, M.A.: Social Ecology - A Critical Analysis, New York: Cooper Square Publishers 1964 (zuerst New York: Columbia University Press 1938)
39. Aron, R.: Deutsche Soziologie der Gegenwart, Stuttgart: Kröner 1969 (Kröner's Taschenausgaben Bd. 214)

40. Atteslander, P.: Methoden der empirischen Sozialforschung, Berlin, New York: de Gruyter, 2. Aufl. 1971 (zuerst 1969) (Sammlung Göschen Bd. 4229)
41. Bahrdt, H.P.: Humaner Städtebau, Hamburg: Wegener 1968
42. Barker, R.: Ecological Psychology, Stanford: Stanford University Press 1968
43. Bastide, R.: Soziologie der Geisteskrankheiten, Köln, Berlin: Kiepenheuer & Witsch 1973 (franz. zuerst 1965) (Studienbibliothek)
44. Benevolo, L.: Die sozialen Ursprünge des modernen Städtebaus, Gütersloh 1971 (ital. 3. Aufl. 1968) (Bauwelt Fundamente Bd. 29)
45. Benninghaus, H.: Deskriptive Statistik, Stuttgart: Teubner 1974 (Studienskripten zur Soziologie Bd. 22)
46. Berndt, H.: Das Gesellschaftsbild bei Stadtplanern, Stuttgart, Bern: Krämer 1968 (Beiträge zur Umweltplanung)
47. Beshers, J.M.: Urban Social Structure, New York: Free Press, 2nd printing 1969 (zuerst 1962)
48. Braudel, F.: Die Geschichte der Zivilisation, 15.-18. Jahrhundert, München: Kindler 1971 (franz. org. 1967) (Kindler's Kulturgeschichte)
49. Brede, H. und B. Kohaupt, H.-J. Kujath: Oekonomische und politische Determinanten der Wohnungsversorgung, Frankfurt: Suhrkamp 1975 (es Bd. 745)
50. Chombart de Lauwe, P.H.: Paris et l'agglomération parisienne, 2 Bde., Paris: Presses Universitaires de France 1952
51. Diederich, J.: Soziographie und Städtebau, Berlin, New York: de Gruyter 1971
52. Durkheim, E.: De la division du travail social, Paris: Presses Universitaires de France 1893
53. Elias, N.: Die höfische Gesellschaft, Neuwied: Luchterhand 1969 (Soziologische Texte Bd. 54)
54. Elias, N.: Was ist Soziologie? München: Juventa 1971 (Grundfragen der Soziologie Bd. 1)
55. Faris, R.E.L. und H.W. Dunham: Mental Disorders in Urban Areas, Chicago, London: University of Chicago Press 1939
56. Festinger, L. und S. Schachter, K. Back: Social Pressures in Informal Groups, Evanston, New York: Harper & Row 1950
57. Firey, W.: Land Use in Central Boston, Cambridge: Harvard University Press 1947
58. Friedrichs, J.: Methoden empirischer Sozialforschung, Reinbeck: Rowohlt 1973 (rororo-Studium Bd. 28)
59. Gehmacher, E.: Methoden der Prognostik, Freiburg: Rombach 1971
60. Goffman, E.: Verhalten in sozialen Situationen, Gütersloh: Bertelsmann 1971 (am. 4. Aufl. 1969) (Bauwelt Fundamente Bd. 30)
61. Halbwachs, M.: Population and Society, Glencoe: Free Press 1960 (franz. zuerst 1938)
62. Hamm, B.: Betrifft: Nachbarschaft. Düsseldorf: Bertelsmann 1973 (Bauwelt Fundamente Bd. 40)
63. Hartmann, H.: Empirische Sozialforschung, München: Juventa 1970 (Grundfragen der Soziologie Bd. 2)
64. Hawley, A.H.: Human Ecology - A Theory of Community Structure, New York: Ronald Press 1950
65. Hinkle, R.L. und G.N. Hinkle: Die Entwicklung der amerikanischen Soziologie, Wien: Verlag für Geschichte und Politik 1960 (am. zuerst 1954)
66. Hofstätter, P.R. und D. Wendt: Quantitative Methoden der Psychologie, Frankfurt: Barth, 4. Aufl. 1974

67. Homans, G.C.: Was ist Sozialwissenschaft? Köln, Opladen: Westdeutscher Verlag 1969
68. Hoyt, H.: The Structure and Growth of Residential Neighborhoods in American Cities, Washington: Federal Housing Administration 1939
69. Hunter, A.: Symbolic Communities, Chicago, London: University of Chicago Press 1974
70. Ipsen, G. (Hrsg.): Daseinsformen der Grosstadt, Tübingen: Mohr 1959
71. Jacobs, J.: Tod und Leben grosser amerikanischer Städte, Gütersloh: Bertelsmann 1963 (am. zuerst 1961) (Bauwelt Fundamente Bd. 4)
72. Jonas, F.: Geschichte der Soziologie, Bd. 4, Reinbeck: Rowohlt 1969 (rde Bd. 3o8/o9)
73. Jones, F.L.: Dimensions of Urban Structure, Toronto: University of Toronto Press 1969
74. König, R.: Grundformen der Gesellschaft: die Gemeinde, Reinbeck: Rowohlt 1958 (rde Bd. 79)
75. Kreyszig, E.: Statistische Methoden und ihre Anwendungen, Göttingen: Vandenhoeck & Ruprecht, 3. Aufl. 1968 (zuerst 1965)
76. Kruse, L.: Räumliche Umwelt, Berlin, New York: de Gruyter 1974
77. Lundberg, G.A. und C.C. Schrag, O.N. Larsen: Sociology, New York etc.: Harper & Row 1954
78. Mackenroth, G.: Bevölkerungslehre, Berlin etc.: Springer 1953
79. Marica, G.E.: Emile Durkheim – Soziologie und Soziologismus, Jena: Fischer 1932
80. Marsh, R.M.: Comparative Sociology, New York etc.: Harcourt, Brace & World 1967
81. McKenzie, R.D., On Human Ecology, Chicago, London: University of Chicago Press 1968 (The Heritage of Sociology)
82. Michelson, W.: Man and His Urban Environment, Reading etc.: Addison-Wesley 197o
83. Ogburn, W.F. und M.F. Nimkoff: A Handbook of Sociology, London: Kegan Paul, Trench, Trubner & Co 1947
84. Opp, K.D.: Methodologie der Sozialwissenschaften, Reinbeck: Rowohlt 197o (rde Bd. 339-341)
85. Park, R.E. und E.W. Burgess: Introduction to the Science of Sociology, Chicago, London: University of Chicago Press, 3rd printing 1969 (zuerst 1921)
86. Park, R.E.: Human Communities, New York: Free Press 1952
87. Pfeil, E.: Grosstadtforschung, Hannover: Jänecke, 2. Aufl. 1972 (zuerst 195o)
88. Pirenne, H.: Sozial- und Wirtschaftsgeschichte Europas im Mittelalter, Bern: Franke o.J. (franz. zuerst 1933)
89. Quinn, J.A.: Human Ecology, Hamden: Shoe String Press 1971 (zuerst Englewood Cliffs: Prentice Hall 195o)
9o. Riemer, S.: The Modern City, New York: Prentice Hall, 2nd printing 1953 (zuerst 1952)
91. Ritsert, J. und E. Becker: Grundzüge sozialwissenschaftlich-statistischer Argumentation, Opladen: Westdeutscher Verlag 1971 (Uni-Taschenbücher Bd. 26)
92. Robson, B.T.: Urban Analysis, Cambridge: Cambridge University Press 1971 (Cambridge Geographical Studies Bd. 1)
93. Sachs, L.: Angewandte Statistik, Berlin etc.: Springer, 4. Aufl. 1974 (zuerst als "Statistische Auswertungsmethoden" 1968)
94. Schäfers, B.: Bodenbesitz und Bodennutzung in der Grosstadt, Düsseldorf: Bertelsmann 1968 (Beiträge zur Raumplanung Bd. 11)

95. **Schneider, W.:** Ueberall ist Babylon, Düsseldorf: Econ 1960
96. **Schnore, L.F.:** The Urban Scene, New York: Free Press 1965
97. **Schwarz, K.:** Demographische Grundlagen der Raumforschung und Landesplanung, Hannover: Jäneke 1972
98. **Shaw, C.R. und H.D. McKay:** Juvenile Delinquency in Urban Areas, Chicago, London: University of Chicago Press 1942
99. **Shevky, E. und W. Bell:** Social Area Analysis, Stanford: Stanford University Press 1955
100. **Simmel, G.:** Soziologie, Berlin etc.: Springer 1968 (zuerst 1908)
101. **Steinberg, H.G.:** Methoden der Sozialgeographie und ihre Bedeutung für die Raumplanung, Köln: Heymans 1967
102. **Suttles, G.D.:** The Social Construction of Communities, Chicago, London: University of Chicago Press 1972
103. **Taeuber, K.E. und A.F. Taeuber:** Negroes in Cities, Chicago: Aldine 1965
104. **Timms, D.W.G.:** The Urban Mosaic, Cambridge: Cambridge University Press 1971 (Cambridge Geographical Studies Bd. 2)
105. **Ueberla, K.:** Faktorenanalyse, Berlin etc.: Springer, 2. Aufl. 1971 (zuerst 1968)
106. **Weber, M.:** Wirtschaft und Gesellschaft, Köln, Berlin: Kiepenheuer & Witsch 1964 (zuerst 1922) (Studienausgabe)
107. **Willhelm, S.M.:** Urban Zoning and Land Use Theory, New York 1962
108. **Wilson, E.K.:** Sociology – Rules, Roles and Relationships, Homewood: The Dorsey Press 1966
109. **Wirth, L.:** The Ghetto, Chicago, London: University of Chicago Press 1928
110. **Wirth, L.**, on Cities and Social Life, Chicago, London: University of Chicago Press 1964 (The Heritage of Sociology)
111. **Zorbaugh, H.:** The Gold Coast and the Slum, Chicago, London: University of Chicago Press 1929

3. Beiträge in Zeitschriften und Sammelwerken

112. **Abu-Lughod, J.L.:** Testing the Theory of Social Area Analysis: The Ecology of Cairo, Egypt, ASR 34 (1969) 198-212
113. **Anderson, T.R. und L.L. Bean:** The Shevky-Bell Social Areas: Confirmation of Results and a Reinterpretation, Social Forces 40 (1961) 119-124
114. **Anderson, T.R. und J.A. Egeland:** Spatial Aspects of Social Area Analysis, ASR 26 (1961) 392-398
115. **Ankerl, G.:** Spezifische Faktoren in stadtsoziologischen Analysen, KZfSS 26 (1974) 568-587
116. **Arensberg, C.M.:** The Community Study Method, AJS 60 (1954) 109-124
117. **Atteslander, P.:** Dynamische Aspekte des Zuzugs in die Stadt, KZfSS 7 (1955) 253-279
118. **Bell, W.:** A Probability Model for the Measurement of Ecological Segregation, Social Forces 32 (1954) 357-364
119. **Bell, W.:** Economic, Family, and Ethnic Status: An Empirical Test, ASR 20 (1955) 45-52
120. **Bell, W. und M.T. Force:** Urban Neighborhood Types and Participation in Formal Associations, ASR 21 (1956) 25-34

121. **Bell, W.**: Social Choice, Life Styles, and Suburban Residence, in (6)
122. **Bell, W.**: Social Areas: Typology of Urban Neighborhoods, in (35)
123. **Bell, W. und S. Greer**: Social Area Analysis and Its Critics, Pac.Soc.Rev. 5 (1962) 3-9, mit Diskussionsbeiträgen von **M. van Arsdol, S.F. Camilleri und C.F. Schmid**, ebda., S. 9-13 und von **L.F. Schnore**, ebda., S. 13-16
124. **Berndt, H.**: Zur Soziogenese psychiatrischer Erkrankungen, Soziale Welt 19 (1968)
125. **Berry, B.J.L. und P.H. Rees**: The Factorial Ecology of Calcutta, AJS 74 (1968) 445-491
126. **Bökemann, D.:** Planungsbezogene Standorttheorie, Berichte zur Raumforschung und Raumplanung (1973) 1o-16
127. **Bolte, K.M.**: Bevölkerungssoziologie und soziologische Bevölkerungslehre, in: Wörterbuch der Soziologie, hrsg. von W. Bernsdorff, Stuttgart: Enke, 2. Aufl. 1969 (zuerst 1955), S. 114 ff.
128. **Bossard, J.H.S. und T. Dillon**: The Spatial Distribution of Divorced Women - A Philadelphia Study, AJS 4o (1935) 5o3-5o7
129. **Boustedt, O.**: Stadtforschung und Statistik, Der Städtetag (1974) 7
13o. **Bowers, R.V.**: Ecological Patterning of Rochester, New York, ASR 4 (1939) 18o-189
131. **Boyce, D.E.**: Toward a Framework for Defining and Applying Urban Indicators in Plan-Making, Urb.Aff.Quat. 6 (197o) 145-172
132. **Brown, L.A. und J. Holmes**: Intra-Urban Migrant Lifelines: A Spatial View, Demography 8 (1971) 1o3-122
133. **Bryce, H.J.**: Identifying Socio-Economic Differences Between High and Low Income Metropolitan Areas, Socio-Econ.Plan.Sci. 7 (1973) 161-176
134. **Burgess, E.W.**: The Growth of the City: Introduction to a Research Project, in (28)
135. **Burgess, E.W.**: Residential Segregation in American Cities, An.Am. Acad.Pol.Soc.Sci. 14o (1928) 1o5-115
14o. **Caplow, T. und R. Forman**: Neighborhood Interaction in a Homogeneous Community, ASR 15 (195o) 357-366
141. **Carpenter, D.B.**: Review of 'Social Area Analysis', ASR 2o (1955) 497-498
142. **Chombart de Lauwe, P.H.**: La sociologie urbaine en France, Current Sociology 4 (1955) 9-14
143. **Chombart de Lauwe, P.H.**: The Social Sciences, Urbanism, and Planning, Int.J.Comp.Soc. 4 (1963) 19-3o
144. **Cox, K.R.**: Residential Relocation and Political Behavior, Acta Sociologica 13 (197o) 4o-53
145. **Davis, K. und A. Casis**: Urbanization in Latin America, Milbank Memorial Fund Quaterly 24 (1946) 186-2o7
146. **Dheus, E.**: Städtestatistik, Stadtgestaltung, Stadtentwicklung, Der Städtetag (1967) 12
147. **Dheus, E.**: Beiträge der Statistik zur Stadtentwicklungsplanung, Archiv für Kommunalwissenschaften 13 (1974) 47-62
148. **Dietrichs, B.**: Die Theorie der zentralen Orte - Aussage und Anwendung heute, Raumforschung und Raumordnung 24 (1966) 259-267
149. **Drewe, P.**: Sozialforschung in der Regional- und Stadtplanung, KZfSS 18 (1966) 1o2-112
15o. **Drewe, P.**: Steps Toward Action-Oriented Migration Research, Papers of the Regional Science Association 26 (1971) 145-164

151. **Dueker, K.J.**: Urban Information Systems and Urban Indicators, Urb.Aff.Quat. 6 (1970) 173-178
152. **Duncan, O.D.**: Review of 'Social Area Analysis', AJS 60 (1955) 84-85
153. **Duncan, O.D. und B. Duncan**: Residential Distribution and Occupational Stratification, AJS 60 (1955) 493-503
154. **Duncan, O.D. und B. Duncan**: A Methodological Analysis of Segregation Indexes, ASR 20 (1955) 210-217
155. **Duncan, O.D.**: Review of 'The Identification of Social Areas by Cluster Analysis', ASR 21 (1956) 107-108
156. **Duncan, O.D. und L.F. Schnore**: Cultural, Behavioral, and Ecological Perspectives in the Study of Social Organization, AJS 60 (1959) 132-153, mit Diskussionsbeitrag von **Rossi** und Antwort
157. **Duncan, O.D.**: Social Organization and the Ecosystem, in (9)
158. **Duncan, O.D.**: Path Analysis: Sociological Examples, AJS 72 (1966) 1-16
159. **Duncan, O.D. und B. Davis**: An Alternative to Ecological Correlation, ASR 18 (1953) 665-666
160. **Duncan, O.D.**: Humanökologie, in: Wörterbuch der Soziologie, hrsg. von W. Bernsdorff, Stuttgart: Enke, 2. Aufl. 1969 (zuerst 1955) S. 427 ff.
161. **Duncan, O.D.**: Human Ecology and Population Studies, in (20)
162. **Durand, R. und D.R. Eckart**: Social Rank, Residential Effects, and Community Satisfaction, Social Forces 52 (1973) 74-85
163. **Durkheim, E.**: Morphologie sociale, Année sociologique 2 (1897/98) 520-521
164. **Ericksen, E.G.**: Review of 'The Social Areas of Los Angeles", ASR 14 (1949) 699
165. **Farber, B. und J.C. Osoinach**: An Index of Socio-Economic Rank of Census Tracts in Urban Areas, ASR 24 (1959) 630-640
166. **Feldman, A.S. und C. Tilly**: The Interaction of Social and Physical Space, ASR 25 (1960) 877-884
167. **Fine, J. und N.D. Glenn, J.K. Monts**: The Residential Segregation of Occupational Groups in Central Cities and Suburbs, Demography 8 (1971) 91-101
168. **Firey, W.**: Ecological Considerations in Planning for Rurban Fringes, ASR 11 (1946) 411-423, mit Diskussionsbeitrag von **A.H. Hawley**
169. **Fischer, L.**: Die Stadt und ihre Statistiker, Der Städtetag (1954) 364-366
170. **Form, W.H. und G.P. Stone**: Urbanism, Anonymity, and Status Symbolism, AJS 60 (1955) 504-514
171. **Freedman, R.**: Cityward Migration, Urban Ecology, and Social Theory, in (5)
172. **Freisitzer, K.**: Zur Bedeutung der Methoden praktischer Sozialforschung für die Stadtplanung, Berichte zur Landesplanung und Landesforschung 5 (1961) 92-96
173. **Frolic, B.M.**: Soviet Urban Sociology, Int.J.Comp.Soc. 2 (1971) 234-251
174. **Fuguitt, G.V. und D.R. Field**: Some Population Characteristics of Villages Differentiated by Size, Location, and Growth, Demography 9 (1972) 295-308
175. **Gibbs, J.P.**: Measures of Urbanization, Social Forces 45 (1966) 170-177

176. <u>Gibbs, J.P. und W.T. Martin</u>: Urbanization and Natural Resources: A Study in Organizational Ecology, ASR 23 (1958) 266-277
177. <u>Gibbs, J.P. und W.T. Martin</u>: Toward a Theoretical System of Human Ecology, Pac.Soc.Rev. 2 (1959) 29-36
178. <u>Gibbs, J.P. und W.T. Martin</u>: Urbanization, Technology, and the Division of Labor: International Patterns, ASR 27 (1962) 667-677
179. <u>Gittus, E.</u>: The Structure of Urban Areas, Town Planning Review 35 (1964) 5-2o
18o. <u>Glass, R.</u>: Urban Sociology in Great Britain: A Trend Report, Current Sociology 4 (1955) 5-19
181. <u>Gleichmann, P.</u>: Soziologie der Stadt, in: Handwörterbuch der Raumforschung und Raumordnung, Hannover: Jänecke, 2. Aufl. 197o, Sp. 3o18-3o37
182. <u>Gleichmann, P.</u>: Zur Soziologie der nordamerikanischen Stadtgemeinden, Politische Bildung 3 (197o) 22-44
183. <u>Goldstein, S. und K.B. Mayer</u>: Population Decline and the Social and Demographic Structure of an American City, ASR 29 (1964) 48-54
184. <u>Goodman, L.A.</u>: Some Alternatives to Ecological Correlation, AJS 64 (1959) 61o-625
185. <u>Green, B.S.</u>: Social Area Analysis and Structural Effects, Sociology 5 (1971) 2-19
186. <u>Green, H.W.</u>: Cultural Areas in the City of Cleveland, AJS 38 (1932) 356-367
187. <u>Greer, S.</u>: Urbanism Reconsidered: A Comparative Study of Local Areas in a Metropolis, ASR 21 (1956) 19-25
188. <u>Greer, S.</u>: The Social Structure and Political Process of Suburbia, ASR 25 (196o) 514-526
189. <u>Groenman, Sj. und F. Vollema</u>: Die Gemeindeforschung in den Niederlanden, Soziale Welt 5 (1954) 1o2-114
19o. <u>Guest, A.M.</u>: Retesting the Burgess' Zonal Hypothesis: The Location of White-Collar Workers, AJS 76 (1971) 1o94-11o8
191. <u>Guilford, J.P.</u>: When not to Factor Analyse, Psychological Bulletin 49 (1952) 26-37
192. <u>Gunzert, R.</u>: Kommunalstatistik, Stadtforschung und Stadtentwicklungsplanung, Der Städtetag (1963) 63-68
193. <u>Haggerty, L.J.</u>: Another Look at the Burgess Hypothesis: Time as an Important Variable, AJS 76 (1971) 1o84-1o93
194. <u>Hamm, B.</u>: Sozialökologie und Raumplanung, in: Soziologie und Raumplanung, hrsg. von P. Atteslander, Berlin, New York: de Gruyter 1976
195. <u>Hamm, B.</u>: Sozialökologie: Eine Theorie der Stadtentwicklung, Schweizerische Zeitschrift für Soziologie 2 (1976) 2, 71-84
195a.<u>Hamm, B.</u>: Zur Revision der Sozialraumanalyse, Zeitschrift für Soziologie 6 (1977)
196. <u>Hammond, P.</u>: The Migrating Sect: An Illustration from Early Norvegian Immigration, Social Forces 41 (1963) 275-282
197. <u>Hatt, P.K.</u>: The Concept of Natural Area, ASR 11 (1946) 423-427
198. <u>Hauser, P.M.</u>: Demography in Relation to Sociology, AJS 65 (1959) 169-173
199. <u>Hauser, P.M.</u>: The Chaotic Society: Product of the Social Morphological Revolution, ASR 34 (1969) 1-19
2oo. <u>Hawley, A.H.</u>: Human Ecology, in (34)
2o1. <u>Hawley, A.H. und O.D. Duncan</u>: Social Area Analysis: A Critical Appraisal, Land Economics 33 (1957) 337-345

2o2. **Heberle, R.**: Soziographie, in: Handwörterbuch der Soziologie, hrsg. von A. Vierkandt, Stuttgart: Enke 1931, S. 564-568
2o3. **Heberle, R.**: On Political Ecology, Social Forces 31 (1952) 1-9
2o4. **Helm, J.**: The Ecological Approach in Anthropology, AJS 67 (1962) 63o-639
2o5. **Hendricks, J.**: Leisure Participation as Influenced by Urban Residence Patterns, Soc.Soc.Res. 55 (1971) 414-428
2o6. **Herbert, D.T.**: Social Area Analysis: A British Study, Urban Studies 4 (1967) 41-6o
2o7. **Hesslink, G.K.**: The Function of Neighborhood in Ecological Stratification, Soc.Soc.Res. 54 (1969) 441-459
2o8. **Hoffmann, H.**: Amerikanische Community-Forschung, Soziale Welt 5 (1954) 122-132
2o9. **Hollingshead, A.B.**: Human Ecology and Human Society, Ecological Monographs lo (194o) 354-363
21o. **Hollingshead, A.B.**: A Re-Examination of Ecological Theory, Soc. Soc.Res. 31 (1947) 194-2o4
211. **Hollingshead, A.B.**: Community Research: Development and Present Condition, ASR 13 (1948) 136-156, mit Diskussionsbeiträgen von **Quinn**, **Kaufman**, **Swanson**, **Firey** und **Hawley**
212. **Hoyt, H.**: Recent Distortions of the Classical Models of Urban Structure, Land Economics 4o (1964) 199-212
213. **Hughes, E.C.**: The Ecological Aspect of Institutions, ASR 1 (1936) 18o-192, mit Diskussionsbeitrag von **Angell**
214. **Humpert, H. und H.-j. Oehm**: Soziale Gliederung - Sortierungsprozesse in Freiburg/Br., Stadtbauwelt (1974) Nr. 41, S. 58-59
215. **Hunter, A.**: The Ecology of Chicago: Persistence and Change 193o-196o, AJS 77 (1971) 425-444
216. **Hunter, A.**: Factorial Ecology: A Critique and Some Suggestions, Demography 9 (1972) lo7-117
217. **Hunter, A. und A.H. Latif**: Stability and Change in the Ecological Structure of Winnipeg: A Multi-Method Approach, Canadian Review of Sociology and Anthropology lo (1973) 3o8-333
218. **Hunter, A.**: Community Change: A Stochastic Analysis of Chicago's Local Communities, 193o-196o, AJS 79 (1974) 923-947
219. **Iblher, P.**: Die Anwendung sozialer Indikatoren in der Stadtplanung, in: Soziale Indikatoren, hrsg. von W. Zapf, Frankfurt: Campus 1975
22o. **Jahn, J. und C.F. Schmid, C. Schrag**: The Measurement of Ecological Segregation, ASR 12 (1947) 293-3o3
221. **Janson, C.G.**: The Spatial Structure of Newark, Acta Sociologica 11 (1968) 144-169
222. **Jonassen, C.T.**: Cultural Variables in the Ecology of an Ethnic Group, ASR 14 (1949) 32-41
223. **Jonassen, C.T.**: Functional Unities in 88 Community Systems, ASR 26 (1961) 399-4o7
224. **Jones, F.L.**: Social Area Analysis: Some Theoretical and Methodological Comments, Illustrated with Australian Data, Brit.J.Soc. 19 (1968) 424-444
225. **Kahl, J.A. und J.A. Davis**: A Comparison of Indexes of Socio-Economic Status, ASR 2o (1955) 317-325
226. **Kasarda, J.D.**: The Theory of Ecological Expansion: An Empirical Test, Social Forces 51 (1952) 165-175
227. **Kaufmann, A.**: Wohnungsmobilität in den österreichischen Grossstadtregionen - eine Forschungsprojekt des Instituts für Stadtforschung, Wohnen und siedeln 14 (1974) 5-8

228. Kaufman, H.F.: Toward an Interactional Conception of Community, Social Forces 38 (1959) 8-17
229. Kaufman, W.C. und S. Greer: Voting in a Metropolitan Community: An Application of Social Area Analysis, Social Forces 38 (1960) 196-204
230. Kehnen, P.: Stadtwachstum aus der Sicht der ökologischen Theorie, Zeitschrift für Stadtgeschichte, Stadtsoziologie und Denkmalpflege 3 (1975) 80-92
231. Kish, L.: Differentiation in Metropolitan Areas, ASR 19 (1954) 388-398
232. Köllmann, W.: Soziologische Strukturen grosstädtischer Bevölkerung, Soziale Welt 7 (1956) 265-277
233. Lauman, E.O.: Subjective Social Distance and Urban Occupational Stratification, AJS 71 (1965) 26-36
234. Lee, T.R.: Ethnic and Social Class Factors in Residential Segregation: Some Implications for Dispersal, Environment and Planning 5 (1973) 477-490
235. Lefèbvre, H.: La ville et l'urbain, Espaces et sociétés 1 (1971) 3-7
236. Leipert, C.: Soziale Indikatoren - Ueberblick über den Stand der Diskussion, Konjunkturpolitik 19 (1973) 204-256
237. Leutenegger, M.: Die Sozialstruktur der Zürcher Innenstadt, Zürcher Statistische Nachrichten 31 (1954) 171-202
238. Lipset, S.M.: Social Mobility and Urbanization, Rural Sociology 20 (1955) 220-228
239. Loeffler, J.C.: Open Space, People, and Urban Ecology, Ekistics (1973) Nr. 208, 121-123
240. Lowenthal, D. und M. Riel: The Nature of Perceived and Imagined Environments, Environment and Behavior 4 (1972) 189-208
241. Martin, R.C.: Spatial Distribution of Population: Cities and Suburbs, J.Reg.Sci. 13 (1973) 269-278
242. Mayer, R.R.: Social System Models for Planners, JAIP 38 (1972) 130-139
243. McElrath, D.C.: The Social Areas of Rome: A Comparative Analysis, ASR 27 (1962) 376-391
244. Morgan, D.R.: Community Social Rank and Attitudes Toward Suburban Living, Soc.Soc.Res. 55 (1971) 4
245. Mukerjee, R.: Ecological and Cultural Patterns of Social Organization, ASR 8 (1943) 643-649
246. Murdock, G.P.: Feasibility and Implementation of Comparative Community Research, ARS 15 (1950) 713-720
247. Musil, J.: Sociology of Urban Redevelopment Areas: A Study from Czechoslovakia, Ekistics (1967) Nr. 141, 205-209
248. Myers, J.K.: A Note on the Homogeneity of Census Tracts, Social Forces 32 (1954) 364-366
249. Nelson, T. und B. Hakim, L. Cott: Ecological Systems as Models for Human Environments, Ekistics (1973) Nr. 208, 168-171
250. Orleans, P.: Robert Park and Social Area Analysis: A Convergence of Traditions in Urban Sociology, Urb.Aff.Quat. 1 (1966) 5-19
251. Pappenfort, D.M.: The Ecological Field and the Metropolitan Community: Manufacturing and Management, AJS 64 (1959) 380-385
252. Payne, G.: Typologies of Middle Class Mobility, Sociology 7 (1973) 3

253. **Polk, K.**: Urban Social Areas and Delinquency, Social Problems 14 (1967) 32o-325
254. **Popenoe, D.**: Urban Residential Differentiation, Ekistics (1973) Nr. 216, 365-373
255. **Quinn, J.A.**: Culture and Ecological Phenomena, Soc.Soc.Res. 18 (1934) 313-32o
256. **Quinn, J.A.**: Topical Summary of Current Literature on Human Ecology, AJS 46 (194o) 191-226
257. **Quinn, J.A.**: Burgess' Zonal Hypothesis and Its Critics, ASR 5 (194o) 21o-218
258. **Quinn, J.A.**: Human Ecology and Interactional Ecology, ASR 5 (194o) 713-722
259. **Quinn, J.A.**: The Hypothesis of Median Location, ASR 8 (1943) 148-156
26o. **Reiss, A.**: The Sociological Study of Communities, Rural Sociology 24 (1959) 118-13o
261. **Roof, W.C. und T.L. van Valey**: Residential Segregation and Social Differentiation in American Urban Areas, Social Forces 51 (1972) 87-91
262. **Ross, F.A.**: Ecology and the Statistical Method, AJS 38 (1932) 5o7-522
263. **Sauberer, M. und K. Cserjan**: Sozialräumliche Gliederung Wien 1961 - Ergebnisse einer Faktorenanalyse, Der Aufbau 27 (1972) 284-298
264. **Sauberer, M.**: Mathematische Modelle in der Stadtforschung und Stadtplanung - ein Ueberblick, Raumforschung und Raumordnung 3o (1972) 3-8
265. **Sawicki, D.S.**: Studies of Aggregated Areal Data: Problems of Statistical Inference, Land Economics 49 (1973) 1o9-114
266. **Scaff, A.H.**: The Effect of Commuting on Participation in Community Organizations, ASR 17 (1952) 215-22o
267. **Scheuch, E.K.**: Oekologischer Fehlschluss, in: Wörterbuch der Soziologie, Stuttgart: Enke, 2. Aufl. 1969 (zuerst 1955) S. 757 f.
268. **Simmel, G.**: Die Grosstädte und das Geistesleben, in: Klassik der Soziologie, hrsg. von C.W. Mills, Frankfurt: Fischer 1966 (zuerst 19o3)
269. **Sly, D.F.**: Migration and the Ecological Complex, ASR 37 (1972) 615-628
27o. **Specht, K.G.**: Mensch und räumliche Umwelt - Bemerkungen zur Geschichte, Abgrenzung und Fragestellung der Sozialökologie, Soziale Welt 4 (1953) 195-2o5
271. **Sweetser, F.L.**: Factor Structure as Ecological Structure in Helsinki and Boston, Acta Sociologica 8 (1965) 2o5-225
272. **Schäfers, B.**: Soziologie als missdeutete Stadtplanungswissenschaft, Archiv für Kommunalwissenschaften 9 (197o) 24o-259
273. **Schäfers, B.**: Einige Anmerkungen über den Beitrag der Soziologie zur Stadtplanung und Raumplanung, Informationen 21 (1971) 465-47o
274. **Schäfers, B.**: Soziale Strukturen und Prozesse bei der Sanierung von Innenstadtbezirken, Zeitschrift für Stadtgeschichte, Stadtsoziologie und Denkmalpflege 2 (1974) 283-298
275. **Schäfers, B. und U. Podewils**: Grundlagen und Probleme der Steuerung des Verstädterungsprozesses in der BRD, Die Verwaltung 8 (1975) 179-198

276. <u>Schelling, T.C.</u>: Dynamic Models of Segregation, Journal of Mathematical Sociology 1 (1971) 143-186
277. <u>Schmid, C.F.</u>: Generalizations Concerning the Ecology of the American City, ASR 15 (1950) 264-281
278. <u>Schmid, C.F. und E.H. McCannell, M. van Arsdol</u>: The Ecology of the American City, ASR 23 (1958) 392-401
279. <u>Schmid, C.F.</u>: Urban Crime Areas, Part I ARS 25 (1960) 527-542, Part II ASR 25 (1960) 655-678
280. <u>Schmid, C.F. und K. Tagashira</u>: Ecological and Demographic Indices: A Methodological Analysis, Demography 1 (1964) 194-211
281. <u>Schnore, L.F.</u>: Social Morphology and Human Ecology, AJS 63 (1958) 620-634, auch in (96)
282. <u>Schnore, L.F. und H. Sharp</u>: Racial Changes in Metropolitan Areas 1950-1960, Social Forces 41 (1963) 247-252
283. <u>Schnore, L.F.</u>: The City as a Social Organism, Urb.Aff.Quat. 1 (1966) 58-69
284. <u>Schnore, L.F.</u>: Measuring City-Suburban Status Differences, Urb. Aff.Quat. 3 (1968) 95-108
285. <u>Schnore, L.F. und J.K.O. Jones</u>: The Evolution of City-Suburban Types in the Course of a Decade, Urb.Aff.Quat. 4 (1969) 421-442
286. <u>Schnore, L.F.</u>: Soziale Morphologie, in: Wörterbuch der Soziologie, hrsg. von W. Bernsdorff, Stuttgart: Enke, 2. Aufl. 1969 (zuerst 1955) S. 974-978
287. <u>Steward, J.H.</u>: Cultural Ecology, in (34)
288. <u>Stoetzel, J.</u>: Sociologie et démographie, Population 1 (1946) 79-89
289. <u>Suth, W.</u>: Verwaltung und Statistik, Der Städtetag (1954) 103-104
290. <u>Taeuber, K.E.</u>: The Problem of Residential Segregation, Proceedings of the American Academy of Political Science 24 (1968) 101-110
291. <u>Thurn, H.P.</u>: Architektursoziologie - Zur Situation einer interdisziplinären Forschungsrichtung in der BRD, KZfSS 24 (1972) 301-341
292. <u>Tiebout, C.M.</u>: Hawley and Duncan on Social Area Analysis: A Comment, Land Economics 34 (1958) 182-184
293. <u>Udry, J.R.</u>: Increasing Scale and Spatial Differentiation: New Tests of Two Theories from Shevky and Bell, Social Forces 42 (1964) 403-413
294. <u>Utermann, K.</u>: Soziographie, in: Wörterbuch der Soziologie, hrsg. von W. Bernsdorff, Stuttgart: Enke, 2. Aufl. 1969 (zuerst 1955) S. 1063-1067
295. <u>van Arsdol, M. und S.F. Camilleri, C.F. Schmid</u>: The Generality of Urban Social Area Indexes, ASR 23 (1958) 277-284
296. <u>van Arsdol, M. und S.F. Camilleri, C.F. Schmid</u>: An Application of the Shevky Social Area Indexes to a Model of Urban Society, Social Forces 37 (1958) 26-32
297. <u>van Arsdol, M. und S.F. Camilleri, C.F. Schmid</u>: Investigation of the Utility of Urban Typology, Pac.Soc.Rev. 4 (1961) 26-32
298. <u>van den Berg, G.J.</u>: Sozialraumforschung, Berichte zur Landesforschung und Landesplanung 8 (1964) 165-172
299. <u>Wachs, M. und T.G. Kumagai</u>: Physical Accessibility as a Social Indicator, Socio-Econ.Plan.Sci. 7 (1973) 437-456
300. <u>Wagner, P.L.</u>: Sozialgeographie, in: Wörterbuch der Soziologie, hrsg. von W. Bernsdorff, Stuttgart: Enke, 2. Aufl. 1969 (zuerst 1955), S. 1023-1026
301. <u>Westergaard, J.H.</u>: Scandinavian Urbanism - A Survey of Trends and Themes in Urban Social Research in Sweden, Norway, and Denmark, Acta Sociologica 8 (1965) 304-323

302. **White, J.R.**: Have Central City Land Values Fallen? The Appraisal Journal (1972) 351-355
303. **Wieand, K. und R.F. Muth**: A Note on the Variation of Land Values with Distance from the CBD in St. Louis, J.Reg.Sci. 12 (1972) 469-473
304. **Wilken, M.**: Hospitalisationsrisiko und Gemeindestruktur, KZfSS 25 (1973) 319-335
305. **Willhelm, S.M.**: The Concept of the 'Ecological Complex': A Critique, American Journal of Economics and Sociology 23 (1964) 241-248
306. **Williams, J.M.**: The Ecological Approach in Measuring Community Power Concentration: An Analysis of Hawley's MPO-Ration, ASR 38 (1973) 230-242
307. **Willie, C.V.**: Age Status and Residential Stratification, ASR 25 (1960) 260-265
308. **Winkler, E.**: Sozialgeographie, in: Handwörterbuch der Sozialwissenschaften, Stuttgart etc. 1959, S. 435-442

4. Statistische Quellen

309. **Eidgenössisches Statistisches Amt**: Statistisches Jahrbuch der Schweiz, Basel: Birkhäuser, verschiedene Jahrgänge
310. **Eidgenössisches Statistisches Amt**: Volkszählung 1960, Zählkreistabelle Stadt Bern (Tabelle Nr. 40) (unpubliziert)
311. **Eidgenössisches Statistisches Amt**: Volkszählung 1970, Zählkreistabelle Stadt Bern (Tabelle Nr. 2.10) (unpubliziert)
312. **Eidgenössisches Statistisches Amt**: Volkszählung 1970, Statistische Bezirke der Stadt Bern (Tabellen Nr. 2.08 und 4.01) (unpubliziert)
313. **Eidgenössisches Statistisches Amt**: Wohnungszählung 1970, Statistische Bezirke der Stadt Bern (Tabellen 1.01, 1.02, 1.03, 1.04, 1.51) (unpubliziert)
314. **Statistisches Amt der Stadt Bern**: Bern und seine Entwicklung - Graphisch-statistischer Atlas, Bern 1941
315. **Statistisches Amt der Stadt Bern**: Die Bevölkerung Berns und ihre Entwicklung in den letzten 100 Jahren auf Grund der Eidgenössischen Volkszählungen, Bern 1949
316. **Statistisches Amt der Stadt Bern**: Jahrbuch, verschiedene Jahrgänge
317. **Statistisches Amt der Stadt Bern**: Vierteljahresberichte, verschiedene Hefte
318. **Gächter, E.**: Die demographisch-sozioökonomische Struktur der Stadt Bern 1970 in quartierweiser Gliederung, Bern 1974 (Berner Beiträge zur Stadt- und Regionalforschung, Jg. 1974 Heft 1)
319. **Stadt Bern** - Abriss der baulichen Entwicklung und statistische Grundlagen, Bern o.J. (ca. 1931)
320. **Stadtplanungsamt Bern**: Bezahlte Preise für überbaute Liegenschaften 1969 - 1972 (unpubliziert)
321. **Stadtplanungsamt Bern**: Bestandesaufnahme Ladenflächen (unpubliziert)
322. **Schweizerischer Städteverband**: Statistik der Schweizer Städte 1971, Zürich 1971

5. Unpubliziertes und anderes Material, das nicht über den Buchhandel erhältlich ist

323. Aregger, H.: Der Stadtentwicklungsplan von Bern, Bern 1967
324. Atteslander, P. und J. Oetterli: Soziologische Aspekte der Regionalisierung, in: Grundlagen zu den Leitlinien für die Berggebietsförderung (Bericht der Arbeitsgruppe Stocker), Bern: Eidgenössisches Volkswirtschaftsdepartement 1972, S. 636-677
325. Atteslander, P.: Dichte und Mischung der Bevölkerung, Augsburg 1972 (vervielfältigter Forschungsbericht)
326. Atteslander, P.: Erstellung eines Rahmenprogramms für Mobilitätsforschung zum Zwecke der Raumplanung in der Schweiz, 2. Teil, o.O. 1973 (vervielfältigter Forschungsbericht)
327. Basel '75 - Hauptziele eines Stadtkantons. Zielvorstellungen des Regierungsrates zu den wichtigsten grundlegenden Aspekten der baselstädtischen Entwicklung, Basel 1975
328. Bell, W.: Cumulative Research on Social Areas: A Partial Bibliography, New Haven 1974
329. Berndt, H.: Ansätze zu einer Theorie der Verstädterung, Frankfurt 1975 (vervielfältigtes Manuskript)
330. Brigham, E.F.: A Model of Residential Land Values, Santa Monica: RAND 1964
331. Brooks, R.M.: Social Indicators for Community Development, Diss. Iowa State University 1971
332. DATUM: Daten für die städtebauliche Planung, Bad Godesberg 1970
333. Drewe, P. et al.: Segregatie in Rotterdam, Rotterdam 1972 (vervielfältigter Forschungsbericht)
334. Drewe, P.: Aggregation Problems - The Question of Scale: Micro-Macro, Urban-Regional, Delft 1974 (vervielfältigtes Manuskript)
335. Gesellschaft für regionale Strukturentwicklung: Standortentscheidung und Wohnortwahl, Bonn 1974
336. Hamm, B.: Verkehrserschliessung und Strukturwandel von Siedlungen, in: Soziologische Aspekte der Verkehrsplanung, Zürich: Institut für Verkehrsplanung und Transporttechnik der ETH 1976
337. Hamm, B.: Methodik der Stadtentwicklungsplanung, 1975 (vervielfältigtes Vortragmanuskript)
338. Hamm, B.: Untersuchungen zur sozialen, wirtschaftlichen und baulichen Struktur der Stadt Bern, Bern 1975 (vervielfältigter Forschungsbericht)
339. Hamm, B.: Indikatoren der Stadtentwicklung (vervielfältigtes Referat für den Jahreskongress 1975 der Schweizerischen Gesellschaft für Soziologie)
340. Heer, D.M.: Social Statistics and the City, Cambridge 1968
341. Herlyn, U. et al.: Ausmass, Entstehung, Auswirkungen und Abbau lokaler Disparitäten hinsichtlich infrastruktureller Versorgungsniveaus und Bevölkerungszusammensetzung (Vorstudie), Göttingen 1974
342. Herlyn, U. und W. Tessin, G. Wendt: Einige Ueberlegungen zum Ausmass, den Entstehungsbedingungen und Auswirkungen innerstädtischer Infrastrukturdisparitäten unter besonderer Berücksichtigung sozialer Segregationsprozesse, Göttingen 1975 (vervielfältigtes Vortragsmanuskript)
343. Hofer, P.: Führer durch die Berner Unterstadt, Bern o.J.

344. Informationsverarbeitung in Planung und Verwaltung - Urban Data Management, Bad Godesberg 1971 (Tagungsreferate)
345. **Institut für empirische Sozialforschung**: Zuwanderer nach Wien, Wien 1970 (vervielfältigter Forschungsbericht)
346. **Institut Wohnen und Umwelt**: Thesen und Vorschläge zur Wohnungsversorgung, Darmstadt 1974 (vervielfältigter Bericht)
347. **Institut Wohnen und Umwelt**: Expertise über den Zusammenhang von gebauter Umwelt und sozialem Verhalten, Darmstadt 1975 (vervielfältigter Zwischenbericht)
348. Interaktionsmodell Stadt und Mensch, Bd. 1: Theoretische Grundlagen, Wien o.J. (vervielfältigter Forschungsbericht)
349. **Jürgensen, H.**: Vorschläge für ein Entwicklungsprogramm der Stadt Zürich, Zürich 1973
350. **Jürgensen, H. und P. Iblher**: Möglichkeiten einer Stabilisierung der Zürcher Stadtentwicklung, Zürich 1973
351. **Kaufman, W.C.**: Social Area Analysis: An Explication of Theory, Methodology, and Techniques, with Statistical Tests of Revised Procedures, San Francisco and Chicago 1950, Diss. Northwestern University 1961
352. **Kaufmann, A. und I. Szücs**: Grosstädtische Lebensweise, Wien: Institut für Stadtforschung 1972
353. **Kaufmann, A.**: Wohnungsmobilität in Innsbruck, IS-Informationen 9/1972
354. **Kaufmann, A.**: Daten zur regionalen Herkunft der Wohnungswechsler der sechs österreichischen Grosstadtregionen, IS-Informationen 11/1973
355. **Kaufmann, A.**: Die demographische Struktur der Wohnungswechsler in den sechs österreichischen Grosstadtregionen, IS-Forschungsberichte 8/1974
356. **Kistner, K.P.**: Faktorenanalyse und Wohnwert, Diss. Bonn 1969 (unpubliziert)
357. **Klein, H.J.**: Kriterien zur Messung der Effekte der Verstädterung im Umland, Karlsruhe 1975 (vervielfältigtes Vortragsmanuskript)
358. **Krampe, G.**: Cluster-Analyse zur Städte-Typisierung in der Bundesrepublik Deutschland, Frankfurt 1975 (vervielfältigtes Vortragsmanuskript)
359. Krise der städtischen Gesellschaft, Alpbach 1972 (Tagungsbericht)
360. **Lowry, I.S.**: Seven Models of Urban Development: A Structural Comparison, Santa Monica: RAND 1967
361. **MacCannell, E.H.**: An Application of Urban Typology by Cluster Analysis to the Ecology of Ten American Cities, Diss. University of Washington 1957
362. **Meier, R.**: Sozialökologische Aspekte bei der Abgrenzung von Planungsregionen in Berggebieten, Diplomarbeit Bern 1971
363. **Niedercorn, J.H. und F.R. Hearle**: Recent Land-Use Trends in 48 Large American Cities, Santa Monica: RAND 1963
364. **Nigg, F.**: Raumplanung in der Industriegesellschaft, Diss. Bern 1970
365. Die Pendlermobilität in der Schweiz, Arbeitsunterlage Nr. 15 des Stabes für die Schweizerische Gesamtverkehrskonzeption, Bern 1974
366. **Planungsdirektion der Stadt Bern**: Transportplan Stadt und Region Bern, 6 Bde., Bern 1971
367. **Schäfers, B.**: Sozialstrukturen und Sozialverhalten in suburbanen Räumen, Landau 1974 (vervielfältigtes Manuskript)
368. **Schröter, L. und C. Wurms**: Konsequenzen der Infrastrukturentwicklung für die Stadt- und Regionalsoziologie, Dortmund 1975 (vervielfältigtes Vortragsmanuskript)

369. <u>Städeli, H.P.</u>: Die Stadtgebiete der Schweiz, Diss. Zürich 1969
370. <u>van Arsdol, M.</u>: An Empirical Evaluation of Social Area Analysis in Human Ecology, Diss. University of Washington 1957
371. <u>Vonesch, K.</u>: Planung City und Bern-West, Wirtschaftsberatung: Grundsätzliche Ueberlegungen zur Förderung des städtischen Einzelhandels, Bern 1970
372. <u>Vonesch, K.</u>: Gemeinschaftliche Dienste, Wirtschaftsberatung: Vorschläge für die Innerstadt von Bern zur Stärkung der Kaufattraktivität, Bern 1972
373. <u>Wirth, E.</u>: Geographie - Standort und räumliche Verflechtung, Nürnberg: Städtebauinstitut 1968 (Studienheft 32)
374. <u>Zingg, W.</u>: Soziale Mobilität und Wanderung, Augsburg 1974 (vervielfältigtes Manuskript)
375. <u>Zinn, H.</u>: Beziehungen zwischen Raumgestaltung und Sozialleben, Bern 1970

Namensregister

Abu-Lughod, J. 61,97,265
Albrecht, G. 58,61,262
Alihan, M.A. 25 f.,28,41,51,73, 101,262
Anderson, T.R. 91,98,137,265
Ankerl, G. 265
Aregger, H. 11,274
Arensberg, C.M. 265
Aron, R. 262
Arsdol, M.v. 89,91 f.,266,272,276
Atteslander, P. 11,13,167,219,261, 263,265,274

Back, K. 221,263
Bahrdt, H.P. 67,263
Bange, E. 91
Barker, R. 125,220,263
Barkey, J.W. 91
Barrows, H.H. 117
Bartels, D. 113 ff.,261
Bastiat, F. 28
Bastide, R. 223,263
Bean, L.L. 91,137,265
Becker, E. 264
Bell, W. 8,11,20,88 ff.,99,136 f., 139,144,149,164 f.,168 ff.,177, 179,186,265 f.,274
Benevolo, L. 13,263
Benninghaus, H. 263
Berg, G.J. van den 272
Berndt, H. 103,213,223,263,266, 274
Bernsdorff, W. 24,110
Berry, B.L. 97 f.,104,138,266
Beshers, J.M. 263
Beuchat, H. 123
Beynon, E.D. 105
Biber, W. 159
Biehl, K. 74
Bietenhard, B. 159
Boat, M.D. 91
Bobek, H. 116
Boggs, S.L. 91
Bogue, D.J. 26 f.,44,58,221,261
Bökemann, D. 266
Bolte, K.M. 110,266
Booth, C. 25 f.
Borgatta, E.F. 96
Bossard, J.H.S. 266
Boustedt, O. 34,121,266
Braudel, F. 263
Bowers, R.V. 266
Boyce, D.E. 266
Brede, H. 46,49 f.,263

Breese, G. 65 f.
Brigham, E.F. 274
Brody, S.A. 91
Brooks, R.M. 204,274
Broom, L. 91
Brown, L.A. 266
Bryce, H.J. 266
Burgess, E.W. 26 ff.,33,35,37 f., 45,47,51,53 f.,58,175 f.,221, 261 f.,264,266
Burton, I. 114

Camilleri, S.F. 266,272
Caplow, T. 104 f., 221,266
Carpenter, D.B. 89,266
Casis, A. 266
Castle, I.M. 105
Chevalier, L. 123
Child, C.M. 43
Chombart de Lauwe, P.H. 66 f.,122, 263,266
Christaller, W. 117
Clark, C. 87
Clements, F.E. 28
Clignet, R. 91
Collison, P. 105
Cooley, C.H. 25 f.,87
Cott, L. 270
Cox, K.R. 266
Cserjan, K. 97,99,106,271
Curtis, J.H. 91

Dansereau, H.K. 69
Darwin, C. 24,26,28,30
Davie, M.R. 36
Davis, B. 74,267
Davis, J.A. 269
Davis, K. 266
Dewey, J. 25
Dheus, E. 121,266
Dickinson, R.E. 117
Diederich, J. 119,263
Dietrichs, B. 266
Dillon, T. 266
Dobriner, W.N. 261
Drewe, P. 11,47,266,274
Dueker, K.J. 267
Duncan, B. 47,75,186,267
Duncan, O.D. 7,19,21,24,47,74 f., 79 ff.,89,122,125,186,219,262, 267
Dunham, H.W. 179,263
Durand, R. 267
Durkheim, E. 24 ff.,78,87,122 f., 216,263,267

Duvignaud, J. 261

Eckart, D.R. 267
Egeland, J.A. 91,98,265
Ehrengruber, H. 11
Elias, N. 86,223 f.,263
Engeli, C. 11
Ericksen, G.E. 89,267

Farber, B. 267
Faris, R.E.L. 21,81,179,261,263,
Fèbvre, L. 123
Feldman, A.S. 267
Festinger, L. 221,263
Field, D.R. 267
Fine, J. 267
Firey, W. 7o f.,73,1oo,263,267, 269
Fischer, L. 121,267
Fochler-Hauke, G. 261
Foley, D.L. 64 ff.
Foley, M.M. 61
Force, M.T. 91,179,265
Foreman, R. 221,266
Form, W.H. 267
Freedman, R. 58 ff.,267
Freisitzer, K. 267
Freudiger, H. 159
Friedrichs, J. 11,263
Frolic, B.M. 267
Fuguitt, G.V. 267

Gächter, E. 11,135,161,273
Gadamer, H.G. 222,261
Gagnon, G. 91
Gehlke, C.E. 74
Gehmacher, E. 2o6,263
George, P. 116 f.
Gettys, W.E. 73
Gibbs, J.P. 34,79,83 f.,135,261, 267 f.
Ginsburg, N.S. 1o3,1o5
Girard, A. 112 f.
Girod, R. 261
Gisser, R. 5o f.
Gittus, E. 96,1o5,268
Glaser, H. 261
Glass, R. 268
Glauert, G. 117
Gleichmann, P. 11,119f.,268
Glenn, N.D. 267
Goffman, E. 219,263
Goldstein, S. 91,179,268
Goodman, L.A. 74,268
Graf, H. 11
Green, B.S.R. 179,268
Green, W.H. 268
Greenwood, E. 89

Greer, S. 89 f.,91,179,261,266,268, 27o
Groenman, Sj. 12o,268
Guest, A.M. 268
Guilford, J.P. 268
Gunzert, R. 12o,268
Gurvitch, G. 112,261
Gutman, R. 61,215,261

Hadden, J.K. 96
Haeckel, E. 24,26
Haggerty, L.J. 268
Hakim, B. 27o
Halbwachs, M. 25 f.,78,122,124 f., 263
Hamm, B. 13,16,39,42,55,65,99,2o2, 2o7,219,261,263,268,274
Hammond, P. 268
Hansen, A.T. 1o4
Hard, G. 114
Harris, C.D. 35 ff.,73,117
Hartke, W. 115
Hartmann, H. 22,262 f.
Haseloff, O.W. 262
Hatt, P.K. 71,221,268
Hauser, P.M. 19,79,1o3,112,262,268
Hawley, A.H. 32,4o f.,43 f.,48,52f., 74,76 ff.,82 f.,222,263,267 ff.
Hayner, N.S. 1o4
Hearle, F.R. 275
Heberle, R. 118,269
Heer, D.M. 121,274
Hegi, E. 159
Helm, J. 269
Hendricks, J. 269
Herbert, D.T. 91,93,269
Herlyn, U. 16,47 f.,5o,87,262,274
Hesslink, G.K. 269
Hinkle, G.N. 263
Hinkle, R.L. 263
Hofer, P. 159,182,274
Hoffmann, F. 11
Hoffmann, H. 269
Hoffmeyer-Zlotnik, J. 53
Hofstätter, P.R. 263
Hollingshead, A.B. 73,1o1,269
Holmes, J. 266
Homans, G.C. 22,264
Hoyt, H. 35 ff.,68,73,254,269
Hughes, E.C. 269
Humpert, H. 269
Hunter, A. 38,52 f.,9o,94,96 ff., 131,135,22o f.,224,264,269

Iblher, P. 269,275
Imse, T. 91
Ipsen, G. 16,264
Ittelson, W.H. 262

Jacobs, J. 42,264
Jahn, J. 269
Janowitz, M. 28
Janson, C.G. 92,96,98,138,269
Jonas, F. 119 f.,264
Jonassen, C.T. 96,1oo,269
Jones, F.L. 89,97,138,264,269
Jones, J.K.O. 272
Jürgensen, H. 275

Kahl, J.A. 269
Kasarda, J.D. 269
Kaufman, H.F. 27o
Kaufmann, A. 11,13,58,61,269,275
Kaufmann, W.C. 89,91,179,269 f., 275
Kehnen, P. 27o
Kish, L. 27o
Kistner, K.P. 2o5,275
Klein, H.J. 275
Kohaupt, B. 263
Köllmann, W. 16,27o
König, R. 16,26,1o9 ff.,118,12o, 122,124 f.,262,264
Korte, H. 262
Krampe, G. 12o, 275
Kreyszig, E. 264
Kruse, L. 22o,264
Kube, E. 91
Kujath, H.J. 263
Kumagai, T.G. 132,272
Kurzrock, R. 262

Larsen, O.N. 264
Latif, A.H. 9o,97,131,369
Lauman, E.O. 27o
Lee, T.R. 27o
Lefèbvre, H. 27o
Leipert, C. 2o3,27o
Leutenegger, M. 27o
Lipset, S.M. 27o
Loeffler, J.C. 27o
Lowenthal, D. 27o
Lowry, I.S. 275
Lundberg, G.A. 264

Mabry, J.H. 74
Mackenroth, G. 111,113,264
Marica, G.E. 216,264
Marsh, R.M. 147 f.,264
Marshall, A. 216
Martin, R.C. 27o
Martin, W.T. 79,83 f.,268
Marx, K. 86
Mauss, M. 122 f.
Mayer, K.B. 91,111 f.,179,268
Mayer, R.R. 27o
McCannell, E. 272,275
McElrath, D. 91,1o6,261,27o

McKay, H.D. 179,265
McKenzie, R.D. 28,31 ff.,41 ff., 48,51 ff.,73,76,262,264
Meier, R. 275
Messmer, O. 11
Michelson, W. 264
Minar, D.W. 261
Mogey, J. 1o5
Monts, J.K. 267
Morgan, D.R. 27o
Moush, E. 91
Mowrer, E.R. 179
Mukerjee, R. 1o4,27o
Müller, E. 11
Mumford, L. 1o3
Murdock, G.P. 36,27o
Murphy, A. 91
Musil, J. 5o,98,1o6,27o
Muth, R.F. 273
Myers, J.K. 74,1oo,27o

Nelson, T. 27o
Newcomb, C. 38
Niedercorn, J.H. 275
Nigg, F. 275
Nimkoff, M.F. 264

Oehm, H.J. 269
Oetterli, J. 11,274
Ogburn, W.F. 7o,264
Opp, K.D. 22,72,264
Orleans, P. 91,261,27o
Osoinach, J.C. 267

Pappenfort, D.M. 27o
Park, R.E. 24 ff.,3o ff.,38,44, 51 f.,73,78,86,1o1,22o,262,264
Payne, G. 27o
Pedersen, P.O. 97 f.
Pehnt, W. 262
Perry, C.A. 39
Pfautz, H.W. 122,125
Pfeil, E. 24,114,119,122,264
Pirenne, H. 1o3,264
Podewils, U. 271
Polk, K. 91,271
Popenoe, D. 61,215,261,271
Proshansky, H.M. 262

Queen, S.A. 54,66
Quinn, J.A. 33,35,37,43,45,47, 51 f.,73 f.,264,269,271

Randet, P. 167
Ratzel, F. 26,114
Rees, P.H. 96 ff.,1o4,138,266
Reiss, A. 71,221,271
Reuter, E.B. 1o4
Riel, M. 27o
Riemer, S. 264

Ritsert, J. 264
Rivlin, L.G. 262
Robinson, W.S. 74
Robson, B.T. 97,117,264
Roof, W.L. 271
Ross, F.A. 271
Rossi, P.H. 58,6o f.,81
Roth, R. 11

Sachs, L. 264
Sargent, F. 262
Sauberer, M. 97,99,lo6,271
Sawicki, D.S. 271
Scaff, A.H. 271
Schachter, S. 221,263
Schaefer, K. 113 f.
Schäfers, B. 11,62,264,271,275
Schaffer, F. 115 f.
Schelling, T.C. 54,272
Scheuch, E.K. 271
Schmid, C.F. 81,89,96,266,269,272
Schneider, W. lo3,265
Schnore, L.F. 7,29,78,81 ff.,89, lo3,123,219,265 ff.,272
Schrag, C.C. 264,269
Schröter, L. 275
Schwarz, K. 265
Schwirian, K.P. lo3,136,262
Seeman, A.L. loo f.
Sharp, H. 272
Shaw, C.R. 179,265
Sherif, C.W. 91
Sherif, M. 91
Shevky, E. 8,2o,87 ff.,91 f.,99, 136 f.,139,144,149,165,168,171, 177,265
Short, J.F. 179,262
Sills, D.L. 262
Simmel, G. 25 f.,28,218,265,271
Sjoberg, G. lol,lo3
Sly, D.F. 271
Smith, A. 28
Smith, T.V. 33
Specht, K.G. 16,271
Spencer, H. 78
Spodek, H. 138
Städeli, H.P. 135,276
Stanislawski, D. lo4
Steinberg, H.G. 115 f.,265
Steinmetz, S.R. 118
Stettler, M. 159
Steward, J.H. 272
Stoddart, D.R. 115
Stoetzel, J. 272
Stone, G.P. 267
Streit, F. 11
Sullivan, T. 91
Sussman, M.B. 179,262
Suth, W. 272

Suttles, G.D. 265
Swanson, G.E. 269
Sween, J. 91
Sweetser, F.L. 96 f.,lo6,136,271
Szücs, I. 275

Taeuber, A.F. 186,265
Taeuber, K.E. 186,265,272
Tagashira, K. 9o,96,272
Tessin, W. 274
Theodorson, G.A. 19,23,44,93,lo2, 146,221,262
Thünen, H.v. 34
Thurn, H.P. 272
Tiebout, C.M. 89,272
Tilly, C. 267
Timms, D.W.G. 5o,75,89 ff.,96 f., 138,265
Toennies, F. 87,119
Trewartha, G.T. lo5
Tryon, R. 96,2lo

Ueberla, K. 94,265
Udry, R.J. 89,272
Ullman, E.L. 35 ff.,73,117
Utermann, K. 119, 272

Valey, T.L.v. 271
van Arsdol, M. vgl. Arsdol, M.v.
van den Berg, G.J., vgl. Berg, G. J. van den
van Valey, T.L. vgl. Valey, T.L.van
Vidal de la Blache, P. 114
Vierkandt, A. 118
Vogler, P. 222,261
Vollema, F. 12o,268
Vonesch, K. 276
von Thünen, H. vgl. Thünen, H.v.
von Wiese, L. vgl. Wiese, L.v.
Vries Reilingh, H.D. de 118 f.

Wachs, M. 132,272
Wagner, P.L. 116,272
Weber, M. 16,86,lo3,265
Wendling, A. 91
Wendt, D. 263
Wendt, G. 274
Westergaard, J.H. 272
White, J.R. 273
White, L.D. 33
Wieand, K. 273
Wiese, L.v. 119
Wilken, M. 273
Willhelm, S.M. 81 ff.,lol f.,265, 273
Williams, J.M. 89,91,273
Williamson, R.C. 91
Willie, C.V. 91,273
Wilson, E.K. 265
Wilson, G. 87

Wilson, M. 87
Windelband, W. 25
Winkler, E. 114 f.,273
Wirth, E. 276
Wirth, L. 38,87,265
Wright, H.F. 220

Wurms, C. 275
Zeh, T. 11
Zingg, W. 276
Zinn, H. 276
Zorbaugh, H. 38,265

Sachregister

Abidjan 91
Absolutismus 111
Abstraktionsniveau 21,52,146,205
Adresse 48
Agglomeration 13 f.,64,155,189,193, 210
Aggregation 110,113,132
Aggregatdaten 74,87,92
Aggregationsbasis 131,135
Akkra 91
Akron 91
Allokation 202
Altersstruktur 61,179,189,194
Altstadt 67,154
Angebot 216
Anomie 179
Anpassung 30 ff.,76 f.,83,124
Anthropogeographie 26,114
Anthropologie 80
Applikationsproblem 204,206 f.
Arbeiterwohnquartiere vgl. zone of workingmen's homes
Arbeitsplätze 33,45,65,67,69,165, 167,180
Arbeitsteilung 24,30,43,78,219
Arbeitsweg 64 f.,69 f.
Assimilation 107,192
Auckland 97
Ausdehnung 69
Ausländer 144,151,164,166,170, 174 ff.
Ausnützungsziffer 167 f.,199,212
Aussenwanderung 190 ff.
Automobil 69 ff., 155

Bahnhof 42,132,151,154,180 ff.
Barrios 104
Basel 149,154
Basis, ökonomische 31 f.,53
Baukosten 50
Bedingungskontext 206
Begriffsbildung 41,51,73
Begründungszusammenhang 85,213
behavior setting 220
Berlin 25
Bern 17,21,127,131 ff.
Berufsgruppen 47,51,54

Berufsstruktur 87
Berufswechsel 62
Bevölkerung 78,88,108 f., 110 ff., 116,123,137
Bevölkerungsbewegung, natürliche 56,108
Bevölkerungsdichte 70
Bevölkerungslehre 110
Bevölkerungsstatistik 110 f.
Bewertung 205,220
Beziehung, symbiotische 30
Bezirk, statistischer 131 ff.,163, 173,199
Bezugsrahmen, theoretischer 15 ff., 21,39,72,79,81 f.,99,127 ff.,132, 140,146,168,186,190,198
Bildung 41,59,189
Binnenmigration 56,166,188 f.,192
Biographie 25
Biologie 24,28,30,32,38,43,51,73
Biologismus 19,41,45,80
biotische Ebene 30 f.,38,73,86, 100 ff.
Bodenmarkt 68,148
Bodenrecht 202
Bodenpreis 33,42,45 ff.,49 f.,68, 72,92,100 f.,128 f.,139,144,165ff., 180,183 ff.,199 f.,212
Bodenpreisgradient 183 f.,198
Boston 96,100,106
Brisbane 97
Bronx 91
Buffalo 91
Burg 105

Canberra 97
census tract 131,173
Central Bussiness District CBD vgl. Geschäftszentrum
Chicago 16,25 ff.,31,34 f.,38,52, 58,65,91,96,105,132
Chicago-Schule vgl. klassische Position
Citybildung 42
Cleveland 91
Clusteranalyse 210
community 30,39,76 f.,79

competitive cooperation 3o

Datei 121
Datenbank 121
Datenraum 94 f.,99,11o,14o,17o,2o3, 21o
Dayton 91
Deduktion 9o,94,2o4 f.
Demographie 31,1o9,11o ff.
Deskription 28,85,9o,111,117,12o, 146,168,177,215
Determinismus 48,73,82,114
Deutschland 12o f.
Dezentralisation 37
Dichte 95,1o9,116,131,144,167,199 ff.
Dichtegradient 145,2o1
Dienste, öffentliche 46
Dienstleistungssektor 42,45,65,15o f., 18o
Differentialrente 46,68,128
Differenzierung, sozialräumliche 32 f.,41 f.,46,5o,68,72,85,89,1o6, 132,146
Direktwanderung 62
Dispersion 64 f.
Dissimilaritätsindex 55
Dissonanz, kognitive 62
Distanz 33,98,1o5 f.
Distanz, ökologische 35 ff.,58 ff., 66,98,129,132,139,144,165 ff., 18o ff.,188
Distanz, räumliche 166,186,189,221
Distanz, soziale 166,186,189
Distribution 45
Dominanz 35,43 ff.,1o7,129,147, 159 f.,18o ff., 212
Dreistufenmodell 127 ff.
Dynamik 47,213

economic status vgl. social rank
Eheschliessung 61
Einkaufszentren 67,69,213
Einkommen 48 f.,65,129 f.,136,189, 195
Einkommensverteilung 53
Einzelhandel 42
Einzugsbereich 135
Eisenbahn 42,69 f.,151,154 f.
Emigration 57 f.,63
Empirizismus 94,146,2o7
England 1o5
Enteignung 46
Entleerung 63
Entscheidungskriterium 45,6o
Entscheidungsprozess 45,82
Entscheidungsspielraum 46,48,129 f., 2o2
Entscheidungsträger 45
Entwicklung, historische 19,24,148, 15o ff.

Entwicklungsgesellschaften 1o7
Erfolgskontrolle 211,213
Erkenntnisinteresse 1o9 f.,117, 217
Erklärung 83,85,93,1oo,111,117 f., 146
Erreichbarkeit 35,42,46,68,71, 128 f.,212
Erschliessungsplanung 2o2,212
Erschliessungsqualität 46
Erschliessungssystem 52,1o8,128
Erwerbsquote 133
ethnic status vgl. segregation
Europa 1o5 ff.,136
Evolutionslehre 26,78
Expansion 76
Extrapolation 2o6
Exzeptionalismus 113

Faktorialökologie 36,94 ff.,127, 137,2o5,2o7 f.
Faktorenanalyse 9o f.,94 ff.,1o6, 131,136 f.,14o,169,173,21o
Faktormuster 95,99,138,164,169 f.
Faktorwert 95,14o,171
Falsifikation 72
family status vgl. urbanization
Fetisch, räumlicher 1oo,1o2,1o7, 132
Figuration 86,223
Finanzierungssystem 5o
Finanzpolitik 13,15
Flussdiagramm 21o f.
Frankreich 1o5,122 ff.
Funktion 39,42 ff.,83,85,129,146, 218
Fussgängerspitze 66
Fussgängerzone 67,212

Gemeinde 76,79,81
Gemeindegrössenklassen 13
Gemeinschaft 87
Generalisierbarkeit 21 f.,9o,93, 1o3,127,147 f.,164,168,171,198
Genf 149
Geographie vgl. Sozialgeographie
Geosoziologie 115
Geschäftszentrum 33 ff.,39,42 ff., 56,65,69 f.,1o4 f.,1o7,192,212
Gesellschaft 77,87,115,123
Ghetto 34,19o
Gleichgewicht 32,81,83,217
Gradient 59,66,183,196
Grenzen 13,1o9,133 ff.
Grosstadtsoziologie 29
Grundrente 33,42,45,49 f.,68,1o1, 128 f.,139,212 f.
Grüne Wittwen 55,65,198
Gruppenkonflikte 2o5

Habitat 27,32,77,83
Handeln, soziales 16,82,86,109,116, 223
Handels- und Gewerbefreiheit 202
Haushaltsgrösse 60 f.,64,201
Heiderabad 91
Helsinki 97,106
Herkunftsgebiet 57 f.,63
Heterogenität 55
Historismus 114
Homogenität 38,52,55,74 f.,88 f., 100,132,144,161 f.,170,173 f., 177,222 f.
Human Ecology 20,77 f.
Hygiene 13
Hypotheken 50

Idealtyp 35,37,40
Identifikation, symbolische 51,130, 186,213
Ideographie 114,118 f.
Ideologie 55,124 f.,213,216
Immigration 57 ff.,63
increasing societal scale 20,87,89, 93,136 f.,144,146
Indianapolis 91
Indien 104
Indikator 17,20,22,81,87 ff.,127, 130,172,177,202 ff.
Individualdaten 75
Induktion 94 f.,119,204 f.
Industrie 65,69
Industrialisierung 13,107 f.,151
Influx 51,54
Informationssystem 211
Infrastruktur 15,45
Innenstadt 15
Institutionen 30,43,71,116,120,129, 203,219 f.,223
Integrationsprozess 190
Interaktionsdichte 78
Interdisziplinarität 216
Interessengruppen 202
Intergenerationenmobilität 62
Invasion 31 f.,51 ff.,147
Inventar 116
Investitionskosten 65

Japan 105

Kairo 97
Kalkutta 97
Kampf ums Dasein 24,30,32
Kanalisation 13
Kapitalismus 82
Kaste 104
Kausalität 111
Kehrichtbeseitigung 13
Kingston 91

klassische Position 19 f.,23,30 ff., 36,39,43,47 f.,54,72 ff.,76,83, 89,106,137
Klimax 54
Kolonialmächte 104
Kommensalismus 76
Kommunalität 95,170
Kommunalpolitik 15
Kommunalstatistik 120 f.,211
Kommunikation 30,65,71
Kommunikationssystem 44,78
Kompetenz 202
Komplexität 87,94,204 f.
Konkurrenz vgl. Wettbewerb
Konsens 30,205 f.
Konsumtion 45
Kontrolle, soziale 30,65
Konvergenz 107
Konversionsfaktoren 171,173,177
Konzentration 13 f.,31,47,56,65,78, 124
Kooperation 30,76
Koordination 43
Kopenhagen 97
Korrelation 58,74 f.,94,130 f.,140, 143,165,170 f.,183 ff.,188,192, 198,210
Kosmologie 125
Kriminalität 179
Kultur 30 f.,79 f.,83,100,171
kulturelle Ebene 30 f., 38 f.,73, 86,100 ff.

Ladenfläche 165
Land 70 f.,116
Landnutzung 100,116,147,159
Landreserven 107
Landschaft 115 ff.
Land-Stadt-Migration 58 f.,62
Längsschnittuntersuchung 52,98 f., 123,177
Lausanne 149,154
Lateinamerika 104 f.
Lebensformgruppen 116
Lebensraum 30
Lebensstandard 189
Lebensweise 87
Lebenszyklus 61,65,138 f.,143,166, 189
Leitbild 213
Lernen, soziales 220
Linearität 75,140,144,186,210
Liverpool 97
Los Angeles 91,169 ff.,177
Luftliniendistanz 35 ff.,177
Luftverschmutzung 13

Macht 33,43,45,82,216

Marktregulierung 5o
Materialismus 1o2
Materialismus, historischer 86
Mathematik 111 f.
Mehrebenenanalyse 179
Melbourne 97
Menschenbild 125
Methode 29,74,9o,94,1o7,111,125,164,
    17o,18o,186,2o7 ff.
Metropole 44
Metropolitanregion 44,7o
Miete 48 ff.,65,1o6,129 f.,133,136,
    165,175,185 ff.,195,199 f.,213
Migrantenzone 59 f.,196
Migration 32,41,56 ff.,72,1o7,113,
    13o,138 f.,144,166,19o ff.
Migration, differentielle 58 ff.,63,
    166,193 ff.
Migrationsbereitschaft 54,6o f.,193
Migrationsrate 57 f.,166,192,195 f.
Migrationssaldo 57 f.,188 f.,192
Migrationsströme 56 ff.,159,166
Migration, suburbane 58 f.,61,69,
    151,188
Minderheiten 47,136
Mobilität 31,45,54,95,131
Mobilität, rekurrente 41,63 ff.,72,
    13o,143,167,198
Modal split 132,182
Modell der konzentrischen Zonen
    33 ff.,39 f.,45,47,56,58,6o,63 f.,
    73,1o4,1o6,129 f.,144,155,166,175,
    177 f.,18o,19o
Modernisierung 87
moral region 27,38,22o
Morphologie 45,56,63,77 ff.,82,1o4,
    1o9 ff.,122,129,132,2o3,218 f.,
    222
Morphologie sociale 25 f.,29,78,1o9,
    122 ff.
Mortalität 113
Motivation 47 f.,79,82
Multiple-Nuclei-Modell 35 ff.

Nachbarschaft 55,65,179
Nachbarschaftseinheit 39
Nachfolgeuntersuchung 68,213
Nachfrage 216
Nahverkehr 18o
Nahverkehrsmittel 69,154
Natalität 113
Nationalsozialismus 12o
natural area 27,33,38 f.,54,89,
    22o f.,223
neoklassische Position 19 ff.,72 ff.,
    76 ff.,93
Newark 96,138
Newcastle 91
New Haven 1oo

New Town 1o7
New York 1oo
Niederlande 118 ff.
Niderlassungsfreiheit 148,2o2
Norm 3o,38,65,82
Normalverteilung 21o
Nutzfläche 92
Nutzung 37,45,5o,128,139
Nutzungsart 128
Nutzungsgrad 128,139
Nutzungsplanung 2o2
Nutzungsstruktur 67 f.,182,212

Oekologie 24,26 ff.,38,43,51,76,
    83
ökologische Faktoren 31 f.,38,4o
ökologische Position 36,39,45,212,
    221,223
ökologische Struktur 32,147 ff.
ökologischer Fehlschluss 74,166,
    188
ökologischer Komplex 23,31,76,
    79 ff.,1o1 f.,1o8,146 f.,2o3,
    213,215,219 f.
ökologischer Prozess 31,38,4o ff.,
    212
Oekosystem 76,81
Oesterreich 61
Operationalisierung 183
Operationalisierungsproblem 2o4 f.
Organisationskomplex 85
Organisation, soziale 29,31,43 f.,
    73,76,8o ff.,1o8,113,148,2o2,
    215,219
Organisation, sozialräumliche 27
Organismus 76 f.
Oxford 1o5

Palast 1o5
Partizipation 179
Pendeldistanz 64
Pendelwanderung 41,63 ff.
Pendler 36,64 ff.
Pendlerströme 67
Pendlerzone 34,55 ff.,64,69,135,
    176
Philosophie 112
Planung 1o7,129,199,2o7
Planungsinstrumente 211
Plaza 1o4
politische Arithmetik 111
Portland 91
Positivismus 82
Possibilismus 114
Prag 1o6,1o8
Pragmatismus 25
Preis 49
primäre Verteilung 5o,129,139
Primärgruppe 25,87

Privatbesitz 148
Privatverkehr 67,155
Produktion 32,45,5o
Produktionsverhältnisse 86
Produktivkräfte 86
Prognose 121,155,18o,211
Prognoseproblem 2o4,2o6
Providence 91
Prozessanalyse 4o

quantitative Revolution 114
Quartier 135,163
Quartierausrüstung 39,51,54
Quebec 91
Quellgebiet 65,67
Querschnittuntersuchung 1o3

Rangordnung 3o,219,222
Raum 8o f.,113 ff.,117,124,217 f., 223
Raumplanung 118
Raum-Verhalten-Beziehungen 17
Raum-Verhalten-System 219 f.
Reaktion 53,77
Reform, soziale 25,27
Regression 75
Reifikation 92
Reisezeit 132,182
Relevanz 78,88,2o3
Relevanzproblem 2o4 ff.
Religion 1o4
Reorganisation 42 f.
Resourcen, materielle 3o,32,78 ff.
Ringtheorie vgl. Modell der konzentrischen Zonen
Rom 91,1o6

St. Louis 91
San Diego 91
San Francisco 91,96,177
Sanierung 15,213
Schicht, soziale 67,92,136,166,189
Schisma 2o
Schlafgemeinde 34
Schweiz 13 ff.,64,148 f.,168
Seattle 91,96
Segregation 31 f.,41,46,47 ff.,56, 1o6,128 ff.,136,147,166,185 ff., 21o,213
segregation 87 ff.,131,136,164
Segregationsindex 186,188
Segregationsmatrix 187
sekundäre Verteilung 5o,13o,136
Sektorenmodell 35 ff.,98,1o6,175, 177 f.
Sekundärgruppe 25,87
Selbstmord 179
Selektion 31,47,128
Selektionskriterien 48,222
self-fullfilling prophecy 39
Semiotik 2o3,219

Siedlungssoziologie 16,29,71,121 f., 215 ff.
Simulation 121
Slum 33 f.,147
social accounting 2o5
social area 88 f.
Social Area Analysis vgl. Sozialraumanalyse
social rank 87 ff.,1o6,131,136 f., 143,164,169 ff.,174 ff.,178 f., 185 ff.,199 f.
social statistics 25 f.
society 3o,39
Solidarität, mechanische 87
Solidarität, organische 87
Sozialanthropologie 83 f.
Sozialdarwinismus 28,43
Sozialforschung 118
Sozialgeographie 23,1o9,113 ff.
Sozialgeschichte 26,175 f.
Sozialisation 3o,219
Sozialpsychologie 31,83 f.
Sozialraumanalyse 19 ff.,38,44,72, 85,87 ff.,1o6,127,131,136 ff., 164 f.,168 ff.,2o5,2o7 f.,22o
Sozialraumdiagramm 88,164,173 ff., 177
Soziographie 1o9,118 ff.
sozio-kulturelle Position 19,23,31, 73,1oo ff.
Soziologie 83 ff.,112,215
Soziologie, formale 25 f.
Soziologismus 216
Spanien 1o4
Spekulation 154
Spezialisierung 3o ff.,41 ff.,47, 5o,53,56,63,67,128 ff.,138 f., 143 ff.,147,165 ff.,18o ff.,198, 21o
Sprache 74,22o
Stabilität 54,9o,136
Stadtentwicklung 15 f.,63,155,2o3, 212
Stadtentwicklungsindikatoren vgl. Indikator
Stadtentwicklungsplanung 16,45,121, 2o2,211
Städtestatistik 1o9,12o f.
Stadtforschung 15,1o5,121,146
Stadtgeographie 1o3
Stadtgeschichte 1o3,182
Stadtgrösse, optimale 213
Stadtmodelle 211
Stadtplanung 13,22,1o5,2o2,212, 213
Stadtsoziologie 93,119
Stadt-Stadt-Migration 58 f.
Stadtstruktur 16
Stadtteil 135,159 f.

Stadt-Umland-Beziehungen 68
Standardisierung 87 f.,93,171
Standort 3o,32 ff.,42 f.,53,68,1oo,
    1o7,128,154
Standortbedürfnisse 48
Standortbeurteilung 45
Standortnachfrage 43,139
Standortqualität 42,1oo
Standorttheorie 46
Standortvorteil 33,45,1oo f.
Standortwahl 46,48,5o,53,69,128
Standortwechsel 41
Statistik 24,111,114
Status, sozio-ökonomischer 59 f.
Statusgruppe 53,1o6
Statussymbol 48
Stetigkeit 75,21o
Stockholm 1o7
Strasse 69 ff.,155
Strassenbahn 154
Struktur 33 ff.,4o,45,69 f.,82,
    123 f.
Strukturanalyse 1o2,211
Strukturbildung 31,45,1o1,1o8,212
Strukturelement 27,39
Struktur, konzentrische vgl. Modell
    der konzentrischen Zonen
Strukturmodelle 36 ff.
Strukturpolitik 63
Struktur, sektorielle vgl.
    Sektorenmodell
Strukturwandel 56
Subsistenzorganisation 23,44,79 ff.,
    125,146,223
subsoziale Ebene 73 f.
Substrat, materielles 29,77,1o9,12o,
    123 ff.,219
suburbaner Raum 34
Suburbanisierung 62,69,2o1
Subzentrum 37
Sukzession 31 f.,4o,51 ff.,1oo,147,
    212
Sukzessionszyklus 52 f.
Sunderland 97
Symbiose 76
Symbol 1oo,1o4,1o7,125,22o,223
symbolic community 22o
Synomorphie 22o,224
Syracuse 91
System 83,85
Systemanalyse 2o6
Systemtheorie 115,217

Tagesbevölkerung 63,65 ff.,167,185,
    198
Tapiola 1o7
Taxonomie 2o4
Technokratie-Diskussion 2o7
Technologie 31,69,78

Tempel 2o4
territorial demography 25 f.
tertiärer Sektor vgl. Dienst-
    leistungssektor
tertiäre Verteilung 5o,13o,136,186
Testvariable 14o
Theorie 89 f.,94,118,122,2o3,2o6
Theorieansätze 1o9 ff.
Theoriebildung 17,26,85,93,114,215
tipping point 54
Toledo 91,137
Topographie 1o8,128
Totalität 113
Tourismus 67
Transportmittel 42
Transportsystem 44,52,7o f.,78
Trend 87,89,1o7
Typologie 28,151,21o f.

Ueberbau 31
Ueberbelegung 13
Uebergangszone vgl. zone of
    transition
Ueberleben 24,3o,79
Umwelt 2o,32,76 ff.,83 ff.,1o8,
    113,123 ff.,148
Umzugsneigung vgl. Migrations-
    bereitschaft
Unabhängigkeit 9o f.,21o
Untergrundkultur 176
Unterhaltsinvestition 33
Untersuchungshypothesen 164 ff.
Urbanisierung 13 f.,71
urbanization 87 ff.,1o6,131,137 ff.,
    143 f.,147,164,169 ff.,174 ff.,
    178 f., 192 f., 199 f.
Utah 1oo

Vällingby 1o7
vergleichende Untersuchungen 23,
    88,1o3 ff.,123,147,171
Verhaltensmuster 38,4o,7o f.,177
    ff.,221
Verhalten,soziales 19,4o,63,8o,83,
    132,219 f.
Verkehr 32 f.,35,42,72,1o8 f.,154
Verkehr, öffentlicher 67
Verkehrsbezirk 18o,183
Verkehrserschliessung 46,68 ff.,
    128,155,159
Verkehrskreis 66 f.,179
Verkehrsmittel 64
Verkehrsplanung 64,68,71,212
Verkehrsträger 68 ff.
Verstädterung 69,1o8
Verteilung, sozialräumliche 29
Verwaltung 24,46,111,121
vorsoziale Ebene vgl. biotische
    Ebene

Wachstum 32 f.,41 f.,53 f.,1o7,128,
  132,151,155,182
Wahrscheinlichkeitstheorie 112,114
Wahrnehmung 22o
Wandel, sozialer 2o,4o,52,77,88,94
Wanderung 15,54,62,1o8 f.,116,124,
  143
Wanderungsbilanz 194
Wanderungsgewinn 193
Washington 91
web of life 24
Wegzugsrate 19o ff.
Werte 3o,38,7o f.,79,82,1oo,124,
  2o2
Wettbewerb 28,3o ff.,46,49,76 ff.,
  1oo f.,128
Wiederaufbau 121
Wien 62,97,1o6
Winnipeg 97
Wirtschaftsraum 85
Wirtschaftsstruktur 128
Wirtschaftsverfassung 128,147
Wissenschaftsgeschichte 24 ff.
Wissenssoziologie 2o2
Wohnbevölkerung 33 f.,63,65 ff.,
  15o f.,183
Wohndauer 192
Wohnen im Grünen 62
Wohnnutzung 69 f.,129,139
Wohnquartier 68

Wohnraumverdrängung 56,62,159,2o1,
  212
Wohnstandort 5o,147,213,222
Wohnstandortwahl 47 ff.,53,13o
Wohnnutzung 42,46 f.
Wohnungsbelegung 2oo f.
Wohnungseigentum 61
Wohnungsgrösse 46,6o f.,92,139,
  199 f.
Wohnungsmarkt 148,195
Wohnungsvermietung 49
Wohnwert 2o4 f.

Zählkreis 135
Zentralisation 31,66,1o5
Zielgebiet 57,59,65,67
Zonenplanung 46
Zonentheorie vgl. Modell der
  konzentrischen Zonen
zone of better residences 34,175
zone of transition 32 ff.,46,5o,
  56 f.,1o4,1o6 f.,139,147,175,
  212
zone of workingmen's homes 34,56 f.,
  176
Zugänglichkeit 189
Zürich 149,154
Zuwanderer 34,62
Zuwanderung 56
Zuzugsrate 19o ff.

Das Sachregister erstreckt sich nicht auf den Anhang und das Literaturverzeichnis